U0512687

中国近现代书信丛刊

徐乃昌往来书札摭拾

裘陈江 整理

上海人民出版社

徐乃昌像

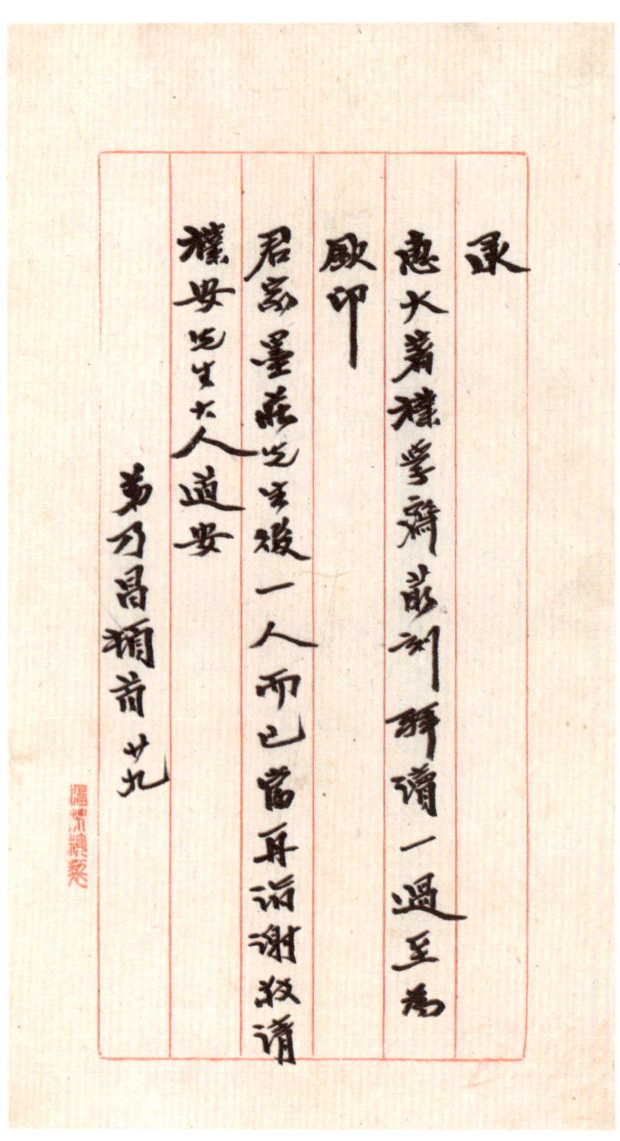
承
惠大著樸學齋叢刻，拜讀一過，至為
欽仰
君家墨莊先生後一人而已，當再詣謝。敬請
樸安先生大人道安
弟乃昌頓首 廿九

徐乃昌致胡朴安

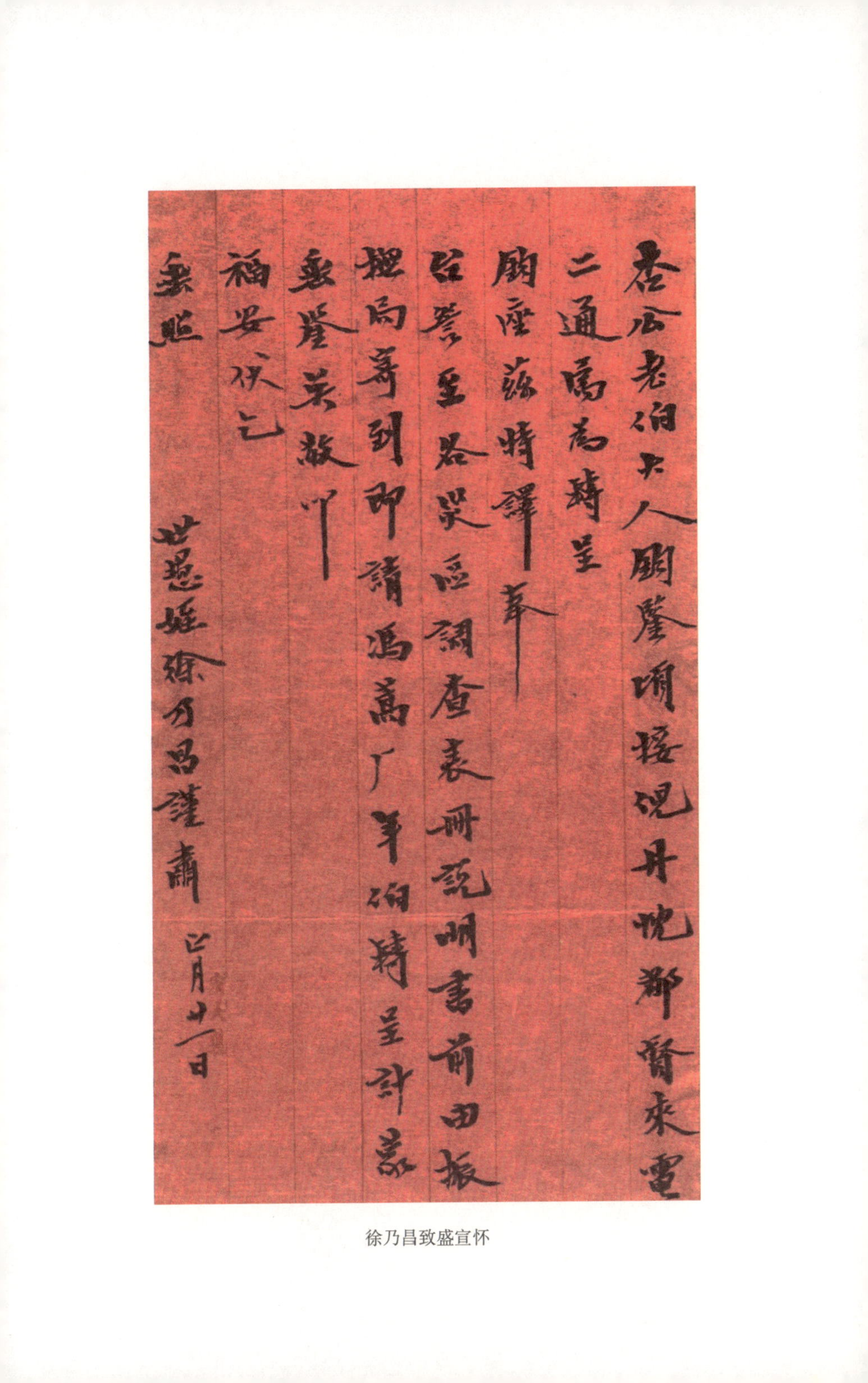

徐乃昌致盛宣怀

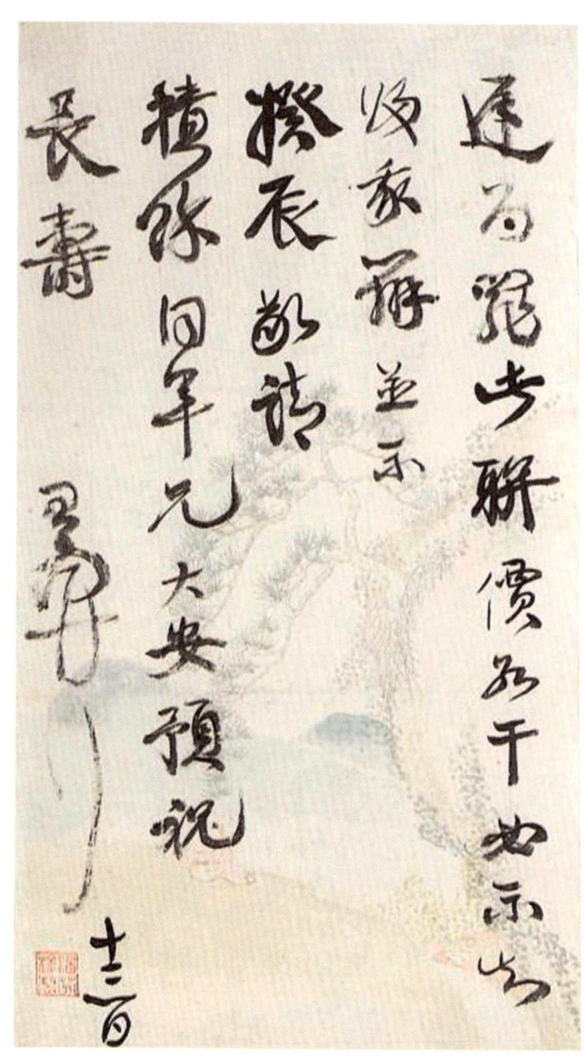

康有为致徐乃昌

罗振玉致徐乃昌

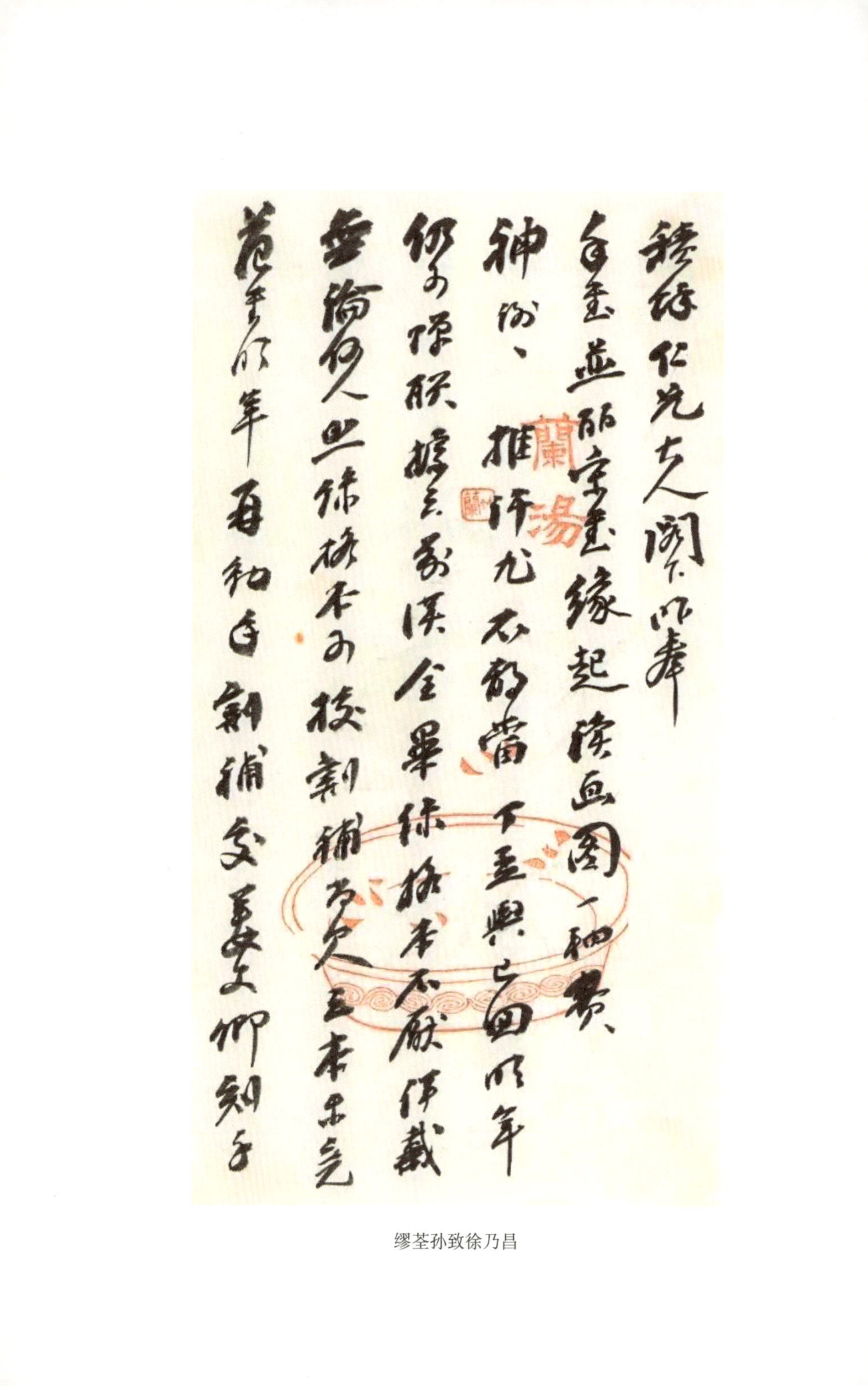

缪荃孙致徐乃昌

沈曾植致徐乃昌

张謇致徐乃昌

目　录

各方致徐乃昌书札

附录

整理前言

近年来随着《徐乃昌日记》①《积学斋藏书记》②,及徐氏生前所校刊《小檀栾室汇刻闺秀词》③等丛书的整理出版,学界对于徐乃昌的关注日渐增多。有关徐乃昌的生平资料,目前可见的还有其子嗣所发的《徐积余暨妻马氏赴告附哀启》、怀宁程演生所撰的《清授资政大夫江南盐法道金陵关监督南陵徐公行状》、④桐城叶玉麟代陈夔龙所作的《诰授资政大夫二品衔江南盐巡道金陵关监督徐君墓表》和吴县曹元弼所撰的《江南盐巡道金陵关监督南陵徐公墓志铭》⑤(均收于本书附录)等,大体可以帮助我们了解其基本的个人、家庭和交际情况。

徐乃昌(1869—1943),字积余,号随庵老人,斋号有鄦斋、积学

---

① 徐乃昌著,南江涛整理:《徐乃昌日记》,凤凰出版社,2020年。

② 徐乃昌撰,柳向春、南江涛整理:《积学斋藏书记》,上海古籍出版社,2014、2020年两版。

③ 徐乃昌校刻:《小檀栾室汇刻闺秀词》第一至十集,浙江大学出版社,2018年。

④ 上海图书馆编:《上海图书馆藏赴闻集成》37,凤凰出版社,2018年,第341—357页。

⑤ 杨成凯:《南陵徐乃昌的墓表和墓志铭——略及人物生卒的查考》,《文献》2006年第3期。

斋、镜影楼、小檀栾室等，安徽南陵人。其父辈在晚清因参与淮军同太平军的作战，积累军功并获得了一定的政治地位。不过他本人则是试图通过科举而入仕，只是功名并未能跻身进士，仅于光绪十九年(1893年)癸巳恩科江南乡试中举，但期间也曾受到翁同龢的称许，以之为“翩翩公子”。①徐氏后来进入官场实际是通过捐纳，从光绪十七年由廪生报捐同知开始，到光绪二十年报捐知府，后指分到江苏试用。此后在清末两江官场中，成为一名办理新政实务的重要候补官员，其间奉委负责了许多差事，按照时间顺序大体如下：“二十四年三月，奉委通州花布捐局差。五月，于广东劝办江苏赈捐案内，保俟补缺后以道员仍留原省补用。二十五年二月，奉委兼分劝通海绅富赈捐差。六月，于江北河运案内保加盐运使衔。二十六年四月，奉委金陵厘捐总局提调差。九月，奉委兼江宁筹饷劝捐差。二十七年二月，奉委通海督查清丈差。五月，经前外务部左侍郎徐寿朋奏保，奉旨交军机处存记。六月，奉委兼元宁认捐差，旋委署淮安府知府。九月，奉委兼漕辕行营营务处，旋丁母忧。十一月，奉委金陵洋务局提调差。二十八年三月，奉委兼江南高等中小三学堂提调差。九月，奉委调查湖北学务。二十九年正月，奉委同高等中小学堂总分教习，并带陆师学堂毕业生赴日本考察学务。十月，捐交三班离任银两，以道员仍留原省补用。十二月，服满起复，回省。三十年四月，奉委金陵洋务局坐办差。五月，奉委兼江南高等中小学堂会办差。十月，奉委

① 光绪二十年二月十八日，翁同龢在日记记录了徐乃昌的来访：“国学肄业南学中者徐乃昌来见，送所刻《积学斋丛书》四函，其人翩翩公子也。”见翁同龢著，翁万戈编，翁以钧校订：《翁同龢日记》第六卷，中西书局，2012年，第2722页。

兼江南高等学堂驻堂总办差，并护送陆军实业师范学生赴日本留学差。因前办淮徐赈捐保加二品衔。十二月，奉委调办三江师范学堂监督差。三十一年七月，奉委会办淮盐总栈差。十一月，奉委总办淮盐总栈兼沙漫洲缉私差。三十三年七月，经前两江总督端方奏保，奉旨仍着交军机处存记。宣统元年三月，又因缉私得力、掣运增销奏保，遇有道员缺出尽先补用，奉旨着照所请，该部知道。六月，奉委南洋劝业协赞会协理。二年四月，奉委会考复旦公学毕业差。五月，经督办盐政大臣载泽咨调来京，派在盐政处当差。八月二十日，奉旨补授江南盐巡道。"①从这份履历可以看出，徐乃昌深切介入了清末两江的新政事业，其负责的事务主要在财政、教育两个领域，政绩屡受褒奖。因此，如《行状》所载，"先后经两江总督刘坤一、端方，直隶总督陈夔龙，外务部左侍郎徐寿朋奏保吏治、学务、盐务、关道、使才，均交军机处存记。宣统二年，督办盐政大臣载泽，电调咨询盐务事件，枢府察公器识优长。"而其"平生交游皆海内名辈，接人温恭无崖岸，尤好诱掖后进。初喜为倚声，与桂林王鹏运、况周颐，宗室盛昱，满洲志锐，汉军郑文焯，成都胡延，武陵陈锐，归安朱祖谋，金坛冯煦相赓和，有《同声集》之辑。戊戌以后，一意朴学，专攻考校，精究名物，旁通篆籀。从政之暇，不废素业，俸给所入，悉以易金石书籍，与吴县吴大澂、嘉兴沈曾植、瑞安孙诒让、福山王懿荣、江阴缪荃孙、长洲叶昌炽、元和江标、上虞罗振玉相师友。"②

---

① 秦国经主编:《清代官员履历档案全编》第8册，华东师范大学出版社，1997年，第492—493页。

② 程演生:《清授资政大夫江南盐法道金陵关监督南陵徐公行状》，上海图书馆编:《上海图书馆藏赴闻集成》37，第353—355页。

辛亥鼎革之后，据《哀启》所载，徐氏“侨寓沪滨，杜门却客，日以校雠经典，刊行旧籍为事。惟遇有灾荒义赈，辄出奔走呼吁，不辞劳苦(《行状》称与冯煦、盛宣怀、王一亭等)。晚年笃信佛法，尝问净土于印光法师，深契微旨，晨夕持经礼佛弗缀。间与陈庸庵太老师(陈夔龙)、李拔可(李宣龚)、李耆卿、朱象甫(朱景迈)、刘翰怡(刘承幹)、袁伯夔(袁思亮)、狄楚青(狄葆贤)、俞濠观、姚虞琴(姚瀛)、夏剑丞(夏敬观)、任心白、费范九(费师洪)、刘锡之(刘体藩)、冒鹤亭(冒广生)、程演生诸世丈时相往还，读碑题画，商讨故书、古物，年已七十而精神不衰。”①可见除了“校雠经典，刊行旧籍”“读碑题画，商讨故书、古物”等一贯的志业之外，慈善是其后半生寓居上海时期的又一重要事业。此外徐氏还参与了大生纱厂等诸多企业的经营投资。故借由这些事业和身份，使得徐氏在出版、藏书、金石、诗词、工商、慈善等诸多领域与当世第一流人物交往频密。而除了《哀启》《行状》所列人名外，其后半生的情况更可通过《徐乃昌日记》(时间跨度为1920—1938年多往来通信的纪录)了解全貌。

笔者近年来逐渐搜罗徐乃昌的往来手札函电，疫情期间更是闭门造车，大体完成了本书的基本面貌。书中所收书札主要有以下几个来源：一是搜集整理各种出版和拍场所见的手札图录；二是摭取学界先进整理出版的各家文集、藏札等所见往来手札(书中标明出处，凡能找到原札，均进行了核对)；三是近代报刊上登载的函电、文启。将这些“散作满天星”的手札，以徐乃昌为枢纽加以串联整合，希望能

① 《哀启》，上海图书馆编：《上海图书馆藏赴闻集成》37，第348页。

对未来研究其交际网络和学术行事做些初步的基础性工作。本书大体成稿之后，又得知《徐乃昌日记》整理者南江涛老师已经开始着手整理上海图书馆所藏徐乃昌友朋书札全宗，数量有六七千通之巨。不过考虑到本书所辑大部分与之出自不同系统，虽挂一漏万，但相信仍可起到一定的互补作用。故在与上海人民出版社商议后，仍决定单独出版，取名《徐乃昌往来书札摭拾》，同时也期盼上图所藏徐氏书札能早日出版面世。

最后，在本书的整理过程中，得到了众多师友的慷慨相助。尤其是《缪荃孙全集》的两位主编北京语言大学张廷银教授和北京大学朱玉麒教授，慨允本书收录其整理的缪荃孙致徐乃昌四百八十余通书札。① 非惟如此，朱老师更是将最新的修订文档和新增手札全部分享，使本书内容大为增色。感谢北京大学张剑老师、首都师范大学南江涛老师、西泠印社拍卖公司楼望杰兄、内子冯静华等对本书释文、信札线索提供的帮助。此次整理吸收了诸多学界先进的整理、研究成果，在此一并致以敬意。整理、摭录过程中定有不少错植疏漏，责任全在整理者，恳请阅者不吝批评指正。

裘陈江

2023 年 10 月 8 日

① 缪荃孙著，张廷银、朱玉麒主编：《缪荃孙全集 · 诗文》2，凤凰出版社，2014 年，第 382—513 页。

整理凡例

（一）本书收录徐乃昌往来书札920余通，另辑录报刊函电36则。其中书札凡找到原稿者，均加核对，并注明出处。

（二）书札原稿中表示敬称的抬头、空格，现予取消，文字连排。

（三）原稿明显的错字予以订正，订正之字用[ ]表示，放在错字之后。原稿模糊残缺或无法辨认者，用□表示，字数残缺过多无法计数者，用……表示。其他特殊情况，则在脚注中适当加以说明。

（四）原稿使用的异体字尽量改为简体规范汉字，方便阅读。

徐乃昌书札

徐乃昌致陈乃乾

（六十七通）[①]

一

两奉手书，备悉一切。曹君今午来，交到钞成《小字录》并原本各一册，当又付《徐钧矶集》二本续写，已先付钞资三元。（曹云是否付此书之钞资？答以不是，此乃先付之款。俟陈先生算结，然影钞后普通须优待也。）并告以影钞书照普通价从丰加给，统俟将书写好候公结算也。印书人谢若安不来，即请转托杨寿祺将前荐苏州人，属其来申。《鲒埼亭全集》现购得同治补印本，如有《外集》初印本，亦可收。（《前集》《诗集》《经史问答》已有初印本）。严九能批校本已向丁氏借得《前集》也。即请乃乾先生大安。弟乃昌顿首。七月望。

足疾渐愈，甚慰，希再静养勿出门。严九能批校《鲒埼亭集》并《外集》昨向丁仲祜借得，《正集》可以过批，而《外集》为敝处所无，坊中有书可购否？

---

① 第一至六十五通，出自嘉德四季 2015 年第 42 期拍卖《共读楼存札——陈乃乾友朋书信》图录，部分书信残破严重。

二

来青阁旧料半纸，请公检查纸数多寡及破损并核定价目，合宜拟购以印书，渎神至感。公如来沪，可先示悉，当在寓候教也。公近来曾见旧椠本书籍否？敬请乃乾先生大人大安。弟乃昌顿首。

三

乃乾先生赐察：

奉书敬悉。单开各书，敝处均无藏本，惟前云蔡云《续人表考校补》有之，仅二叶三行可以借钞，不能割补耳。覆请道安。弟徐乃昌顿首。

又有王元启《汉书律历志正讹》（廿四叶）（第一上），亦可借不可割。

四

奉示具悉。胡先生处已复函告之，并将来示附寄矣。承代假南洋中学图书馆各书，今已缴还二种，乞检收。敬请乃乾先生大人大安。弟乃昌顿首。

五

胡瘦唐前寄纸样，公已否研究？对于来函一切情形，乞赐示，以便作答。至来函并纸样，仍希便为掷下为盼。敬请乃乾先生大人大安。弟乃昌顿首。

六

奉示，知足疾不可履地，甚念。请静养，勿以未能出门为闷也。曹君来遵即与之谋面，并付钞资。续钞《钓矶》亦即交付印书人，昨已来检查印纸板片，因无帚插，未即开工。据云上海可做，易于做就。今日未来，大约未成也。弘治《登科录》当是天一阁藏本，鄙人所得《应天府乡试录》，孟蘋最多约二百本，皆来青阁所售，剩余者亦不少，为蟫隐庐全得也。敬请乃乾先生大人道安。弟乃昌顿首。十二日。

七

现拟送翰怡之尊人澄如京卿六十寿诗七律一首，澄翁曾进呈自著《续文献通考》，创办浙江铁路。请代撰，如无暇或病后不耐思索，即另代请人一办，酌送笔润可也（三日为期，因急于送杭，不便久候）。即请乃乾先生大安。弟乃昌顿首。十六。

八

敝同乡有子弟（甚淳谨，安徽中学毕业）拟入南洋医学，其学校情形先生当知之。如有校章，亦请赐阅。明日午刻，奉约先生同培孙先生在一枝香西酌，乞惠临。敬请乃乾先生大人大安。弟乃昌顿首。初一日。

九

乃乾先生赐鉴：

敬启者，小儿订夏历正月廿一日开学，敬乞先生午后降临赐教，晚间略治肴馔，奉邀便酌，藉领大教。敬请道安。教弟徐乃昌顿首。正月十八日。

一〇

昨匆匆一晤，未罄所言。南陵续寄石拓七□，请检收，编入志稿中，稿纸附呈。鄙意月内(再函定)请枉驾敝寓一谭(商定志稿)，大约石文稿亦可录毕也。(拟本月廿六、七日何如?)敬请乃乾先生大人大安。弟乃昌顿首。

一一

数日未晤，至念。《怀米山房吉金图》两册检奉，雅鉴。尊意印入《金石丛编》可假也。张嗣修本《玉台新咏》假自嘉兴沈氏，先生有暇，乞一校寒山堂本，以观异同。承假《霜哺遗音》《登岱图题诗集》《承恩寺诗存》三种，敬以奉缴，附赠拙刻《积学斋》《鄦斋》两种丛书，乞惠存。敬请乃乾先生大人大安。弟乃昌顿首。

一二

前承代假《皇清诗选》《国朝诗选》《今诗粹》《观始集》四种，计卅三本，已选毕，特奉缴，乞检收(各书全交清)。附单二种，将来有便，尚请一假也。梵夹本经目乞示。敬请乃乾先生大人大安。弟乃昌顿首。

《桐城方氏诗辑》方于穀。

《国朝诗》吴翌风。

一三

《南陵县志》一切仰承大力，幸已成书。兹奉呈全帙，乞赐存。敬请乃乾先生大人大安。弟乃昌顿首。

一四

《南陵金石志》稿可疑之字亟须校对，请将公手录之本交来人带回，渎神敬感。敬请乃乾先生大人著安。乃昌顿首。

一五

大雅座中晤教，至快。正统本《释藏》二册奉缴，乞检收。宋本《天竺灵签》如假到，尚求赐观为幸。敬请乃乾先生大人道安。弟徐乃昌敬上。三月卅日。

一六

乃乾先生有道：

昨得潘季野先生书，拟重印《龙眠风雅》，询及施闰章、毛甡、宋实颖三序其次第孰为先后？又卷三十一第十三叶第二十一行第一、二字缺，在“□气相颠狂”句上，是否“太空”二字？敬乞覆检原书，赐覆为祈。敬请道安。弟徐乃昌顿首。

一七

昨在中国书店晤谭甚快。连史纸涨价，日有所增。泰生永有文庸(甚佳),盖加九件,每件十八两五钱。庆丰(次之)加魁三十件,每件十六两八钱,均系实价,公可亲往一看也。敬请乃乾先生大人道安。乃昌顿首上。

一八

来示读悉。朱兰坡《说文假借义证》敝处未见原刻本,即光绪重刻亦未之见也。朴公可向朱氏访求原刻付印(或登报广求),较为精审也。粤刻《四库提要》一百八册,大东拟借校对,兹检呈,乞收入。敬请乃乾先生大人大安。弟徐乃昌顿首。

一九

乃乾先生有道:

前奉赐覆,并以《万历试题》《清爱堂款识》见假,至感雅爱。《清爱堂钟鼎彝器拓本》□①藏得不及十种,所缺甚多,甚望早早覆印,缘□家传拓亦不广也。鄙意如以□□补刻为不足重,可就原本用粉墨涂之上石,以配曹氏吉金之图,若宝贵此本,即先以之落石,在样上再涂粉墨后重影石也。尊意何如?《万历试题》敝处所取郭石一□缺十余字,现正装璜,候毕工后请□描补也。敬请撰安。弟徐乃昌顿首。十二。

二〇

《朱淑真诗注》订成,奉贻雅鉴,乞赐存。敬请乃乾先生大人大

① 原稿残缺,疑为“敝”或“鄙”。

安。乃昌顿首。

二一

惠示敬悉。新书目八箱，顾先生既愿为图书馆购成，价决不计较（书得其所，且为公益），总以廉价为主。请公于初五日午前（派车来迎），惠临敝寓一观。现另检新书□目（□书大宗），并请浏览也。覆请乃乾先生大人大安。弟乃昌顿首。初四日。

二二

乃乾先生有道：

前奉赐示，敬悉一切。高君寿恒，合肥人，曾任和县知事，故刻《河村集》，昨托程演生先□□安庆访借。潘君季野前年拟印《龙眠风雅》，因敝藏本前序有缺叶，介演生转请我公向南洋中学补钞后，亦□□进行也。《河村集》朴庵先生已云见过，公能赐观，实为欣幸。覆请道安。徐乃昌顿首上。

二三

乃乾先生有道：

日前奉约，适公无暇入席，致成虚邀，罪甚。《龙眠风雅》一书，次日即托来青阁转呈，亮蒙察入。前承公与培老言，拟以《方孝标集》假《安徽丛书》编印处印行，同人闻之，甚感雅爱，然尚有奉询者，光君农闻有方氏《钝斋文选》（另有诗集）《光启堂文集》（此集残缺，仅存论、序记、引记、书、墓表、墓志、传、杂著、疏）两书钞本，约二十余万言，或云钞自南洋中学图书馆，公与培老慨借《方集》，是否即光农闻所钞底本？敬乞赐示为盼。敬请道安。弟徐乃昌顿首。六月六日。

晤培老乞代致念。

二四

乃乾先生有道：

接奉赐覆，敬悉《钝斋文选》《光启堂文集》悉由尊处代钞。又蒙示知新得《大鄣风雅》，此书向未见过，是否为公所藏，抑图书馆所得，并乞惠复。来示已交《安徽丛书》编印处，同人等极为感谢。前借《龙眠风雅》已钞寄潘季野先生，顷得覆书云，毛序及卷三尚有疑字（疑传钞字误），属再覆校。敝处因原书缴还，无可再校，特将季埜先生钞单寄请我公，检取原本一一详勘，至为感谢。敬请道安。教弟徐乃昌敬上。六月二十一日。

二五

乃乾先生赐鉴：

奉覆书敬悉。承校《龙眠风雅》疑字，至感雅谊。《大鄣风雅》《毛诗周韵诵法》两书向未见过，公能见示，无任感佩。覆请道安。教弟徐乃昌拜上。六月十四日。

二六

两奉赐示敬悉（《鬼谷子》《六朝志》均收）。近两日至来青阁，拟晤叙一切，均未遇。公明日何时至来青阁？乞先示，当再诣谭。敬请乃乾先生大人大安。弟乃昌顿首。十七日。

二七

敝县各碑，敬请转倩友人钞录，其体例亦请指示。至《玉台新咏》《徐公文集》校记，仍拟乞录清本。(原稿请留存，恐清稿寄鄂，写样遗失。)渎神极感。再上乃乾先生。乃昌。

二八

《张氏四女集》已向忠厚书庄查过，亦无此□[①](新收缪书只《战国策》《古诗录》《词选》及《汤某文集》四种)，特奉闻。敬请乃乾先生大人大安。弟乃昌顿首。廿一。

二九

惠示读悉。《张氏四女诗》遵示检出，请公明日惠临敝寓带交，弟准在寓拱候，并商榷《南陵经籍志》也。敬请乃乾先生大人大安。弟乃昌顿首。八月十七日。

三〇

前拟约王培孙、郑翰生两先生暨先生酒叙，因日来感冒，稍延数日。今订七月廿六日午前十二时一枝香西酌，乞公代邀王、郑两先生同时惠临，至为感盼。敬请乃乾先生大人大安。弟乃昌顿首。七月

---

① 原稿残缺，疑缺一“书”字。

二十三日。

三一

奉书诵悉。李卓吾《三国志》前为友人假去，拟以二百元商让，鄙人因图绘极精，且为艺风堂藏本，爱不忍释，故至今未解决也。覆请乃乾先生大人道安。弟徐乃昌顿首。

三二

多日未晤，至念。交下《问经堂丛书》三册，祗收。《经典集林》覆印成书，公嘉惠学子，可敬可佩。前云有《礼□图》请朴公赐题，乞就近代为促之。缘散原来沪，亟拟□□□题也。匆覆敬请乃乾大人大安。弟徐乃昌顿首。十二日。

三三

乃乾先生大人惠鉴：

奉示读悉，承公同培孙先生，为聘才学兼优、富于教授经验之英文教师，至感厚爱。《释迦如来成道记》一书现暂不影印，先行奉缴，俟他日决定后再乞假也。秦刻《鬼谷子》前曾得三部：一单行本；一石砚斋丛书本；一三子本（三子本借立炎付印）。今遍寻单行本不可得，只有乾隆己卯刻本一种（非楷书），兹奉贻，未知可以过录否？承惠《澄江集》取配全书，尺寸较小，家中有一部书甚阔大，配入无甚悬殊，今将赠书缴还邺架。《玉台新咏》校记乞公录就惠下，因鄂公来函索样本胥（胥人手无书写），《南陵艺文志》钞毕，亦盼交来，先睹为快。

《金石志》能有何法可以速录者，并乞主持，至为盼祷。敬请道安。弟乃昌顿首。十四日。

三四

惠示敬悉。南洋公学招考新生情形，已函告刘葱石。承绍介王逸农先生授儿子英文，甚感雅爱，候返沪时，再同公面商也。敬请乃乾先生大人大安。弟乃昌顿首。六月十七日。

三五

惠示读悉。前呈菲敬，方歉于怀，今复承抛还，益滋惭悚，遵命暂存，俟晤教言，再陈鄙悃也。覆请乃乾先生大人大安。弟乃昌顿首。

三六

昨回沪，诵赐示敬悉。台从有绍兴之行，日来当已吉旋。有友人托询南洋甲种商业学校内容（卡德路山海关路二号洋房），大约子弟拟入学，公知之否？乞示。明后日午前，均不外出，如蒙枉顾，敬当欢迎。敬请乃乾先生大人大安。弟乃昌顿首。初八夕。

三七

昨晤教言，甚为忻慰。内侄刘贻祐君，英年好学，昨由南京来应南洋公学附设中学考试，前闻公言，此校非外人可以考入，然既来不得不应考，公与校中同人当有相识者，拟请设法为之道也，或有取入之望也。鄙人今晚即去通，匆匆不及函商。专此敬请乃乾先生大人大安。弟乃昌顿首。六月初八夕。

三八

乃乾先生有道：

拙刻《宋元科举三录》今印订成，以罗纹纸蓝印本奉贻雅鉴，敬乞赐存，另《锲不舍集》二册，系李元之□□所赠，并以奉呈。敬请台安。弟徐乃昌顿首。四月三日。

三九

《字考》影印，雪岑劝影印《集古款识》，子戴赠先生娄拓两种（家中无人，专送留存，儿子崇转呈），兹送上，乞检收。至赠书之言，口头酬应者（云先生平昔甚佩，未必索价）毋须慨赠也。敬请乃乾先生大人大安。今晚去通。弟乃昌顿首。初九。

四〇

宁波童氏书中，《金文最》《贞观政要》《陆云士杂著》共□种，鄙人拟不留阅，敬以奉缴，乞检收。至钮《说文》等四种请示价目，因杨寿祺君不肯说也。承赐《苏学士集》《曲苑》敬谢雅爱。拟向南洋中学图书馆假佛书八种一阅，附单请转商培孙先生（《玉台新咏考异》稍迟数日即缴），阅毕即缴。敬请乃乾先生大人大安。弟乃昌顿首。五月九日。

明日乞惠临敝寓。

四一

《法华经》慈护已两次函催(慈护疑久借不归,自问生平未有假书不还者),今已复其三五日校毕,专人送至嘉兴。弟今日往南通,约十三日到沪,《法华经》请暇时一校,其句读与今本不同,必有佳处,亦请记出也。敬请乃乾先生大人大安。弟乃昌顿首。初七。

四二

即归,请访英文教师,公有相识推荐,幸即赐示,并脩金亦及之。敬请乃乾先生大人大安。弟乃昌顿首。六月四日。

《朱椒堂集》如校毕,亦乞付下,前奉贻《六朝志》《匋斋吉金续录》想收入。

四三

赐示读悉。影印苏书《金刚经》承代估价,极感盛意。鄙人拟印二百部,定用料半纸,最好能先打样,一可知其原本破损如何修改,二可以样张示人。或可劝友附印(估价能否□□减轻),统乞惠覆,再行定议,购纸送呈也。命书《邓析子》书衣,妄自涂写,有污佳本,拟请我公仍觅善书者题之,藉可藏拙也。敬请乃乾先生大人大道安。教弟徐乃昌顿首。

四四

惠书读悉。沈君今已接洽议定,唯附印美浓纸须速购到,请公明日午后一二时惠临敝寓一商。宋元本散叶款容交子经兄转寄，先此奉复。敬请乃乾先生大人大安。弟乃昌顿首。十一日。

四五

尊孙已将《南陵志》稿交来。先生有暇，乞商酌。报德求师事迹，孟蘋云在《秀水县志》中。敬请乃乾先生大人著安。乃昌顿首。初十夕。

沈骏声约十一日午后来寓。

四六

新印宣纸正续《随盦丛书》奉贻雅鉴，乞赐存。《南陵志》格纸三百叶送上，祈转请人录碑文并《经籍志》清本，不足再呈上。《休庵影语》《西溪偶录》如录毕，希付来人。鄙人拟一二日去通，约半月耽搁也。月脩(正月份)呈上，乞赐收。敬请乃乾先生大人大安。弟徐乃昌顿首。二月朔。

四七

前呈拓本十三种，内有三种：金涂塔(《两罍轩款识》有考，《金石契》有诗)，程荣造象(《常山贞石志》有考)，斗检封(《从古堂》卷四有考，《金石屑》有诗)，富贵砖(《江宁府志》考为甄邯墓砖，方朔《枕经堂跋》)。余如普普通砖、益延寿瓦，陈直有跋。(又高霞寓志、程荣造象、诸元御造象、逢迁造象均有考。)再录呈专送为祷。敬请乃乾先生大人大安。弟乃昌顿首。五月十三日。

《南陵县志》新修《艺文志》稿，尊处如已另编过录毕，请将原稿交下，因编《列传》须检查也。

四八

十三日留函来青阁，并拙刻《积学斋》《鄦斋》两丛书，又奉还假书三种，又书价廿三元一角，请其转呈。顷至来青阁，知公数日未至，书仍存在，鄙人今晚去通，特函陈一切，暇时请接洽也。《陆次云杂著》如无人购，敝处拟备价购之，先闻。敬请乃乾先生大人大安。弟乃昌顿首。四月十六夕。

四九①

惠示读悉。《张氏四女诗》遵示检出，请公明日惠临敝寓带交。弟准在寓拱候，并商榷《南陵经籍志》也。敬请乃乾先生大人大安。弟乃昌顿首。八月十七日。

五〇

检拙藏金石拓本（除前呈十三种）四十九种，并录有关考证者，录奉审定入志。弟今晚去通，拟九月初十日左右回申，月脩二十元，送乞赐存。敬请乃乾先生大人大安。弟乃昌顿首。廿七。

闻四马路集成局杨君有《灵隐寺志》（明刻）《清凉山志》，如书佳，

① 此函在拍卖图录中仅有释文，照录。

请代留意，议价购之，渎神至感。再上乃乾先生。乃昌顿首。廿七。

五一

阴雨，未至来青阁晤教，甚歉。（拟留《全唐诗》，可否将首本先付一阅?）四月脩金廿元奉上，乞赐存。敬请乃乾先生大人大安。弟乃昌顿首。

《玉台新咏》昨已将孟本覆校一过，尚有相商之处，并以奉陈。

五二

昨厚扰，至谢。检得家存《六朝墓志菁华》四集（十六册）《匋斋吉金续录》二册，奉贻雅鉴，乞赐存。敬请乃乾大人大安。弟乃昌顿首。闰五月廿九日。

五三

乃乾先生大人有道：

前领德教，至为佩仰，承赐《南洋中学藏书目》，敬谢。鄙人拟赠公与培孙先生书，恐公迁居，书不得达，公有暇乞惠临敝寓一谭也。敬请著安。弟乃昌顿首。廿九。

五四

《骑省集》蓝印本今装订甫成，特奉贻一部，乞惠存。敬请乃乾先生大人大安。弟乃昌顿首。十七。

五五

前函并奉贻《徐骑省集》嘱来青阁转呈，想蒙赐鉴。兹奉十一月、十二月份菲敬四十元，乞检收。敬请乃乾先生大人大安。弟乃昌顿首。廿三。

五六

乃乾先生惠鉴：

昨承枉顾，有失履迎，甚以为歉。晤立炎先生，知公不弃，假馆敝处，得以时领教益，何幸如之。初四日午刻，奉约一枝香西酌，届时乞惠临。散后即至敝寓小憩，已另函约立炎先生作陪也。敬请道安。徐乃昌顿首。十一月朔。

五七

昨闻公新得一女公子，喜溢门楣，敬以为贺。兹呈礼券十元，聊以将意，幸赐存。尊处前印费氏刻书及《松雪集》除付夏宝记装订附嵌叶外，所有存纸全行送上，乞检收。又《法华经》十部亦订好，今一并奉上，并请收入。敬请乃乾先生大人大安。弟徐乃昌顿首。

五八

昨承赐新印《金石丛书》两套，敬谢雅爱。沈乙庵藏康熙丁亥孟璟刻袖珍本《玉台新咏》，为万历张嗣修钞。以家藏宋本为正，已假得以校赵本，必有佳处也。明正二十日，请惠临敝馆。敬先奉订。敬颂乃乾先生大人年禧。徐乃昌顿首。

五九

前假《登岱图题诗集编》，一皖人诗未录，拟请再假，录毕即缴。敬请乃乾先生大人大安。徐乃昌顿首。廿一日。

六〇

《艺文志・诗词》昨已书成，现拟接书《金石志》，乞公于十八日惠临敝寓，商定原稿，另录清本，至盼。专此敬请乃乾先生大安。弟乃昌顿首。十六。

六一

乃乾先生大人有道：

前厚扰，至谢。昨奉赐书，敬聆一是。刘怀民等志（刘志价值较昂）尚非难得（多则二三十元）（刘怀民□□藏托活□□）①。屺怀夫人徐氏，名原仙，其琴娟是号，记忆不清也（检昔年画扇不□）。覆培老书，转致为荷。敬请道安。教弟乃昌顿首。

---

① 清方若原《增补校碑随笔》记载此碑信息，其中提到"后归长白托活洛氏"。故徐氏原文或为"刘怀民墓志藏托活洛氏"。见方若原：《增补校碑随笔》，上海书画出版社，1981年，第215页。

六二

乃乾先生有道：

奉书敬悉一是。《金石志》四月间晤姚石子先生，谭及认印四部，昨将书托给中国书店寄至张堰矣。高君定先生拟集资影印顾校《守□□□□》《□问》①《灵枢》，未知能成事□否。沅叔丧偶，日昨□□已寄幛至北京，却已逾期也。新印《金刚经塔》，唐人《金刚经鸠异》《冥报录》奉贻慧鉴，幸赐存。敬请大安。乃昌顿首。七月十日。

六三

乃乾先生有道：

奉覆示敬悉。佛书两种系他处所藏，一时误记，年来神经衰弱，于此可见也。今日午后奉访，在图书馆徘徊久之，询悉我公于昨日来上海，至得相值，复访晤培老，久□不见，为之快慰。桐城潘季野先生□现重刻……续集，家藏本有蚀文脱字，属为钞补，因思……培老借来，撰《安徽诗征》无续集。今季野藏书……完善，真可惜也。公能知他处有此书否？前集拟求假来校补，今已恳请培老乞公再为一言，准一二日即缴还。《安徽丛书》编印缘起在大东排印，缘程演生至安庆未回，回后即分呈公同培老耳。敬请道安。弟乃昌顿首上。

---

① 原稿残缺，应是《守山阁丛书》《素问》。“顾校”，应指顾观光（1799—1862），字宾王，号尚之，上海金山人，曾协助金山钱氏校勘刊刻《守山阁丛书》。

六四

多日未晤，甚以为念。《安徽丛书》□□会拟假敝藏《尚书今古文》□藏周礼……田……考实二种，此书刻在□□丛书中……公假印汪容甫《春秋列国官名异同考》……全书送呈邺架，今《安徽丛书》既已……检下付印，俟印就即送上也。请乃乾先生大人道安。徐乃昌顿首。

六五

乃乾先生大人有道：

奉书诵悉。斐云先生借钞《注坡词》，日内拟将提要录出，交来青阁转呈尊处，觅胥代钞。钞毕业掷……属致元之先生相让《三礼……》……文编……函往商，顷已得覆。原函……台察，斐云先生有新安……丛书，敬乞代借。闻公藏有《姚仲虞集》，亦乞赐假一阅。琐琐奉渎，毋任……敬请道安。徐乃昌拜上。

六六①

残本《明诗综》去年已送来青阁，未知已否改做还魂纸（大约不至如此荒唐）？请便询之。敬请乃乾先生大人大安。弟乃昌顿首。

陈先生。

附还《损窦诗钞》二本（此诗每本一部，计二部，真学人之诗也）。

---

① 种芸山馆拍卖。

六七[1]

惠示敬悉，尊夫人恙已渐愈，吉人天相，至可喜也。尊藏江于九恂、江秋史德量校《隶续》极佳（天雨未便奉缴），江氏父子为金石家，书尤罕见也。敬请乃乾先生大人大安。教弟乃昌顿首。初三。

① 上海国拍 2004 年春季艺术品拍卖会。

徐乃昌致方政

（二通）

一[1]

宣甫老哥大人惠鉴：

别后甚思念，公念我同之，昨奉赐书，欣悉颐养多福，潭祉增绥，为颂无量。近阅报章，参众两院选举，各派竞争甚烈，将来总统一席，未知属诸何氏？南北和战亦未有表示。公在京，见闻较确，暇乞赐示一二，倘大局稍定，公升调即见诸事实也。预贺预贺。敬叩午禧。弟乃昌顿首。五月初三日。

二[2]

宣府仁兄大人阁下：

昨承订于十六日宠召，本拟届时趋诣敬陪，适以敝堂有琐要各务诸需清厘，未容抽身以应雅令。用特肃函敬拜，心领盛情，毋任感谢。耑泐敬颂勋安。愚弟徐乃昌顿首。

---

① 种芸山馆拍卖。

② 西泠拍卖 2019 年春季拍卖会，中外名人手迹与影像艺术专场暨郁达夫存世唯一完整稿本《她是一个弱女子》专拍。

徐乃昌致柯昌泗

（一通）[1]

燕舲先生大人撰席：

多年契阔，驰念为劳，北地旧友南来，每询兴居，忻悉撰述百益，慰如所颂。前见顾鼎梅先生，得见公所赠《哥舒翰纪功碑》并《晋正始碑》各种，云尊藏拓本甚多，可以分赠同好，不揣冒昧，拟乞赐于全份。敝处藏碑积四十年之力，已得一万三千余通，倘蒙惠赐，于藏目生色矣。附呈拙刻《玉台新咏》，敬乞惠存为幸。敬请道安，并希赐覆。弟徐乃昌敬上。七月十五日。

① 上海国拍2010年秋季艺术品拍卖会。

徐乃昌致胡朴安

（七通）[①]

一

朴庵先生有道：

前闻公拟阅《墨庄先生文集》，今检出文六卷、骈文二卷，共四册，送上浏览。旧制《礼塔图卷》并乞赐题，以资藏弆。敬请著安。弟徐乃昌顿首。七月二日。

二

承惠大著《朴学斋丛刻》，拜读一过，至为钦仰，君家墨庄先生后一人而已，当再诣谢。敬请朴安先生大人道安。弟乃昌顿首。廿九。

三

乃乾不日即行，今拟同公约其十八日（晚七时），在晋隆西餐饯别，约童心庵先生一陪。公有暇否？敬请朴庵先生大人道安。弟乃

① 黄显功、严峰主编：《胡朴安亲友书札》叁，复旦大学出版社，2023年，第218、220—227页。

昌顿首。

乃乾请帖乞便转致。

四

朴安先生有道：

前奉赐书并龙氏《古韵通说》，拜读一过。我公于作者之大旨，阐明详略，校记亦审慎至当，无仁钦佩。昨又蒙惠《国学汇编》两部，至感雅爱。此编一置案头检阅并示儿子讽读，一寄吾邑图书馆（馆中图籍皆鄙人所赠），俾学子研摩，藉拜我公之惠也。附呈拙刻《怀郊杂俎》《天游阁诗集》，乞赐存。敬请道安。弟徐乃昌顿首。

五

阅陈柱尊先生《文心雕龙增注叙例》，不朽之作也。张本成书在黄本后，其凡例已言之，柱尊先生藏本当佚此二叶耳。杨评、梅注鄙处有凌氏刻本，柱尊先生致力此书，如阅凌、张两本，再检假也。

朴安先生。

乃昌。

六

朴庵先生大人赐鉴：

顷奉惠书，敬以诵悉。蒙题《礼塔图》，拜读再四，无任钦仰。《求是堂集》祇收，尊处是否录毕？否则再行送上。吴越金涂铜舍利塔，检呈拓本，奉贻雅鉴。鼎梅《河朔访古随笔》新印成，附呈浏览。覆谢，敬请道安。弟徐乃昌顿首。

七

赐笺读悉。拙书甚劣，有玷大制，重以尊属，涂就尘教，签线较长，如须截短，可去题名也。匆覆，敬颂朴安乡先生大人著安。乃昌顿首。十三夕。

徐乃昌致黄葆戉

（一通）[①]

惠书诵悉。公鲁函件祗收，费神敬谢。苏州之游，得汀州书画，想多佳品，公与拔可喜可知矣。覆请蔼农先生大人道安。弟徐乃昌顿首。

① 中国嘉德2010年春季拍卖会。

徐乃昌致李宣龚

（一通）[①]

惠示读悉。附印玉海堂刘氏刻书，尚未印竣，俟竣事再算价交来。星如先生所付十元，仍先奉缴，统后结算可也。昨又补印《周易》二叶，即交工人吴伯连带呈，补入全书。敬请拔可老兄大人大安。弟乃昌顿首。五月十二日。

① “一纸飞鸿”上海图书馆藏尺牍文献精品展。

徐乃昌致梁启超

（一通）①

任公先生仁兄著席：

钦咏德谊，匪伊朝夕。前奉赐书，辱承奖饰，弥切悚惶，拙刻本不足存，荷蒙索取，敬以历年所刻者悉数检呈左右，幸鉴教焉。书目另单附上，统乞检收为幸。敬请道安。弟徐〇〇顿首。

书目

《随庵丛书》正续编	竹　廿四本
《百家闺秀词》(附词抄)	竹　卅本
《徐公文集》	六本　竹纸
《积学斋丛书》	竹　十六本
《鄦斋丛书》	竹　十六本
《怀豳杂俎》	白　八本
《随庵所著书》	白　二本
《至圣林庙碑目》	竹　一本

① 上海图书馆藏。

《玉台新咏》　　　　　　　　　　　料半　二本

共九种计一百〇五本。

七月廿六日。

函交揆初转寄。

（1924 年 8 月 26 日）

徐乃昌致刘承幹

（三通）[①]

一

复书敬悉，并拜大辑《明史例案》之赐。是辑取材宏富，为近修史家考镜之资，甚善甚佩。《诗话总龟》去年丁仲祜得有一本，属为转假勘校，公所见而议价未谐者即仲祜所得也。复谢，敬叩翰怡仁兄姻世大人大安。弟乃昌顿首。廿八。

二

前扰盛馔，感谢无极。承赐杨先生所著所刻各种，拜读，敬谢。拙刻《随盦丛书》正续编廿四册、拙著《随盦所著书》四册奉呈，敬乞转呈杨先生教正，渎神极感。《士礼居》零种内《季沧苇书目》《汲古阁书目》敝藏系竹纸补配，不合；唯《博物志》为白纸，检呈邺架，希赐存。敬叩翰怡仁兄姻大人著安。弟乃昌顿首。廿九。

① 第一至二通，见梁颖整理《求恕斋友朋书札》（中），《历史文献》第 17 辑，上海古籍出版社，2013 年，第 204 页。

三①

翰怡先生大人撰席：

顷读惠笺，备聆种切。承贶佳椠，敬佩采择之精，丹铅之慎，谨为什袭珍之。苏斋《提要》手稿，为粤雅堂煊赫有名之品，邺架搜罗极富，得此益豪，曷胜庆幸。承命题句，敬当属稿，呈请鉴教。附上拙刻《百家闺秀词》附《词钞》，共廿八册，新刻《吕氏乡约》一册乞正。复谢敬请著安。天寒，惟为道自卫。乃昌拜上。

① 王贵忱、王大文编：《可居室藏清代民国名人信札》，国家图书馆出版社，2012年，第285—286页。

徐乃昌致刘世珩

（二通）

一①

今晨郭斌来，顺呈一书，求假尊藏贵池人诗（书名记不清楚），如已检出，请交下。又小女求五舅母借首饰，另单附呈。敬请葱石老弟姻大人大安。小兄乃昌顿首。十月十一夕。

二②

昨辎亵为惭，执事匆匆冒雨归，遗恨竟一副，专足尘希察存。手教诵悉，《姬氏夫人志》疑覆本且无，上志兄所臧系齿本，无可校也。敬覆藉上聚卿老移左右。小兄乃昌顿首。

① 《近代名人翰墨（黄氏忆江南馆藏）》，文海出版社有限公司，1979 年，第 297 页。

② 南京大学博物馆藏。

徐乃昌致缪荃孙

（十四通）[①]

一

筱珊先生大人阁下：

客岁在都，畅聆麈教。夏五匆匆握别，昌因暂留京邸，旅居岑寂，风雨怀人，诚不禁离绪之时萦也。八月初为周郁山廉访、袁蔚庭观察招往前敌，遂即关外之行，当蒙委司文案及转运等差。鄙志久切戎行，窃愿藉伸葵献，而事机屡挫，时世孔忧。厥寇之猖狂，统驭既惜其无方，将士复不获用命，昌更以位卑而进言不能悉听，良可慨也。嗣袁观察回津筹商军事，昌亦随节而行，乞假南返。到沪时，闻执事为接佑岑先生灵舆而来，亦驻旆于此，晚间即趋诣贵寓，适值公出，未得一倾渴怀，深用怅怅。光阴如驶，故我依然。今春本拟计偕北上，只缘慈闱垂暮，未忍远离，有疏定省，兼以一囊秋水，顾影生寒，人事劳劳，殊无佳致。现移家于石头城畔，得晤旧好王雪岑观察，欣然道故。雪泥鸿爪，固自随地而安。日来又晤及梁星海太史、王信卿太守。青

① 钱伯城、郭群一整理：《艺风堂友朋书札》下，上海人民出版社，2018 年，第918—925 页。

云新契，旧雨重逢，颇不寂寂。惟回忆春明旧侣，散若晨星。建霞视学三湘，屺怀、鞠裳尚在京华，而执事皋比坐拥，种桃李于襄江、鄂渚间，天涯地角，洄溯维劳，能无怅然者久之。安得附米家船，载陶家酒，相与促膝论心，作平原十日饮耶！因风寄意，拜祷曷胜。专泐，敬颂撰安，统希亮察。后学徐乃昌顿首。

二

金缕曲（送苏龛之英吉利）

又送君行矣，问当年，乘风破浪，于今有几？踏遍六洲三岛外，信是真奇男子。好莫负千秋心事！海外奇书如可读，试艰劬，一一探珍秘。佳句续，便须寄。

行吟我自拚憔悴。挟宫商，江湖寥落，已甘散弃。况复仙槎行路迥，遮断暮云千里。算同此，燕泥身世。年少知交零落尽，莽天涯，都是怀人地。好寄我，平安字。

积余倚声。

三

炎之先生撰席：

客腊一别，倏忽两月。前季公赴宁，乞其代询兴居。日来著祉百益，为颂无量。阅省报，敬悉钟山正课业已试毕，院课想已交卷。我公评阅，当为忙碌。日内是否还江阴开课，颇念念也。松岑先生亡古，应斯聘者，督部定有人否？聚卿添办马路工程硝磺等差，闻尚须赴沪，近日曾否就道？受之差已换逖先接办。希瑗来书，谓恐有后文，然则此调动尚有他事牵涉，公知其详否？希瑗有无佳音，来函颇有牢骚之语。伯推早由通州往沪，迩来在宁否？不得差，亦不了也。附寄拙刻《闺秀词》十册，敬祈转呈谭仲修先生，并求我公代索《复堂类集》一书，渎神极荷。附呈令侄世兄正、二两月修脯十元，敬乞察入为幸。敬颂台安。后学乃昌顿首。廿日。

四

艺风先生著席：

接手毕，并大著一帙。屺怀书祗收。旋即将《北海年谱》交刻工李姓，令其随即写样，写成送至公处一校，免至来往寄发，多耽时日，反恐遗失也。顷又发刻俭卿先生《易经象类》，亦属李写成，径呈文几，代为手校。因俭老与公有师生谊也。老聂通州碑已拓齐，随后便带上。因其赴泰州赶考，无从取到。蒙钞藏金石目甚感，唯望早睹全帙为幸。令侄修脯，冬月来省时再行面递。书法工整，可佩也。去年承允钞南雍本书目，尚乞觅胥一钞。渎神，均叩谢不尽。匆覆，即颂台绥。后学乃昌顿首。

五

正续《访碑录》已钞好，并新添夹板奉还，盛情至为感激。舆图股单奉上，并缴廿元，祈即注明收洋数目，并付过头批图共几张为叩。尊藏重分碑，丁先生初十回怀宁，留下六十三种，送来洋廿元零五分，余碑如数奉还。兹送上洋廿元零五分，并所余各碑，一并祈察收。又缴上代买时务报馆书七元六角零五厘，祈收帐，至盼。统共呈上四十七元六角五分五厘，尚有山西碑银十一两。又广雅局书三种（价未悉）、黄花书二种（价未悉，蒯未送来）款，稍迟再为措奉。至尊假钞各书，现一齐还清。只《铁桥漫稿》转借聚卿，闻已抄成，尚未校毕。《北堂书钞》价亦由刘五自缴，毋俟再展转也。蒙代取回《四书是训》，甚感。《休复居集》应答含糊，是雪澄与毛先生为仇，若能交出，先生必能为之刊布，以广流传，岂不大妙。此真毛先生之大幸也。现检得硕甫先生辑《十三经字义》书残本一帙，末有先生手跋一行，先生如以为可藏，何妨转借一钞，祈酌。原书附上，祈察入。匆匆即颂艺风先生著安。后学乃昌顿首。

明日走访，先闻。

六

《鉴止水斋书目》三册，新从许从如外舅处假钞。周生先生为乃昌外曾祖，藏书半得之瓶花斋。粤匪陷城，书并未失。及左文襄克复时，悉搜括捆载而去。第二册末汪先生跋云，瓶花斋书皆归入振绮堂，释典归鉴止水斋，今瓶花斋目不可得，能得此二家书目，尚能窥及旧时面目。闻先生藏有《振绮堂目》，能为互相借钞，可称合璧，乞酌。《鉴止水斋目》三本奉上，祈察收。再瞿中溶《集古官印考正》刻本，向未之见，能赐观更感。艺风先生。后学乃昌顿首。十七日。

七

覆示敬悉。恽集系白纸楷书，有布套，甚旧。如便检出，乞赐录。丁绍仪《词综续编》未收，公《常州词》亦未录也。两图当属紫来一题。

读书堂印，王弇州曾著录，《四部稿》遍觅不得，当在他集。原图有蒋水云题《渡江云》一调，蒋并杜小舫，皆问梅先生东陶旧友也。本拟即行，因未禀辞，不得不稍耽搁一日矣。敬叩艺风先生大人大安。后学乃昌上。廿六夕。

八

《荛翁年谱》，建霞竭一生之力成书，没后印本难得，拟重刻附《随庵丛书》，以广其传，并答良友昔日相知之雅。公有所闻见于原辑之外者，尚乞赐录补入（如聚卿所得荛翁画卷及丁书目等），我公想亦乐从也。再叩著安。乃昌上。

九

两奉赐示，敬以诵悉。重皮宣、料半宣，诚如来示，宁省并鄂省不同，即皖省与宁省亦小异也（宁省在弓箭坊曹家买）。《三国志》及大刻书衣，尚是料半所印（俗所谓半皮）。至《随庵丛书》鄂中印本，不识所谓某种？到宁以后，印者悉怡怡本庄杭连也。《颐堂集》抄手极精。刻钞胥乏人，原书奉缴，俟觅得胥人，再乞公惠假。昨晤子虞，亦谭及仲武事，并云公定章计卷论值最为得法，省却烦恼无数，子虞甚以为然，彼转推仲武向善余饶舌矣。秉衡、善之、审言三公，并为向子虞揄扬，现文牍定茅子贞，收支定连荷生，想公已早知之。匆复，敬叩艺风先生大人著安。乃昌顿首上。

《东坡集》敝处仅宣纸一部，请不印红书。

《足征录》昨日所见系残稿本一册，今将清本全书八册奉请鉴阅。

《随庵丛书》现正付印(四元,九折),无书。《积学》《许[1]斋》两丛书则有印本也(每种五元,九折)。另《闺秀词百家》二十册(六元,九折),并闻。

一〇

日来读大著《石铭藏书记》,倾慕之至。惟《三苏文粹》一书(朱修伯跋)为鄙人所藏,赠梁节老(三月间)。何以《石铭》收入,未知是一是二也?再,石铭藏书如《尚书》(天一阁旧藏)《吴郡志》《东坡事类》等书(此外当有宋元精本),未见公编解题,能一一赐读否?盼祷。再,《欣赏编解题》一则,与彬兄前编拙藏各书解题同,拟请删改。兹特缴还《石铭藏书记》八册,乞检收。敬叩艺风先生大人大安。乃昌上言。十六。

一一

前沤尹侍郎属访各词,忽忆及拙藏元刻本清庵先生《中和集》。(此书各家均未著录,仅《振绮堂目》有之,只三卷,无外集一卷,外集有词五十八首。)昨告沤老,云吴印臣先生刻《宋元词》,先函告印臣,如景刻,让印臣;不刻,则沤老刻入《疆邨词》,特奉闻。公如通函时可询之。(沤尹当亦告之。将来景写寄北京。)敬叩艺风先生大人大安。乃昌顿首。十四。

① “许”即“鄦”。

一二

惠示敬悉。《随庵勘书图》，蒙公作记一篇并诗，甚感。叔蕴先生新印《殷墟书契》极精，容绍介友人得之。敝处藏书契甚夥，皆都中所得，叔蕴原器亦亲见之也。叔蕴索拙刻，兹呈上《闺秀词钞》《怀豳杂俎》，皆其所未见也。乞转寄，并致念。复叩艺风先生大人大安。乃昌拜上。

拙刻各书，乞便询叔蕴，能在日本代销否？

一三

艺风先生大人惠鉴：

昨奉手教，敬悉种切。翁集样本，寄至通州，尚无复讯。日前函催，俟复到再奉闻也。《元倪志》检出送上，请采录。敝处只此一分，如有重者（前有一本，送况先生矣），即可奉赠。记得此志辛庵先送我公，想忘却度至何所矣。至《元显》《阎虔福》两志，不能作为曾氏所藏。《江苏省志》亦不宜收录，另纸录呈，乞公审定。曾氏志石价目表检出奉阅。此石尚未售出，可收入苏志也。如借钞，再检呈，候示。又《瓶庐诗稿》红样一本奉缴，乞检收。敬请著安。乃昌顿首。十三夕。

《元显志》（磁州出土，范鼎卿购送安阳保存所。在曾辛庵故后，此石发现。）

《元显魏志》（初为辛庵所得，后卸洛篆后为洛绅索回。）

《阎虔福志》（在洛阳存占阁。）

一四

久未晤教，甚念。翁集样本，早寄季直，尚未覆书，日内当作函促之。吴寄尘拟附印十部，属为转达，乞登记，将来印书时连同敝处十部，一并附印也。年来得齐天保二年（文叔明旧藏）、北周天和二年、隋大业四年（皆吴窓斋旧藏）三造象，拓以奉贻，乞审定为幸。敬请艺风先生大人大安。乃昌顿首。初四。

徐乃昌致瞿启甲

（七通）

一①

良士先生大人赐鉴：

久未晤教，何尝不思。前托子戴以拙刻《宋元科举三录》呈鉴，想蒙赐纳。顷奉惠书，承影写《说文篆韵谱》牌子，极感厚爱，公一时不回罟里，当再诣教也。敬请道安。弟徐乃昌顿首。

二②

良士先生大人有道：

前承假印尊藏《说文韵谱》五册，今已印竣，敬以奉缴，尊处所缺八叶，并为附印，藉供浏览。敬请大安。弟徐乃昌顿首。

---

① 泰和嘉成2019年春季艺术品拍卖会，听墨·近代名人手札——影像·手迹·文献专场。

② 孔网拍卖2022年春季文物拍卖会，名人墨迹·书画版画。

三[①]

良士先生惠鉴：

日昨寄上一函，想蒙赐察。前承属转请樊山所书屏联，春间樊山迁居，原纸遗失，后由敝处补送纸幅，写成后由仆人误送它处，事隔一月，无从查取。昨又由鄙人备素绢小屏四幅，面请手书，因樊山日内即北上也。樊山写字向不盖章，兹将白绢字屏四幅交邮政局寄呈，敬乞检收。前恳钞书，如钞竣，请即惠寄，钞资遵缴。敬叩大安，诸希惠鉴。弟徐乃昌敬启。七月卅日。

四[②]

良士先生大人有道：

前晤大教，并蒙颁赐影印《李贺歌诗编》《周贺诗集》《朱庆馀诗集注》《鹤山渠阳诗》四种，至为感佩。授经寓爱文义路廿四号（联珠里对过），据接近董家人云，本拟回沪，前因沪地不靖中止（大东书局人云已在途，恐未确也）。所印书两种样本，亦在大东书局查过，《洪氏集验方》尚在该局，鄙人取出检阅（并见公夹一条，记叶数），因授经不在沪上，未经接洽，故未开印。至《龙龛手鉴》去年印成，连同宋本，统交授经收入矣。访陈乃乾，未见，并闻。敬请大安。弟徐乃昌顿首。三月廿八日。

---

① 无锡艺宋在线拍卖会，点墨存真——艺宋一周年·名人墨迹专场。

② 海王村2017年春季书刊资料文物拍卖会，故纸留声——书札手稿专场。

五[①]

良士先生有道：

昨辅亵为惭，闻为公附印《说文韵谱》尚缺一叶，是否卷一第二十九叶？乞赐示，当再补印。近拟集资影印《江苏金石志》，后有补遗，只二种。艺老夹签云：俟得新者补之。（二种内有尊处藏石一种）耿老云：尊藏有数石。特函请以拓本赐下编录，藉以永传。常熟如有新出之碑，并求假录也。敬请著安。弟徐乃昌顿首。十四日。

六[②]

良耜仁兄先生惠鉴：

前寄一函，并洋念元，想蒙察入。承荐收拾旧书友人，何日来沪，请即赐示。惠钞邺架各种，如钞毕，并求转交书友带沪，□□□盼。去腊属请樊山书屏，□□□函送，并将惠赠□□□，得复（去腊廿四日）允即写来。嗣因齿痛，迁□□□□居，以致未能报命，殊□□□。节厂楹联亦代求，函复必写。兹将樊山、节厂来书奉阅，现正陆续催索，一到即寄上也。台从何日来沪，当再欢聚，并请先期示悉。敬请台安。弟徐乃昌拜启。四月一日。

---

① 孔网拍卖。

② 孔网拍卖，本函缺字因拍卖图录部分遮蔽所致。

七[①]

良士先生大人惠鉴：

前奉赐覆，敬悉种切。尊藏宋本《简斋集》已蒙代钞，即告蒋苏盦君，极为感谢。此举冯嵩庵、李审言亟劝苏盦刻之，公又慨允钞借，俾得流传，以睨学者，均可佩也。书凡卅卷，二百叶，何分卷之简也。沪上所见《九经直音》，子岱已介绍在虞售出，公见及否？此书莫偲老极重之，尚是麻沙本也。敬叩著安。弟徐乃昌顿首。三月廿二日。

① 中国嘉德818网拍嘉年华，“清代藏书家与学人墨迹”专场。

徐乃昌致盛宣怀

（三通）[1]

一

杏公老伯大人钧座：

顷奉丹忱都督支电，属转钧右，兹特译成，并原电码统呈鉴察。专肃，虔叩福安。世愚侄徐乃昌谨肃。

二

杏公老伯大人钧鉴：

顷接倪丹忱都督来电二通，属为转呈钧座，兹特译奉台察。至各灾区调查表册、说明书，前由振抚局寄到，即请冯蒿厂年伯转呈，计蒙垂鉴矣。敬叩福安。伏乞垂照。世愚侄徐乃昌谨肃。正月廿一日。

---

① 均录自香港中文大学藏盛宣怀档案。

三

杏公老伯大人钧鉴：

前奉赐谕，并承钞示复丹忱都督沁电，仁心仁德，下怀曷胜钦感。顷接丹忱都督复公支电，谨特专呈，敬乞察收为叩。敬请钧安。世愚侄徐乃昌谨肃。三月五日。

徐乃昌致孙述祖

（一通）[①]

虞臣先生大人有道：

叠奉惠书，并承颁赐各碑及半两钱四枚，以数月来病魔缠绕，致稽答谢。属题文敏诗卷书签，亦因是迟迟，甚歉于怀。今扶病勉力将文敏诗卷题诗二章并书书签十条交邮寄呈。敬祈教正为幸。覆请道安。弟徐乃昌顿首。十一月廿三日。

---

① 北京保利2014年秋季拍卖会，古籍善本·唐宋遗书·古籍文献·翰墨菁萃。

徐乃昌致孙毓修

(五十通,含致孙毓修、李宣龚五通)[①]

一

覆示读悉。《六朝墓志菁华》有正赠品尚多,公再谦辞,益增惭恧。良士处昨已去函相商,亦以他书酬答,惟虑书少不敷分派。(赠瞿书未知每种若干部,公有单可钞示否?)函中叙明书交尊处或通知馆中扣交也。(此次所出瞿氏书凡七种,计《毛诗》《简斋诗集》《李贺歌诗编》《甲乙集》《寒山诗》卷帙较少,若《管子》《司马公文集》卷帙较多。)馆中售书乃营业性质,菊生、拔可皆极至好,非至万不得已时,决不向无厌之求。此次出板之书,翰怡、孟蘋、子彬等处可径商量,惟馆中自藏印出者如《资治通鉴目录》《考异》(第一期),《世说新语》《陶渊明集》《才调集》《花间集》(第二期),皆不可不得之书(卷帙较少)。欲向菊生索取,因尚无交换之品,故未启齿。承爱命就近告公,敬敢略为陈说也。《涵芬楼秘笈》一书馆中是否停印?便乞示知。敬请心如

① 第一至四十九通,马骥整理:《宗舜年、徐乃昌、徐恕致孙毓修信札》,《历史文献》第十八辑,上海古籍出版社,2014 年,第 306—319 页。整理者断定这批书信大约是 1920—1923 年。原函见《孙毓修友朋手札》,国家图书馆出版社,2020 年。

先生大人大安。弟乃昌顿首。

《丛刊》中未得底本之书单中，如敝处有者，当为检借。

二

昨奉《六朝墓志》三集，想蒙检入。贵馆书赠品已收到。（《潜研》二部，叔通、拔可来函相索，已分赠之。）兹将《简斋外集》奉贻左右，乞惠存。《潜研集》尊藏定有原椠，当不重此印本也。良士处昨函虞山，商让此次出板书，未知能否分赠也？（赠书只二部，恐不敷分派。）《四部丛刊》中尚有何书未得底本，便乞示悉。敬叩心如先生大人大安。弟乃昌顿首。

三

惠示敬悉。佳书六种奉到，为之狂喜，感荷雅爱，实无既极。《尧峰文钞》敝藏尚不恶，兹检呈六册，敬乞察定。瞿良士覆书未来。敬请心如先生大人著安。弟乃昌顿首。廿九。

四

多日未晤，至念。奉示并承赐新印《大戴记》《南雷集》二种，至为感谢。闻《四部丛刊》二次出书已印齐，内有敝藏二种，倘馆中有送书，再分贻我公也。日内再诣教，敬叩心如先生大人著安。乃昌顿首。十月廿日。

五

顷接良士函，云馆中赠书情形，原函奉阅，乞酌。良士赠敝处书，悉赖馆中再赠，方可分得耳。孟蘋书来，其精本已先为人取去。子寿书来，云未接到赠书，各函亦奉览。累承分赐佳本，敬以拙刊《随盦丛书》正续编奉正，非敢云报也。敬请心如先生大人著安。乃昌顿首。初五。

翰怡南浔来书，应允将馆中赠书见惠。

六

奉示，以《随盦丛书》辱承过情之誉，惭愧惭愧。兹呈《随盦勘书图》卷，敬乞赐题，藉资光宠。星期日至庆祥里，遍询尊居，均未得悉，不遇，怅惆。尚希赐示寓里中某号，再访时不至不值也。敬请心如先生大人著安。弟乃昌顿首。十九。

七

心如先生大人撰席：

奉书敬悉。前乞拔公代呈《六朝墓志菁华》已蒙赐存，其二、三、四集俟有正交到，即奉上也。《玉台新咏》《于湖集》已承拔公之赐，并谢雅意。第一批《丛刻》中所行之宋本《豫章黄先生文集》八册、宋本《周易》二册亟须一读，乞留意焉。敬请著安。乃昌顿首上。七月初十日。

八

奉覆书，敬拜宋本《周易》《豫章文集》之赐，极感雅爱。向年集资缩印《泾川丛书》尚有存者，检奉邺架，乞惠存。敬请心如先生大人撰安。弟乃昌顿首上。十四日。

九

赐笺敬悉。公向子受让书，昨子受书来述及公意，允以奉让，属为定价。（计书十种，皆公手书。）鄙人以未见书，未敢妄定，拟日内子受将书交阅后再说合也。（公意拟照原码，以何价得之可先示否?）先闻，敬请心如先生大人大安。弟乃昌顿首。初七。

一〇

昨奉复示，敬悉一一。缪世兄将书送来评价，特送请鉴定（书五种四十七本）。公拟以何价得之，可先示否？缪书大约为沪估所得也（系外间传闻）。敬请心如大人大安。

（奏议二本抄。）

弟乃昌顿首。初八日。

缪函暨公原单附阅，阅毕仍赐还。（原书四十七本，亦请阅后付下。）

一一

昨领教，极珮。《勘书图》蒙公赐题，已脱稿，至为忻慰。今将图卷送呈，乞赐录，至感。敬请心如先生大人大安。弟乃昌顿首。十二。

一二

前函因雪阻未呈，又奉赐示，备悉种切。《骑省集》公既喜罗纹纸印本，俟印成即奉上鉴定。缪书恐书估不可得，公索两种容晤时劝商也。再上心如先生。乃昌。廿三。

《勘书图》蒙题就，即求赐书卷中（万不敢先读稿本），至感。

一三

昨领德教，至佩。《尧峰文钞》敝藏本前有宋牧仲、惠元龙二序，兹将首册检呈左右，乞察入。敬请心如先生大人著安。弟乃昌顿首。十六。

一四

心如先生大人赐鉴：

奉示并拜《嘉兴藏目》之赐，至感雅爱。选印四开书单阅毕，大有美不胜收之况。拟择其切要者宋本《资治通鉴》（附《考异》《目录》）、宋本《文选》两种附印一分，时置几案间，留涵芬楼精椠之记念（假印虽有宋本，故不附印）。未知已否开印？附印纸送上，能搭配否？（如可搭配，拟以罗纹纸附印。）并乞赐示。恃爱琐渎，无任悚惶。敬请大安。弟乃昌顿首。十七。

一五

环示读悉。承允附印书，极感，惟《通鉴》既不抽印，《考异》《目录》两书亦拟不附印。现除宋本《文选》仍求附印外，另拟一单乞代附印（叶数较《通鉴》所少甚多）。应用罗纹纸若干（四尺罗纹同四尺料半尺寸一律），候示即送上。《茅亭客话》当为留意，如授经、沅叔不欲购此书，即在书估手，亦易设法也。敬请心如先生大人大安。弟乃昌顿首。十八夕。

一六

心如先生大人惠鉴：

昨晤教甚畅。属约子受四时在寓候谭并菊老借书，均即转致遵办。接赐示，又转子受阅过矣。致菊老函稿，亦付子受一阅，俾知相爱之诚。承命交还，今以奉缴。敬请大安。乃昌顿首。初七日。

一七

心如先生大人赐鉴：

奉示读悉。先德遗墨因郑重未敢造次落笔，今承函索，特先奉缴，稍迟当再录稿呈教。延缓之咎，惶恐无既。敬叩著安。弟乃昌顿首。

一八

安徽罗纹纸至今未到，兹将旧存之纸单印一部奉赠我公，日内即可工竣也。特先闻，再上心如先生。乃昌。

一九

罗纹纸印《徐集》已成，奉贻雅鉴，乞赐存。贵馆装订工极佳，遵示不由敝处倩工装订也（附嵌叶十六叶并呈）。敬请心如先生大人大安。弟乃昌顿首。十一日。

二〇

惠示诵悉。拙刻《徐公文集》昨以印本奉教，辱承奖饰，惭恧无极。钱昌美前年以残本《百川学海》质诸丁仲祜同年，钱累甚重，欲再资助，故拟代赎，另加价以酬之。（合算价甚昂，不过怜其苦耳。）事已二月，阙种亦多（约卅种），配补无望，昨已将全书交还仲祜。今蒙赐《诗话》五种，敬谢雅爱。补配之念，有待将来。公处有无他种，可示目否？或有加增，亦足动此念也。敬请心如先生大人大安。弟乃昌顿首。

二一

惠笺读悉。《嘉祐集》《中兴绝妙词选》二书为小绿天藏弃善本，付印《四部丛刊》嘉惠后学不浅。今覆以之分惠，感荷雅爱，曷其有极。敬谢，即请心如先生大人著安。弟乃昌顿首。

子受去京，至今未归，《渊颖集》未知为何人所得也。

二二

来告具悉。《杜陵诗史》残宋本，日人如愿出售，请开明卷数，再询葱石，设为彼书缺卷，当为作缘，以成完书也。元《文类》系明本，子受作为元本，误矣。敬请心如先生大人大安。弟乃昌顿首。

二三

由津回沪即病，公来，适出外就医，未及晤叙，甚歉。心公允赠日人两书已函葱石取来，并另赠心公一分，统乞检收。公附印各书只《论语》现拟开印，今送去罗纹纸为心、拔公附印矣。敬请心如、拔可老兄先生大人大安。弟乃昌顿首。

外《五灯会元》《杜陵诗史》各两部。

再，心如先生所阙拙刻《丛书》序一叶，未知是某种，乞示即印呈，现正查板印书。

二四

星如先生大人惠鉴：

奉示具悉。尊处附印葱石各书，罗纹纸送去，须俟印成再送公阅，如合意则留之，现亦毋庸取回也。至《杜陵诗史》所阙者，即公所见之残本，当不能另有弟二本同此残帙也。贵馆附印四开书又成一种，须前所订样式，兹特裁样并线根涂墨送上，费神极感，敬请大安。弟乃昌顿首。

二五

惠示敬悉。《于湖》等集工资万不能缴，既承公司附印已足感也，日内将《史记》工资一并奉缴拔可先生。《杜陵诗史》六月底已印成大半（书同《史记》交来），允七月初十取后半书。日昨派人查询补印《史记》何日，始知工人病已半月，未能刷印。现只附印《诗史》下半部尚可，若上半部单印一部，颇不易易。鄙意现可不必附印，将来如有机会，再为公向葱石索一佳纸印本，何如？至罗纹纸由敝处代办，俟印成再取款。交来十元，先行缴上。敬请大安。乃昌顿首。

拜上心如先生。

二六

尊处向葱石印书事，又转致尊意，现得覆书并拟酬赠原书奉阅，纸价由敝处垫付，随后结算也。敬请莘如先生大人大安。弟乃昌顿首。初八。

二七

奉示读悉。《杜陵诗史》所阙者已询明葱石，即卷十七至二十，共五十四叶（另各卷中皆有阙叶，计十八叶）。能为设法并入，不仅是书之幸，葱石必甚感谢也。公拟附印葱石所刻各书，一时不及遍印，前已函告拔可，大约日内可再印。百衲本《史记》，前约略估计洋廿元者，系指罗纹纸之价值（印书人须给以酬劳资）。至印工、墨料，皆由葱石照给。现印《史记》应用纸若干，请公查明原书应若干纸。（三刀纸能敷用否?)即先交来,当为送去附印,余纸俟他日印何书,如在尊处所印者,再付纸也。敝处附印《豫章》《于湖》《松雪》三集已成,极感雅意,敬请心如先生大人著安。弟乃昌顿首。七月廿日。

二八

示悉。艺老所著所刻有《艺风堂文集》《续集》《读书记》《藏书记》《续记》《金石目》《云自在堪丛书》《常州词录》《藕香零拾》《烟画东堂小品》《三唐人集》《宋元书影》《续碑传集》《辽文存》(又《荛圃书跋》)等书,共约百种以内,承询奉闻。赵刻《玉台新咏》已翻刻,年内当可刻毕,俟刻成当以极佳纸印赠也。闻菊老在京小极,近日想离医院。拔兄亦去京,两公何日还来?甚念念也。敬请心如先生大人道安。弟乃昌顿首。十四夕。

二九

《四部丛刊》第四期出书,书中有《云笈七签》一书,鄙意拟购一部(白纸、竹纸均可)。未识样书能分售否?(向来样书打样时,为工人取去。)乞公设法图之,倘有碍难,勿勉强也。再上拔公。乃昌。

三〇

承假《玉台新咏》,昨已校毕,今奉缴,乞检收。附印四开《四部丛刊》书单呈阅。昨闻《涵芬楼秘笈》只印十集,敝处仅拜菊公九集之赐,十集未见也,请查明示悉。(或已交下,为门仆遗失。)或馆中有单售本,亦请示,即在发行所购得以成完书也。敬请莘如先生大人大安。弟乃昌顿首。廿五日。

三一

莘如先生大人惠鉴：

两奉赐书，敬悉种切。《皇元风雅》《文选》两书既不印四开书，即请公附印《广韵》《毛诗》《通鉴释文》三种，至《名臣言行录》等六种仍请附印，渎神，至感至谢。承惠《涵芬楼秘笈》弟十集已收到，敬谢。葱石处附印书，闻已成《陶渊明集》《论语》二种，日内取来再送上也。（公印罗纹纸，拔可同鄙人印料半。）敬请大安。弟乃昌顿首。廿八夕。

三二

葱石刻书已印成《论语》《陶集》两种各三部（莘公印罗纹纸，拔公同鄙人印料半纸），送上，请饬工人查明有无缺叶，分别收存可也。敬请莘、拔公老兄大人大安。弟乃昌顿首。

三三

奉三十日惠笺敬悉。承赐《百川学海》七册，甚感厚爱。唯鄙人前见有残本（只缺廿余种），蒙公惠二册，又李紫东赠三种，颇有配成全书之想，乃遍觅不得，意兴索然，遂将所见残本仍还丁仲祜君。今公又惠七册，复询仲祜前书，云已售出。鄙人因所识书友无多，决不敢希冀凑配完书。我公既有此多种，且商务书馆书估时相交易，仍将公先后所惠九册，益以拙藏一册（计二种），一并呈诸邺架，倘天假之缘，酬公汲古之盛心，必可凑合也。敬请莘如先生大人著安。弟乃昌顿首。

三四

惠书诵悉。《读书敏求记》得公校正，俾簿录家获一善本，至为钦珮。艺风老人批注本当即函询子受，得覆再告。敝处有过录旧校本，如公查阅再送上。前阅孟蘋书目，亦有校本两三种，未见原书也。《论语》《陶集》承付工装就交来，今又交到《简斋外集》，而《简斋集注》未并入。工价请示即缴，一切渎神，至感至谢。尊处印刘刻各书，工料费无几，俟明年印他书印毕后再为奉告。馆中何日休息？年底年初有无旬日也？复请莘如先生大人著安。弟乃昌顿首。廿二。

三五

赐书诵悉。艺老校《读书敏求记》已函子受，兹将敝处过录陈仲鱼校本奉阅。孟蘋藏本稍迟当再函商也。敬请莘如先生大人著安。弟乃昌顿首。廿三夕。

《论语》《陶集》装工价乞示遵缴。

三六

昨送呈过录陈仲鱼校本《读书敏求记》，想已检入。敝处尚有阮刻本，颇有是正处，如须查阅，再送上也。《简斋集》四开本未收到，请查明为盼。敬请莘如先生大人大安。弟乃昌顿首。廿五夕。

三七

覆书读悉。阮刻《读书敏求记》二册检呈雅鉴，尊藏阙叶可钞补也。敬请莘如先生大人岁安。弟乃昌顿首。除日。

三八

昨贺新喜，未得登堂，甚歉。缪子受书至，拟赎回《刘后邨大全集》，以《读书敏求记》相赠，原函附上，公意如何？候示作答。阮刻《敏求记》想收到。敬颂星如先生大人新釐。乃昌顿首拜上。

三九

赐函敬悉。《敏求记》承钞补遗两叶，俾成完书，至感雅谊。复请星如先生大人大安。弟乃昌顿首。

四〇

惠示敬悉。笺经阁本《鲒埼亭诗集》检呈雅鉴，乞察收。此请星如先生大人道安。弟乃昌顿首。十三日。

四一

惠书敬悉，并交还《鲒埼亭诗集》，祇收。尊藏《旧唐书》《前后汉纪》意欲让人，惟甘翰臣虽系熟人（议会场中间一晤之），向不往返（甘同王雪澄、朱古微、王病山时相聚晤），日内拟请雪老转致也。（甘不懂书，因雪澄力劝，潘明训笑其听大辨子话，潘好宋本。）忽覆，敬请星如先生大人大安。乃昌顿首。二月二十日。

四二

示悉。尊藏各书拟出售者或先钞一单(略叙书之佳处,易于醒目)并价目(不二价),送雪老一阅,同甘翰臣商酌何如?四开本《简斋集注》印成否?(《外集》去年已印过交来。)闻沅叔先生来沪,未之见也。敬请星如先生大人大安。弟乃昌顿首。廿五。

四三

在通得敝邑水灾讯,至重至惨,匆匆回申,筹商振务,奔走尠暇,尚未诣谭,甚歉。《通鉴释文》承补印,至谢。《授经图》日前为陈立炎借印,俟交还再送呈。敬请星如先生大人大安。乃昌顿首。廿七夕。

四四

来书读悉。样本十二种,单二纸祗收,拟日内同雪老一商如何?再奉闻。来示云及昨有覆简,细查未奉到,不知有何错误也。敬请星如先生大人大安。弟乃昌顿首。

四五

枉顾失迓,甚歉。恽、宗两处已函告并将书送去,恽当交洋七十元,兹特送上,(正在上车站,随时清结,省得转折。)乞检收示复。宗款未交来,稍迟再缴(俟回申再理结)。恽、宗复函附阅(阅后掷还)。雪老处即函询。敬请星如先生大人大安。弟乃昌顿首。三月朔。

四六

昨由南通回沪，碌碌未及诣教，甚歉。刘氏所刻书，昨又附印《大戴礼记》《渠阳诗》二种，尊处之罗纹纸印本已交拔可兄转呈，想已察收。四开本《通鉴释文》如补印竣事。雪老将《史记》首本退还，兹特奉缴，乞检收。《史记》一书另有人可出一百廿元（亦公熟人），附闻。敬请星如先生大人大安。弟乃昌顿首。三月初一夕。

四七

葱石所刻《五代史》现又附印成，送上三部（料半二、罗纹一）。请付工分出，星、拔公各得其一，余系鄙人所得也。敬请星、拔公先生大人大安。弟乃昌顿首。三月卅日。

今晚去通，忽忽不再走谭。

四八

覆示敬悉。《大唐西域记》能设法附印，甚愿得一佳本，否则亦无法耳。《老子》《列子》《简斋诗集》三种、《通鉴释文》阙叶承公印装，极感。价几何，遵示再缴。鄙人留滞南通（寓唐家闸资生铁厂），回申尚须时日也。敬请星如先生大人大安。弟乃昌顿首。闰五月九日。

菊生、拔可、心白诸先生晤时乞致念。

四九

莘如先生赐鉴：

奉惠书，敬悉贵馆重印《续藏》，功德无量。承以贱名列为发起人，愧曷敢当。啬老处昨亦述公意，言之亦允附名也。敬请道安。弟乃昌顿首。六月廿三日。

五〇[①]

心如、拔可老兄先生惠鉴：

先后蒙交下《史记》并《于湖集》《山谷集》《松雪集》，至感雅意。装订费几何？务祈赐示，即行奉上。如一客气，以后不敢奉托，即前次鄙人代拔兄向葱石印书，亦曾收款，因书未齐，故未结算也。葱石印书工人抱病，致《杜陵诗史》只印成一半。此书印成，须要装订已印之书，再印《史记》，未能定期。昨因为心兄附印《史记》，派人往询，印工方知情形。（前工人云，初二日《杜陵诗史》可成。）惟葱石处印书有种种困难，葱石气魄大，不能代为经理，先时知照。仆人习气太深，颇难驾驭（葱石凡事皆委诸仆人），然必须敷衍仆人，联络工人，庶消息灵，知印某种书，届时再行函告葱石。此同葱石之交涉如此。鄙意如心兄所印各书，俟敝处探明，即由鄙人先行代购罗纹纸，印成再算，何如？复请大安。弟乃昌顿首。七月廿九夕。

---

① 嘉德四季2011年第25期拍卖会。

徐乃昌致汪康年

（三通）[1]

一

穰卿先生大人史席：

睽违德谊，倏忽三年，日落云停，时萦洄溯。辰维弄翰观书，箸述宏富，名山不朽，艳羡深之。贵报刊行，其足以振聩发聋，广开风气，厥功良非浅鲜。曾于筱山处取到百余分，为之分别代销，俾资传播。复蒙由筱山先后交来卓如所著各书，并《会计录》，一一拜读，谨矢弗谖。前托郑太夷奉上拙刻《丛书》一集，敬求鉴政。去岁又另托谭复生带呈四部，奉请推爱代售，未审曾否销去，刻下需赠他友，如未售出，乞仍检还是荷。贵局《日报》，弟亟思随时捧阅，以快见闻，能否按旬由局汇寄？即希裁酌。报资若干，随后照奉，绝不致误。弟春间调办通榷，受代数月，力求整顿。前者张季直殿撰本创议包捐之举，比来审时度势，觉祛弊惠商无过于此，惟俟季直南来，再当从长计较耳。兹乘敝友蔡宾丞兄赴沪之便，匆布数行，未尽之言，由宾兄面致。敬

① 上海图书馆编：《汪康年师友书札》，上海书店出版社，2017 年，第 1357—1358 页。

请箸安，诸维荃照不宣。小弟徐乃昌顿首。

（五月廿七日到）

当交蔡宾丞带去书三部，计洋四元八角。晤太夷时乞代致拳拳。

二

把袂言欢，沪上忆盍簪之盛；裁椾寄远，江头听暖律之吹。岁肇龙躔，禧延鸾掖。敬维穰卿先生大人履端笃祜，鼎祉凝釐。职掌丝纶，视草继东坡盛轨；望隆台阁，摛华邀北阙殊恩。引睇卿晖，倾忱儛颂。乃昌忝司正筴，徒作劳薪。自雅范之遥睽，抚驹光而如驶；聊凭虎仆，抒结轖于寸衷。翘企燕云，集祥辉之五色。肃缄恭贺春禧，敬请勋安，余惟霁照不备。徐期乃昌顿首。

三

敬再启者：乃昌承乏仪栈，已及一年，各事尚无贻误，惟沧桑改变情形，今昔悬殊，时局多艰，措手良非易易。祇幸接事之后，将缉私一事，加意讲求整顿。今岁岸销畅旺，似尚稍有成效，差足告纾廑注耳。时当岁暮，山意冲寒，疏影横斜，动人清兴，偶成咏梅四十韵，远寄吟坛，即祈郢正为荷。载请台安。乃昌谨又顿。

徐乃昌致王文进

（十通）[①]

一

晋卿先生台鉴：

接初六日来书，备悉一切。承代购吉林清水移山人参，与寄样相同，已由邮局寄到，费神敬谢。商务印《道藏》，敝处无此书，惟影印宋版藏经会敝人为常务理事，贵堂如代售预约券，可以照预约价九五扣缴价列会也。沈钦韩校《宋史》，实售六百元，全书并未污损，先寄藏书记二纸。书甚宝贵，未敢交邮寄上。祖芝田之不日即回，现交其带北平送至尊处。头本目录及列传卷一至卷七，共二本，凡校改之处均加笺。请收到后即函复。贵友嫌价昂，及不合。务请由妥便带沪转交，千万勿失。至盼。敬请台安。徐积余敬启。十三日。

《宋史》先寄藏书记。《序目》校改夹十一笺，此卷头本。《列传》卷一至卷七，校改夹五十八笺，校误字过于笺数，此卷固有沈钦韩朱笔题“沈钦韩校读”五字。

① 康冬梅：《徐乃昌致王文进手札十通辑释》，《晋图学刊》2017 年第 4 期。

二[1]

揩青先生台鉴：

接奉大函，并《毛郑异同考》一书，首尾二册均已收到。当即将函、书并交《安徽丛书》编印会审查，佥谓第一期内已印有《毛诗》一类书籍，目下尚无印行之意。程演生先生并谓尊处于去岁曾有函托云云。兹特将原书二册由邮寄还，即希察收赐覆。效力不周，务乞鉴原是幸。敬请大安。徐乃昌敬启。三月十一日。

三

揩青先生大鉴：

接到来函，备悉一是。《郑注周礼》一书，遵命收入。惟尊处择配书单内有《归云楼题画诗》，非鄙人所刻，从未寓目，兹易配《至林圣庙碑目》[2]，连同照单所配书籍八种，一并由邮寄上，即希检入为荷。并请大安。徐积余启。

书目：《至林圣庙碑目》[3]《唐女郎鱼玄机集》《阳春白雪》《说文解字纂韵谱》《朱淑真诗集》《一亭考古杂记》《读史记十表》。

四

揩青先生台鉴：

昨接寄来新出书籍目，敝处拟购书二种：《毛公鼎文正注》一本，

---

① 原函见杨健编著：《民国藏书家手札图鉴》，大象出版社，2019 年，第 72—73 页。

②③ 疑为《至圣林庙碑目》。

五十一页前，半页三行；《灵芬馆集》廿十四本，如虫蛀破损，请不必寄，八十八页后，半叶六行。即请将书寄至敝寓。本应将书价邮费汇上，恐书已先售出，故俟书收到后即汇寄也。即请台安。徐积余启。六月五日。

五

摺青先生台鉴：

接六月十九日覆书，并《灵芬馆集》廿四册，又《毛公鼎正注》一册，均已领悉。今由上海中国实业银行汇上书价洋五十元，请检收示复。尚存洋二角，随后结等①可也。敬请台安。徐积余启。六月十三日。

六

摺青先生台鉴：

接六月十九日覆书，具悉。汇上书价洋五十元，业已照收。承寄《韩文公集》二部，敝处亦均收到。惟上海市面大不景气，且韩柳文集往年经蟫隐庐印行，销数逾兮，以致一直难于推销，只得留存交换书籍，其价照同行批发，现款核等②，以顾交谊。所有各书及帐单寄上，祈检收核销，示覆为荷。敬请台安。徐积余敬启。六月廿七日。

寄上：入十二元，《小檀栾室镜影》三本，有套；入十二元，《徐公文集》八本；入十元，《宋元科举三录》四本，有套；入十二元，《玉台新咏》

①② “等”疑为“算”。

二本，有套。共实洋四十六元，请冲帐为荷。

七[①]

撍青先生台鉴：

接奉覆书，备悉前寄各书，已承照收。交换书籍，惟明本《绍兴同年小录》，已有明本二种，不欲再收。询诸友人，又不出大价（只能二三十元），故亦不愿代为介绍也。贵堂所印《韩集》《周礼》，自当尽力，代为宣传。好在上海中国书店、忠厚书庄、富晋书社均有寄售，可随时属其购取耳。朱曜东先生近患病甚危，先生与之交好，闻之当更系念也。覆请台安。徐积余敬启。七月十八日。

八

撍青先生台鉴：

接奉十月廿七日来书，备悉一切。《随盦丛书》白纸印本正续，现无单行售本，兹寄正续全书两部，每部实洋十五元，请检收。日前到老惠中旅馆奉访，晤及祖芝田，托其代交《随盦四种》五部，并属书之件，想已收到矣。覆请台安。徐积余敬启。

计开：白纸《随盦丛书》正续编（每部廿四本，实洋十五元）弍部、白纸《随盦所著书四种》（每部二本，实洋六角）五部。两共叁拾叁元。

再：尊处前出书目中有《尔雅翼》（明毕效钦刻本），趼洋十元；《蔗塘未定稿》，趼洋十五元。两共实洋弍拾元。如上两书未售出，请寄

① 原函见杨健编著：《民国藏书家手札图鉴》，第74—75页。

下，抵销书帐式拾元，余十三元，请代向小沙土园恒兴参茸店买上清水移山吉林参，照上年代买一样，大约每两二元。如书已售出，请悉数将上款卅三元代买，将来先生来沪或芝田来时交下可矣。费神，谢谢！再请大安。徐积余再启。

敝处所刻之书，尊处历次换书，大致完全。

九

搢青先生台鉴：

接十一月十九日覆书，备悉一切。寄还正续《随庵丛书》一部，付来《尔雅翼》一部，代买清水移山吉林参十元，均照收。其价以敝处所寄正续《随庵丛书》一部、《随庵所著书》五部冲账，不误。费神，敬谢。即请台安。徐积余敬启。十一月廿五日。

尊处将来如配他书，请函告，当再寄上。

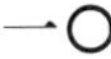

一〇

搢青先生台鉴：

接阅贵堂新出书目，敝处拟购书四种，如未售出，请寄下，并开邮费实价，当即汇上。目列后。此请台安。徐积余启。七月二十日。

《桐城续修县志》廿四卷，道光七年刻本，目　史部　四一页。

《峨眉山志》十八卷，康熙刻本，目　史部　四五页。

《清史艺文志》四卷，排印本，目　史部　五四页。

《潍县金石志》，光绪抄本，目　史部　五八页。

徐乃昌致魏家骅

（一通）[①]

魏梅荪：

前朱子桥将军在西南见有宋版藏经，发起影印，集合全国信士，成立影印宋板藏经会，议决全藏售价七百五十元，如垫款认印十部以上者，仅收实价四百五十元，以示优惠。前以法云兴建印老法师道场，遂与其师相商，为法云恭请经一部，并同真师发起各先认助洋一百元，其未足二百四十元，未识南京各大居士能圆满此功德否？但认印缴款期限即在国历十二月底止也。乃昌现迁居威海卫路廿三号，并以附陈。覆请道安。徐乃昌和南。辛未十一月二日。

① 韦力：《著砚楼清人书札题记笺释》，中华书局，2019年，第78页。

徐乃昌致孝丰

（一通）①

花叶晶莹，芝英璀璨，吴笺映雪呈丹篆。从教铁笔更精神，钗头鼎足分明看。

色比猩浓，芬如麝散，朱朱白白秦钦汉。膏兰屑絮一昏闲，茜窗消得梅花伴。

调倚踏莎行。

孝丰先生大人属题。

南陵徐乃昌。

---

① 孔网拍卖。孝丰未能确定何人，疑为蒋希曾。

徐乃昌致叶昌炽

（一通）①

昨闻公已莅沪，尚未访教，歉仄无极。拙刻《随盦丛书续编》白纸已印成，检呈邺架，乞赐存。前求题《常丑奴志》，倘蒙题就，幸惠下，当装潢入志也。敬叩缘督先生大人著安。乃昌顿首上。

① 彭长卿编：《名家书简百通》，学林出版社，1994年，第5—6页。

徐乃昌致张元济

（一通）[①]

菊老赐鉴：

奉示敬悉。承汪憬吾先生索拙刻《云起轩词》，兹选呈二册，一赠公，一赠憬翁。敬乞检收为荷。敬请大安。乃昌顿首。

① 《近代名人翰墨（黄氏忆江南馆藏）》，第298页。

徐乃昌致赵尊岳

（二十通）①

一

叔雍吾兄世大人赐鉴：

奉书诵悉。蒙惠新椠《证璧集》，拜读一过，具佩我公笃念师门、克敦古谊之至意。拙刻覆宋《永嘉四灵诗》，俟印就即呈上也。敬请道安。弟徐乃昌顿首。

二

赐示诵悉。《词汇》八册奉阅，《词统》检得再送上也。敬覆即请叔雍先生大人著安。弟乃昌顿首。

三

承赐大著《吴游片羽》，拜读一过，纪游诗欢观止矣。惟尊作中缺二叶，敬以缴上，请易以全帙，俾快观尽兴也。敬请叔雍吾兄先生道

① 国家图书馆善本部编：《赵凤昌藏札》2，国家图书馆出版社，2009年，第470—497页。

安。弟乃昌顿首。

四

叔雍先生大人惠鉴：

两奉赐书，并还词曲二种，敬以领悉。《兰咳二集》（未见《初集》）《今词初集》昔年假自艺老（光绪初覆刻本），随即还之。《玉琼集》系稿本，颇自珍秘，今检呈（共六册）雅鉴。覆请撰安。弟徐乃昌敬上。

五

昔年诗孙同年为绘《礼塔图》，同人题咏亦多，检呈雅鉴，敬乞赐题，至为感盼。敬请叔雍先生大人大安。弟乃昌顿首。

六

昨厚扰，敬谢。检旧藏渊雅夫妇合书《前后赤壁赋卷》（肯堂夫妇题在卷末），敬乞赐题，俾资宝贵。附赠顾二娘（计僧石藏）制研、袁随园墨卸、河东妆镜、天宝镜四拓片，希惠存为幸。敬请叔雍先生大人道安。乃昌顿首。

七

环示诵悉。渊雅夫妇合璧卷已承题词稿成，为之愉快。新刻《玉台新咏》当以佳褚精印一本，奉贻左右，略酬雅爱也。覆请叔雍先生大人道安。弟乃昌顿首。十二日。

八

前读撰刻《证璧集》初编，钦佩之至。昨借中国书店明张孟奇《疑耀》一书，阅之有《陶侃被诬》(卷五)、《尧舜被诬》(卷六)、《文天祥考》(卷七)三条，似可补公续编之采，敬以奉陈。敬请叔雍仁兄世大人道安。弟徐乃昌顿首。十七。

九

叔雍仁兄世大人惠鉴：

奉书并拜大刻蕙风老人《词话》《词集》之赐，至感雅爱。拙刻《闺秀词》已成百家，附《词钞》廿一卷，今检全书三十册，奉贻雅鉴，乞赐存。尊处所存八集系廿年前赠本，如愿足成完书，希检下，当照原纸补印奉上也。敬颂侍福。弟徐乃昌顿首。七月九日。

一〇

叔雍先生撰席：

奉教敬悉。《诗余广选》敝处所存之本，当年随置书笥中，现遍检不得，俟检出即行奉赠，决不爽约。小宋处所缺，亦恐不止三四两卷也，便乞查示。尊假《三百词谱》《白山词介》二书先检出送上。台鉴命查考各则，秦伯虞、陈伯雨均系故交，其事实当托人访之，余亦代访，设有所得，随时奉陈。再徐士俊、卓人月两家词名《徐卓晤歌》，附刻《诗余广选》后，想小宋亦当同前书交至尊处也。拙藏词总集大都邺架中所有者，容钞目呈鉴。《海曲词钞》尚未检得，检得后再呈上也。覆请撰安。徐乃昌敬上。廿三。

一一

叔雍仁兄世大人撰席：

上月十三日奉覆一书，并附上玉琼集，计蒙赐察。检张啸山《怀旧杂记》，得《冯墨香事实》一则，录呈雅鉴，敬请台安。弟徐乃昌敬上。

张文虎《怀旧杂记》

吾里言风雅者，首推冯墨香先生金伯，先生以廪贡生选句容训导，工诗书画，尤富收藏。乾隆间，主修县志，著有《国朝画识》《海曲诗钞》《续钞》，先生女兰因女史玉芬与上海归佩珊懋仪齐名，有《静寄楼诗词》。

一二

叔雍先生有道：

前奉赐覆并发还《三百词谱》《白山词介》两书均领悉，《诗余广选》三、四两卷已检得，奉贻雅鉴，乞惠存为幸（万勿掷还）。《冯金伯事略》检《南汇县志》录出行奉阅。敬请叔雍先生大人大安。弟乃昌顿首。十七夕。

一三

叔雍先生台鉴：

奉书诵悉。林子有先生辑《闽词钞》，欲阅《绝妙近词》。前遐庵先生已言之，惟此书无闽人词，曾乞转致。后公渚先生询及，亦以前言相告。兹遵示将原书送上，请阅后赐还，缘鄙人近有撰述，须藉此为资料也。覆请撰安。弟徐乃昌敬上。

一四

叔雍先生大人撰席：

连日欢聚，畅领教益，至为忻慰。孙月坡《绝妙近词》已检出，送呈台鉴，敬乞检收为荷。敬请大安。弟徐乃昌敬上。

一五

乞题《沤波舫画卷》，闻已题就，特函持取，希惠交付，快读佳制，雨霁诣谢。敬请叔雍先生大人著安。乃昌顿首。

一六

日昨厚扰盛馔，今又蒙赐景宋《淮海居士长短句》，至为感谢。《注坡词》四册检呈雅鉴，附呈拙刻《怀豳杂俎》，敬乞赐存为幸。覆请叔雍先生大人撰安。徐乃昌敬启。

一七

奉书诵悉。《古今诗余醉》授老藏本为万历刻，拙藏多《国朝诗余》二卷，其为康熙本，另一本也。《白石词》价八元，已转致来青阁祇收。覆请叔雍先生大人撰安。弟乃昌顿首。

一八

昨陪宴，得领教言，至佩。《容庵弟子记》(有章一山题字)敬乞转呈堂上赐存，《古今诗余醉》拙藏未知与授老藏本有无异同，呈请审定。来青阁新收陆刻(最初印本)《白石诗词全集》(议定价洋八元)，附呈雅鉴。公以为可留则留之，否则请发还，勿强。敬请叔雍先生道安。弟乃昌拜上。廿二日。

一九

叔雍仁兄世大人有道：

承赐大著《和小山词》、大刻《和珠玉词》，拜读再四，钦佩无已。鄙人近刻《宋元科举三录》成，今以印本奉贻雅鉴。《绍兴》《宝祐》二录宋本久佚，明刻亦罕见。昨在潘明训处见有明嘉靖本《宝祐登科录》，后有残缺，索价三千元(与拙刻明嘉靖本同)，则是本之可贵矣。又《元统进士录》元刻本，前人皆未著录，亦未传刻，此为黄氏士礼居藏书，尤为可宝。今由商务印书馆、蟫隐庐、中国书店寄售，藉以流通。公编辑余闲，请于《申报》余幅中绍介而鼓吹之，俾世人晓然有异书发现也。敬请台安。徐乃昌顿首。初七。

二〇

前承属录秦伯虞、陈雨生两先生事略，今另纸录呈雅鉴，以备采择。敬请叔雍先生道安。弟乃昌顿首。五月廿八日。

徐乃昌致邹寿祺

（一通）[①]

适庐先生有道：

接奉赐书，大慰积愫。承惠钟鼎全形拓本二种，敬谢雅爱。倘蒙续拓见寄，尤为感盼。尊属已向晦之先生转恳，意极诚善，但已定有人，惟于我公必设法加请（稍迟），属为先行转陈，公可通函向晦之先生致谢也。覆请道安。弟徐乃昌顿首。

① 中国嘉德2022年第37期网拍，“清代学人与藏书家书札墨迹”专场。

徐乃昌致朱遂翔

（七通）

一①

遂翔先生台鉴：

前驾到沪，匆匆一叙，属书条对，正值天寒，呵冻书成，邮呈台鉴，乞检收。敬请台安。徐积余启。

贵店前有黄立猷《金石书目》二册，如未售出，请寄下为盼。

二②

瑞祥先生台鉴：

接阅寄来新书目，敝处拟购十种，特钞单一纸，即请寄下，至书价俟书到即汇上也。敬请台安。徐积余启。六月九日。

---

① 朱遂翔为杭州抱经堂书局主人。海王村 2019 年春季书刊资料文物拍卖会，近现代名人手札·手稿专场。

② 孔网拍卖 2021 年秋季文物拍卖会，名人墨迹·版画影像。

三[1]

瑞祥先生台鉴：

奉来书，备悉。前托来青阁寄书，已由尊处照收，寄来书目亦阅悉。敝处拟留五种，时开单寄上，请检寄沪为荷。即请公安。徐积余敬启。四月十二日。

四[2]

瑞祥先生台鉴：

接奉廿四日覆书，备悉一切。寄来《通志堂集》照收，遵命作洋六十元换书，入台册结算，兹照来书所要各种，交来青阁寄上，收到后请[3]……又敝友有《六朝墓志精华》(四集全，每部十六本，有正书局照原碑石印，每集四本，四集共十六本，有正售价每部十二元，现无全集出售。)，拟以两部换尊处《二铭草堂金石聚》一部(系白纸大版，一箱十六本，码洋二十元之一种。)。尊意如愿互换，再属敝友寄上也。再请台安。徐积余再启。

奉上：

七元连史《续随庵丛书》(壹部，计十二本)

六元赛连《续随庵丛书》(贰部，每部十二本)

---

① 孔网拍卖。

② 以下四通录自西泠印社2014年春季十周年庆典拍卖会《杭州抱经堂上款书札选萃》。

③ 此处拍卖图录疑有信页缺漏。

二元连史《永嘉四灵诗》(贰部,每部二本)

共入洋廿叁元正。

五

瑞祥先生阁下:

三月初十日寄覆一函,想已入览。今接寄来书目,敝处拟购二种,另单附上,乞即检交邮局寄来为荷。敬请台安。徐积余启。四月二十日。

六

瑞祥先生台鉴:

奉初二日来示,敬悉一切。尊处书目内有《两浙金石志》(原板卅六本),现敝处可要,请寄下,在旧存书账内结算可也。又尊处所要之书,即交来青阁转寄(另配他书,凑足六十元),但贵友之《通志堂集》如系王培孙先生之书,内中污损,敝处不要,否则即请寄下,照前议换书耳。覆请台安,恭贺午禧。徐积余敬启。五月四日。

七

瑞祥先生台鉴:

接来示,并寄来书四种祇收。书款卅元〇〇五分,已收入台册矣。尊意拟将《通志堂集》换书,不过来价太大,既承台属,亦可如命,请即将全书寄下可也。寄还《黄山志》一本,想已收到,念念。即请台安。徐积余敬启。

徐乃昌列名函电

（三十六则）

一、安徽议赈募捐启[①]

敬启者：皖省幅员偏小，介于江淮之间，平衍者既与水为邻，高亢者又复未能深究水利，雨旸不时，灾祲立至。近五六年迭遭水患，嗟我黎民，昏垫余生，盖亦仅矣。乃天不悔祸，春夏之交，淫雨连旬，积潦未能宣泄，滨江各县，受江湖之激荡，圩堤冲溃，不知凡几。高阜之区，则山洪乘积雨而至，弥望膴原，半成泽国。迨水势稍杀，农民悉力疏沦畲，图补种以冀有秋。不意六月以后，天忽晴旱，计不雨者四阅月，塘堰枯涸，田垄龟坼，禾黍杂粮，悉皆枯槁。旱暍之极，郁生蟊虫，盱眙、定远、泗县、五河等县尤多蝗蝻，飞翔成阵，偶有遗穗，亦为蚕食殆尽。至今二麦尚未下种，来岁现象不言可知，人民所昕夕辛苦，为万一之希望者，至此直生机断绝矣。加以柏逆倡乱，四境骚然，贼踪所过，搜括无遗，土匪乘之，四方蜂起。皖民何辜，既扼于岁，复扼于匪，哀鸿遍野，一息奄奄。胪其惨痛，虽郑侠流亡之图，恐不足喻其万

① 《安徽议赈募捐启》，《神州日报》1913年11月19日。

一。馥等或身居梓里，或寄迹京外，闻之伤心，见之酸鼻。嗣冲忝秉疆符，抚辑无术，尤深惭疚。前蒙大总统轸念灾情奇重，发帑十万元以资振抚，但灾区广延四十余县，杯水车薪，仍难普济。冬赈春赈，赓续而来，稍一延缓，遽填沟壑。皖力薄弱，罗掘俱穷，中夜彷徨，一筹莫展，不得已惟有筹劝义赈，以辅官赈之不足。当于省垣设立赈抚局，由嗣冲督饬官绅，先行调查开办，所冀仁人君子，俯念劫后灾黎，待命万急，己饥己溺，慨助囊金。裘以集而有成，擎以众而易举，多固感恩，少亦拜赐。伫盼仁施，诸惟慈察。

发起人：周馥、杨士琦、李经羲、段祺瑞、姜桂题、段芝贵、陆建章、李经迈、许世英、张广建、周学熙、余诚格、袁大化、胡建枢、阮忠枢、张士珩、孙毓筠、江朝宗、吴炳湘、王赓、马振宪、刘朝望、陈惟彦、舒鸿仪、孙多森、李国杰、王善荃、汪声玲、徐乃昌、夏翊宸、刘廷凤、龚心湛、龚庆云、倪毓棻、赵继椿、雷震春、倪嗣冲、吕志元、王震昌、王荃本、王裕承、李国筠谨启。

二、皖人对于加赋之电争①

旅沪全皖同乡会于月之二十二日为抗争田赋加征、盐斤加价事，曾开大会，议决除派代表外，并电京、津呼吁。兹得其原电两通，特录如下：

致北京政府电

北京大总统国务院总理财政部盐务署钧鉴：

方今国政方新，喁喁待治，乃皖民日在水火，益加深热，生机断

① 《皖人对于加赋之电争》，《时事新报》1918年12月28日。此函电同时刊登于1918年12月28日《民国日报》《申报》《神州日报》等，文字略有异同。

绝，忍无可忍。一曰田赋展加一五。此案大部试办，各省多未实行，皖省行之，已太偏苦，正谋请罢，反闻展期截留省用三年即停之谓，何是使大部堕大信矣。一曰田赋再加七分。藉口警备，通案不思皖患原在兵多，兵变则此警队莫之能御，平时则此警队足扰闾阎，所以从前兵少，匪亦较少。皖南山多埆墝，皖北水患频仍，小民终岁勤动，不给衣食，灾赈迭告，夫谁不知。何能括生计所需，养自焚之患也。一曰陡加盐价每石一元。托名兴办实业，夫实业只有招股合资，未闻以贫民之脂膏为营业之资本，加以官私价格悬殊，豫东苏浙私枭将以皖为归壑，防不胜防。且与外人有约，无论何等用项，不得擅改盐税，一旦增加，适贻口实。如盐法何，如国体何？今者一月之间，三者并举，第一案闻由省议会请愿国会，第二、三案省会延长十日专议通过。倪嗣冲久领兵符，龚心湛新承简命，皖人治皖，甚于寇仇，岂无天良，忍心出此？彼所以悍然不顾者，蓄意已久，勾结已成，亦知民意机关为民国所重，特种恶根，纯以金钱、武力制造民意，指选议员为其鹰犬，遂使小民如隳地狱，救死不赡，此而不言，永无天日。经羲等怵目痛心，实为皖省贫民生死利害关系，祸患之来，影响甚大，泣求救民水火，立斥皖吏，罢此三策，皮骨犹存，孑遗永赖。悚惶冒罪，泣血上陈。

李经羲、余诚格、李经方、陈惟彦、金邦平、徐乃昌、洪冀昌、何声灏、刘体智、张士瑛、孙发绪、朱震、徐国安、刘更年、李经滇、朱鲲、陈树屏、余之芹、舒继芬、李国杰、何声润、朱畴、孙元方、聂宗羲、光昇、汪龙标、刘慎诒、陈仁梅等叩。有。

致天津同乡会

北京孙公园安徽馆安徽同乡会诸公天津安徽馆值年转旅津同乡诸公

公鉴：

吾皖水火，今益深熟，良由省议会逢恶长恶，人民控诉无门，我辈谊难再忍。今日旅沪同人开会，对于田赋续征一五又加七分、盐价陡加一元一石，誓死力争，不罢不休。本日已电府院部署，迫切请求，并通告各属乡人征求意见，迟日再开大会，公举代表北上。务乞京津同乡诸公速开会议，协筹方法，同声呼吁，一致进行，并请周玉老尽力挽回。迫待教示，详函续寄。

旅沪同乡会：李经羲、余诚格、李经方、陈惟彦、金邦平、徐乃昌、洪冀昌、何声灏、刘体智、张士瑛、孙发绪、朱震、徐国安、刘更年、李经滇、朱锟、陈树屏、余之芹、舒继芬、李国杰、何声润、朱畴、孙元方、聂宗羲、光昇、汪龙标、刘慎诒、陈仁梅等叩。有。

三、皖人力争加赋之续电[①]

旅沪全皖同乡会日前所接国务院函电已志昨报要闻栏，兹闻该会同人昨又致北京两电，照录如下：

致总理及部署电

北京国务总理财政部盐务署钧鉴：

前因吾皖苛加赋税，公电恳除三害在案，经羲等素远罪尤，难辞公义，当苛烦议起，未敢往复开陈，惟恐激争反害，满望省署、省会地接情亲，易图补救。洎乎希冀尽绝，呼吁无门，不哀政府，复谁哀乎？前奉钧院艳电，许以查复核办，皖人冀有生机。迨续接院函钞发皖

① 《皖人力争加赋之续电》，《申报》1919年1月20日。此函电同时刊登于1919年1月20日《民国日报》《神州日报》等，文字略有异同。

电，但奉转行，未蒙核示，而细译皖电，亦未具切实办法，群情滋惑，益盼我政府之有明命矣。查盐税不准有附加名目，有则各省效尤，即为败坏盐法，罪不止于虐民，此部署所知也。明明当道授意，乃谓实出公民本愿，明明省会议请咨商盐署核复，乃皖署独不照咨，声称仍交省会复议，岂以前议犹未完密乎？且盐捐纯系国税，省会本无议决之权，以故上届省会虽经提交，不肯置议。本届省会虽受指使，议为可行，而仍请咨盐署核复乃能决定。盐税既属于国家，则皖署之交议加价，对中央为违法，对本省为虐民，更无论于交会复议之当否。今人民不堪其虐，呼吁中央，中央上顾纲纪，下顾民生，自应按据盐税不准附加之条例，饬即取消。乃院函未置可否，一若盐税属于国家，仍可听地方自由议加者，此一惑也。

七分附加一案，系属田赋新增，虽经龚前省长厘正核减，而皖北征派烦苛，莫可究诘，仍难与皖中、皖南同归划一，足见此举丛弊病民，应当悉行裁汰。省吏意已洞悉，故皖电有俟大局和平，皖军调回酌夺取消等语。据省会咨复原文声明，警备章程预算未经通过，以前所收附税不得动用，则此案何未完成立可知。又报载龚前省长通告亦称，现在警备未办，应将附加之款存储，则警备多未成军可知。案未成立，召募亦停，此项附加更可即时停止。而必待皖军调回再议取消，若仍留此毒根不欲遽拔者，此二惑也。

田赋旧加一五，诚为部定通案，然按之法理，实应取消。谓此项为国家税乎？既未经国会通过，各省亦非一律议加，违法苛征，溯厥由来，中央、地方均难辞责。夫以全国通行之案，他省停缓则听之，皖人依限力输转，令永承重累，偏枯孰甚！今三年之限已满，皖吏既诿之于部,坐视吾民痛苦而续议征收,中央亦若视为皖民正供,遂不欲轻置一词以图解救,此三惑也。

敢举三惑,上质政府,国有钧衡,政无畛域,盐捐纯系国税,应请宣令取消。警备本未成军,新赋实为苛累,请即严饬停免。一五加赋,权自部操,前政府虽经违法于前,钧院自当挽救于后,恩恤宽免,立盼施行。万一以为依法当停,停期宜酌,亦必有明谕宣布,以示无所延诿,乃能涣释群疑。立国以信,人民虽愚,愿与政府共守之。谨仰冒斧钺以俟。

李经羲、余诚格、李经方、陈维彦、何声灏、陈树屏、金邦平、徐乃昌、洪冀昌、孙发绪、朱震、余之芹、朱锟、朱畴、刘体智、李经滇、张士瑛、徐国安、刘更年、何声润、李国杰、孙元方、聂宗羲、舒继芬、光昇、汪龙标、刘慎诒、陈仁梅等叩。

致参众两院议员电

参众议院诸公均鉴:

皖省田赋,一五加征,期满未停。前闻皖议会仍以续征三年改归地方税请愿贵会,此税由部令通行全国,系属国税性质,事后未交国会追认,前政府实为违法,皖议会自应赓续前议会初次取消之议,豁除苛累。今徒争归省有,不但病民,亦为违法。惟念贵会为最高立法机关,国家人民胥赖,如于皖案漫忽通过,加赋永为皖累,既允皖[援]请他省,援[皖]案将何以应。贵会议准前政府违法之案,人民追溯根原,责难归怨,宁独一皖?敢祈贵会详审法律,重念民依,全皖幸甚,全国幸甚!

皖人李经羲、余诚格、陈惟彦、陈树屏、何声灏、徐乃昌、金邦平、杨士晟、刘体智、余之芹等。皓。

四、皖省加赋案之最近文电①

寄财政部电②

北京财政部鉴：

报载国务院咨行皖省照录大部议覆皖案全文，凡涉省有苛捐，部议均有处断，独于部有之一五加赋，未准依限照停，佥谓此案不止违法，而又向隅，不止向隅，而又失信情形。本属特别罢免，实为当然，将来究应如何解决，终以法律公理为归。目前姑置法理，先论部议展加年限之事实。查此案民国四年起征，扣至六年限满，今已民国八年，部议不曰接续前限展收三年，而曰变通办理再行展加三年，谓自本年展加，可谓自七年展加，亦可部权，左右其词，小民何从指证？且凡有展加明文，即应有停收结语。部议今独无之，然使以前部省无三年失信之事，则此后依期停止，人民焉用猜疑？又使当初立限时，官书起讫严明，后即违信重征，亦难双[变]更铁据。乃因谋始不慎，覆辙相寻，大部能保今日已[己]身所蹈，异时部省不再藉口诡随乎？皖民被屈久矣，抗议迄今，不幸而仍有违信展加之事，此中虐民恤民之分，惟视将来能否依期停罢。至将来能否依期停罢，则又决于今日部议之用心如何。大部既知吾国官僚故智，未能终保其后，即当于守信戒欺之关键，毖后惩前，详明指按，乃见立限实杜，长

① 《皖省加赋案之最近文电》，《神州日报》1919 年 3 月 31 日。

② 此电以《李经羲为加赋事之最近电》之名，刊于《申报》1919 年 3 月 20 日，文字略有异同。

期展加，非同罔取。否则以皖人而议皖案，虚握三年口惠，长滋一世毒根，本图塞责息纷，转以厉阶贻怨。为大部计，又奚取焉？经羲等为就事曲全起见，应请大部先将展加年限明白解释，加自何年为起，展至何年为止，是否展加限满此税即行停止，无论部省何项要需，均不再行展收。凡此要端，均祈指示，并请允将此案停止年限详细解释缘由，即日补咨皖省备案。此后宣布通省，呈覆公府，自属省吏责任，人民即仍有抗争，部议已先无疑蕴，冒嫌再渎，待决一言。

旅沪皖民李经羲、余诚格、李经方、陈惟彦、何声灏、陈树屏、金邦平、徐乃昌、洪冀昌、孙发绪、朱震、余之芹、朱锟、朱畴、刘体智、李经滇、张士瑛、徐国安、刘更年、何声润、李国杰、孙元方、聂宗羲、舒继芬、光昇、汪龙标、刘慎诒、陈仁梅公上。

财政部复电

李仲轩诸公鉴：

电奉悉。查安徽田赋临时加征简章第二条载，加征十之一五，自民国四年上忙为始，以三年为限等语。皖省田赋上忙开征日期，系在四月一日，此项加征自四年四月一日起，截至七年三月末日止，届满三年。此次展加三年，即系自七年四月一日接续起算，计至十年三月末日为限满之期。除咨皖省长令厅遵照外，特复。财政部。寒。

国务院公函

径启者：

查皖省盐价、田赋加收一案，前准台端暨皖省各士绅迭次电请豁免，当由财部分别核议，经国务会议公决照办。即由财部将议决办法咨达安徽省长，并钞送本院备案。兹特钞录原件函送查照，并希转知可也。

附：财政部咨安徽省长公文

为咨行事。案查皖省盐价、田赋加收一案，前经旅沪士绅李经羲等、旅津士绅周馥等、旅浙安徽同乡会代表高凤德等、芜湖查秉钧等、暨苏州安徽会馆同乡会馆、苏公民全体先后呈请停免，当经国务会议公同议决，以皖省盐斤加价一事，前准皖省督军、省长电陈，因皖省发明矿产，招股合资非易，拟仿往年铁路私股路股之法，由盐务筹款兴办，以辟利源而纾民困等语，似亦不得已之办法。惟查民国二年十二月奉大总统教令，公布盐税条例第八条。又七年三月奉大总统教令，公布修正盐税条例第四条，均有盐税除依本条例征收外，不得以他种名目征税之规定。民国五年九月，广东于运省之盐每包加征盐捐五角，以助军费。又七年七月，陕西拟于销陕路盐每名加收地方捐银一百九十两，以济军用，均经财政部遵照盐税条例，电令取销有案。皖省此次每盐百斤议加公股一元，与粤、陕两省拟加收盐捐事同一律，现在既未实行，应令取销，以符条例。

至田赋一五加征，系于民国四年财政部以预算不敷，通令各省区仿照直隶、山东濮阳河工亩捐办法，征收田赋附税，以资弥补。嗣据各省区先后报告，除奉天、吉林、黑龙江、浙江、甘肃、新疆等省，暨归绥、热河、察哈尔、川边等区，或以正办清赋，或以边地瘠苦碍难照办外，河南、湖南、湖北、江苏、四川、山西、陕西、安徽、江西、福建、广东、广西、云南、贵州等省，均认照办，共约收七百八十八万余元，历经列入预算。嗣以湖南、福建等省，地方不靖，特准缓办，其已办各省，尚共收入五百四十万余元。此项加征税款，本系为弥补豫算不敷之用，近年财政困难，豫算较前尤巨，故两年以来直隶、山东、河南等省，或请停免，或请留充地方经费，均经财政部先后驳覆。皖省一五附税原案，虽以三年为限，然各省附税声明期限者，不止安徽一省，现在如准予停免，各省援例要求，必至牵动预算全案，而国家收入骤短五百四十万余元之巨，内外财政必益陷于困难之境。是以三年届满，仍继续带征，以维预算而符通案。兹既据皖省士绅一再电请停免，并称停期宜酌，亦必有明谕宣布等语，应准变通办理，再行展加三年，如三年以内财政稍形宽舒，亦可酌核办理。

再七分附加一案，查皖省督军、省长原电内称，安庆、芜湖两道筹备警备队，原议经费由县田赋项下附加，数既参差，尤嫌过重，嗣改订减轻划一办法，咨准省议会议决，并限定专作警备队经费，将来警备停办，附加亦即停收。其以前多收之款，即留抵八年分钱粮。如果大局和平，皖军调回，当即体察情形，酌夺取销等语。现在大局可望和平，皖南尚形安静，皖军亦将调回，此项警备队似可从缓办理，其业经带征之附捐，即以留抵八年钱粮。惟警备事关地方，应仍由皖省省长咨由省议会重加审议等因，由国务院函交到部，相应咨请查照，转行分别知照可也。此咨，安徽议省长。

五、空前之大丛书《四部丛刊》[1]

睹乔木而思故家，考文献而爱旧邦，知新温故，二者并重。自咸

① 《空前之大丛书〈四部丛刊〉》，《申报》1920 年 6 月 25 日。

同以来，神洲几经多故，旧籍日就沦亡。盖求书之难，国学之微，未有甚于此时者也。上海涵芬楼留意收藏，多蓄善本，同人怂恿，景印以资津逮，间有未备，复各出公私所储，恣其搜揽，得于风流阒寂之会，成此《四部丛刊》之刻，提挈宏纲，网罗巨帙，诚可云学海之巨观，书林之创举矣。醜缕陈之，有七善焉：汇刻群书，昉于南宋，后世踵之，顾其所收，类多小种，足备专门之流览，而非常人所必需。此之所收，皆四部之中家弦户诵之书，如布帛菽粟，四民不可一日缺者，其善一矣。明之《永乐大典》、清之《图书集成》，无所不包，诚为鸿博，而所收古书，悉经剪裁，此则仍存原本，其善二矣。书贵旧本，昔人明训，麻沙恶椠，安用流传，此则广事购借，类多秘帙，其善三矣。求书者纵胸有晁、陈之学，冥心搜访，然其聚也非在一地，其得也不能同时。此则所求之本，具于一编，省事省时，其善四矣。雕板之书，卷帙浩繁，藏之充栋，载之专车，平时翻阅，亦屡烦乎转换。此用石印，但略小其匡，而不并其叶，故册小而字大，册小则便庋藏，字大则能悦目，其善五矣。缕刻之本，时有后先，往往小大不齐，缥缃异色，以之插架，殊伤美观，此则版型纸色斠若画一，列之清斋，实为精雅，其善六矣。夫书贵流通，流通之机，在于廉价，此书搜罗宏富，计卷逾万，而议价不特视今时旧籍廉至倍蓰，即较市上新版亦减至再三，复行预约之法，分期交付，既可出书迅速，使读者先睹为快，亦便分年纳价，使购者举重若轻，其善七矣。自古艺林学海，奚止充栋汗牛，今兹所收，不无遗漏，假以岁月，更当择要嗣刊。至于别裁伪体，妙选佳椠，亦既盱衡时世之所宜，屡访通人而是正，未尝率尔以操觚，当可求谅于有众。邦人君子，或欲坐拥书城，或拟宏开邑馆，依此取求，庶有当焉。

王秉恩、沈曾植、翁斌孙、严修、张謇、董康、罗振玉、叶德辉、齐耀琳、徐乃昌、张一麐、傅增湘、莫棠、邓邦述、袁思亮、陶湘、瞿启甲、蒋汝藻、刘承幹、葛嗣浵、郑孝胥、叶景葵、夏敬观、孙毓修、张元济同启。

六、安徽旅沪同乡请废除皖督通电①

北京分呈大总统国务院钧鉴：

皖民苦水深火热久矣。今幸靖难师兴，不旬日而中原底定，则与民更始，正在此时。前此党人搜括政策，如请展皖省一五加赋，摊派各县公债，亟宜遵令速停，与不得赓续勒派者一。国家养兵，重国防也。皖非门户，既无取乎重兵，督驻蚌埠，更几同于虚设。倪嗣冲抱病经年，就医天津，回任无日，与其悬此一缺，以启军阀之争，何如明令废除？首为各省之倡。此可不设督军者一。皖人治皖，九年于兹，疾首痛心，无可告语，不敢效浙人治浙、苏人治苏之请。应恳我大总统、总理饬下省长，力自振作，速将变相之乱党机关，名公益维持会者，立饬取销。并将驻皖军队分别裁汰，酌留少数，改编警备，庶几休养生息，俾教育与实业得以循序渐进。皖人之幸，即国家之福也。蒭荛之言，伏希采择。

安徽旅沪同乡会余诚格、李经羲、陈惟彦、徐乃昌、刘世珩、陈树屏、何声灏、徐国安等叩。宥。

---

① 《安徽旅沪同乡请废除皖督通电》，《时事新报》1920年8月28日。此函电同时刊登于1920年8月28日《申报》等，文字略有异同。

七、安徽旅沪同乡会致聂省长电[①]

安徽省长聂鉴：

安徽连年被灾，办振平籴，民困可知。查一五加赋，前经国会议决，本年停止在案。现值下忙开征在即，应请通饬各县出示宣布停止，以杜朦征而副民望。

安徽旅沪同乡会余诚格、李经羲、陈惟彦、徐乃昌叩。

盼复。冬。

附：聂省长复旅沪同乡会电

安徽旅沪同乡会余寿帅、李仲帅、陈劭吾先生、徐积余先生均鉴：

冬电敬悉。诸君关怀桑梓，体念民艰，拜领之余，无任佩仰。查一五加征，既经国会议决停止，自应遵照办理。惟各省对于此案，纷纷电商，络衔力争。而皖省此项附加又系例入中央专款预算，作为安武军第八路军费暨偿还恰大洋行债款，本省八厘公债之用，与各省情形尤有不同，一旦停收，巨款无从挹注。当经咨准，财政部复称另筹抵补。嗣据财厅拟定办法转咨，刻尚未奉部复。宪藩添长民政，同属皖人，凡所以恤民艰而轻负担，委曲求全，惟恐不至，区区爱乡之意，与诸公同。无如皖省此项用途，非属军需即关民信，为地方计，尤须策画两全。足以抵补办法未奉复准以前，不敢遽行停免。此种困难，谅能洞鉴。兹承关注，谨将经过情形摘要奉闻，即希垂鉴。

聂宪藩。阳。

---

① 《安徽旅沪同乡会致聂省长电》《聂省长复旅沪同乡会电》，《神州日报》1920年8月30日。

八、旅沪皖绅反对增税[①]

旅沪安徽绅士昨上聂省长电云：

安徽聂省长鉴：

一五加征，经执事饬停，小民被德。今闻各县财政局、劝学所并商农各会，有假借公益名目，仍加一成，随粮带征，此皆公益维持会党羽剥民私计。查加赋事关重大，前此财部所加之一五，当经国会议决停止。兹皖省各县局所，何得假借名目，冒昧请加。务恳通饬五县已请加者，立予取销。未请加者，预为严禁。以苏民困，无任感祷。

周馥、李经羲、胡建枢、袁大化、余诚格、陈际唐、龚心湛、吕调元、许世英、陈惟彦、徐乃昌、王寿民、陈树屏、阮贞元、刘世珩、何声灏、叶崇质、陈性良、徐国安、陈惟壬、阮忠枢、郑敬慈、周学辉、张汝钧等。啸。

九、皖绅对学潮之呼吁电[②]

上海李仲老、余寿老、陈介老、陈劭老、李季老、徐积余、孙少候、李本[木]公并转同乡诸公鉴：

冬日，学生为教育预算案向议会请愿，初仅十余人，后往援者亦不过百余人，巡警解散，事极易举，绝无包围议会之事，更未涉及军事范围。乃竟祸端扩大，变生意外，案经起诉，各法团有电登明事实，本

① 《旅沪皖绅反对增税》，《时事新报》1920年10月4日。此函电同时刊登于1920年10月4日《申报》《民国日报》，10月5日《神州日报》等，文字略有异同。

② 《皖绅对学潮之呼吁电》，《时事新报》1921年6月18日，此为徐乃昌等人所收函电。

无庸吾辈置喙。惟念事起于增加教育经费，而官厅所编预算案，收支本已适合，徒因昔年地方税有移作军饷之事，议会中少数与财政有关系者，遂以剩余金大半无着，藉口为难。适有庆生祠迎外官两事发生，遂演成此种惨剧。由是可知非裁节兵饷，则收入专供军费，百业无由振兴。非特设机关监督财政，则主者与武人、议会相勾结，可以朋比为奸。非选政清明，则议员率由重价贿买而来，事后取偿厘金，殆为情势所必至。全省大局听其败坏，三千万人财产生命日处危险地位。使青年学生废时失学，伤身陨命而争自存，异日皖艰愈深，反动力愈大，为祸之烈，必有百倍于今日者。谚曰：大臣不言而小臣言之。今日老辈不言而使学生言之，贩为个人人格计，为全省利益计，为自家性命计，为祖宗邱墓计，均不忍缄默不言。诸君眷恋乡邦，对于议会、军人种种行为，早已刿心怵目。伏望扶持正义，发抒谠论，并趁此时机，邀集各地绅耆，谋一根本解决方法，皖人世世子孙实利赖之。某等伏处乡闾，拜惠尤大，无任企祷。

童挹芳、方守彝、黄书霖、刘朝望、方守敦、孙发绪、方履中、马伯瑶叩。寒。

一〇、安徽义振会募捐启[①]

敬启者：本年入夏以来，流淮盛涨，山洪暴发，凤阳、凤台、阜阳、颍上、涡阳、灵璧、蒙城、五河、寿、宿、泗等十余县，冲溃圩堤，漂没田庐，不可胜计。民无居舍，露宿堤顶，嗷嗷待毙，惨不忍言。同人等慨

① 《安徽义振会募捐启》，《申报》1921 年 8 月 15 日。

天灾之未厌，怆民困之难苏，而灾重区广，需款甚巨，明知呼吁为难，只以谊关桑梓，不忍漠视。爰联合旅沪同乡，设立安徽义赈会，集款派员，分别查放。务乞中外仁人慷慨解囊，多多益善，施当其厄，功德无量。倘蒙惠捐款项，乞交上海云南路仁济善堂内敝会核收，当随时掣给收据，并登报敬扬仁风。谨代灾民九顿首以陈，统祈善鉴。

余诚格、李经方、荣道一、汪庆辰、徐乃昌、徐国安、陈树屏、谢邦清、刘体乾、刘体智、洪冀昌、李国松、孙元方、汪龙标、陈仁梅、夏毓璜谨启。

一一、皖绅请禁在灾区购麦电[1]

北京分送大总统、国务总理、交通总长、内务总长钧鉴：

皖北灾情，区广且重，呼吁之声，早达钧听。昨有乡人新自灾区实地调查，到申详述，诚为百年来未有之奇灾。缘自夏历六月初大雨骤落，兼之河南蛟水夺流而下，当其衡[冲]者，如太和、阜阳、颍上、亳州、涡阳、蒙城、凤台、寿县、怀远、凤阳、霍邱、盱眙、五河、天长、泗县、灵璧等处，莫不一片泽国。即高阜之地，昔年郑州黄河决口未经被灾之区，此次均已淹没。巨舟系缆城雉，秋禾冬去，寸草无存。方冀水速退落，尚可补种荞麦，不意六月半边，阴雨连日，水退复涨。七月初又降大雨，将近十日，民居不特秋收无望，抑且庐舍半被冲倒，即柴草亦不可得。而今春麦季，较去年所收，仅止二三成，乃近来各处粉厂以及洋贩，尚复设庄，于淮河、沙河、涡河及洪泽湖滨旱路，如明光小

① 《皖绅请禁在灾区购麦电》，《申报》1921年8月31日。

溪河一带,拾价收买,车船并运。至本年富户盖藏之粮,亦难颗粒惠及小民,是小民虽死于凶岁,而加功速其死者,罪不在贩运之人,其谁与归?今虽经钧座垂念筹画,无如漏卮不塞,溢注难以为功。今惟迫恳我大总统、总理、总长主持,迅赐饬下凤阳关监督及各厘局并津浦路局,严禁装运小麦、高粮、黄豆,如有朦混运载者,查出充公作振,似此再筹振济,方觉有所补益。查前清光绪三十一年阜颍灾荒,经在籍绅衿,曾禀请督抚禁运,查出充公,业已办有成案。现在政改共和,民生更为亟要,想我大总统、总理、总长饥溺为怀,必能俯念灾黎也。迫切陈词,胥本天良,言尽声嘶,敬求俯察施行。

安徽义振会余诚格、李经方、荣道一、汪庆辰、徐乃昌、徐国安、陈树屏、谢邦清、刘体乾、刘体智、洪冀昌、李国松、孙元方、汪龙标、陈仁梅、温朝诒、夏翊宸、吕陶、吕美璟、夏毓璜、程恩培等同叩。勘。

一二、安徽义赈会再请拨附加赈捐①

安徽义振会致北京电云:

北京分送大总统、国务院钧鉴:

今夏皖省水灾奇重,待振孔殷。前电交部,拟请由邮电航路附加项下,拨给五十万元,藉资救济,恳予施行在案。现奉交部电复,附加振捐,早经国务会议议决,指定用途,未便照拨等因。查振捐附加,事经布告中外,现北地旱灾已澹,振余尚多,所云指定用途,迄未宣布。而且四项捐款,今仍沿收,并未截止。当该附加发生之始,定名华北,

① 《安徽义赈会再请拨附加赈捐》,《申报》1921年9月7日。

盖统中华全部而言，岂仅可施之于北省，独不可施之于南省欤？至所收入既名振捐，且得率意指定他项用途，而独不得划拨皖灾欤？加人民之担负，原为振恤急需，非事外之请求。乃竟藉词拒绝，人饥溺由己饥溺，是可忍孰不可忍！失信人民，取笑邻国，莫此为甚。伏恳钧座立饬该主管部处，将该附加收入指定用途，明白宣布，俾众周知。余款仍恳迅饬照拨，以济急振，不胜迫切待命之至。

安徽义振会余诚格、李经方、徐乃昌、陈树屏、程恩培、陈仁梅、徐国安、夏毓璜、洪冀昌、程莹、方兆振、吕陶等同叩。微。

一三、安徽义赈会请拨款赈灾电①

北京分送大总统、国务总理钧鉴：

皖省水患，灾重区广，势非筹有大宗赈款，难以澹此沉灾。前电请拨附加赈捐款五十万元，藉资救济，尚未奉覆。兹查皖北水利有工赈盐捐一款，原议设局自抽，已奉大总统令准，嗣经部署以盐款征收在稽核所范围之内，改由正税内带征。计自民国四年三月起至七年十二月止，共收捐银二百九十八万元有奇，除拨皖北工振一百五十万元外，实余银一百四十八万元。已拨者，奉大总统令准，由本省烟、酒、印花等收入内尽数划还，业于八年八月起照拨。未拨者在部，且自八年一月以后工赈盐捐，大部并未停收，自应援案请部续拨七年以前存款一百四十八万元，并请将八年一月以后续收捐款尽数拨赈。大部即无现款，仍请援案，于本省烟、酒、印花等款内划拨。以皖省带

① 《安徽义赈会请拨款赈灾电》，《时事新报》1921年9月9日。此函电同时刊登于1921年9月9日《申报》等，文字略有异同。

征之款，作皖省工赈之用，并非外求。想大总统慈惠为怀，悯皖民饥溺呼之惨，立下明令，照案划拨。诚格等不胜迫切待命之至。

安徽义赈会余诚格、李经方、荣道一、汪庆辰、徐乃昌、陈树屏、程恩培、陈仁梅、徐国安、夏毓璜、洪冀昌、程莹、方兆振、吕陶等同叩。阳。

一四、旅沪安徽义赈会致皖省长电(请速开办皖灾奖券)[1]

安庆许省长鉴：

庚电敬悉。皖灾奖券，现有沪上殷商揽办，愿缴保证金，并先垫两个月报效款目，亦毫无别项縻费开支。尊电云，已切电王君克日开办等情。王君果能恪遵尊电，早日先行筹垫赈款开办，自无庸议。如其不能遵照办理，请由尊处立即撤销，招商另办，以重振务。救灾如救焚，安可听任，玩视民瘼，延宕至三四个月之久？切望当机立断，毋稍瞻徇，桑梓数百万饥寒交迫之灾民，延颈以待。我公饥溺为怀，无分人己，而格等就振言振，亦毫无成见，谅不嫌此琐渎也。务祈切覆为盼。

旅沪安徽义振会余诚格、李经方、荣道一、汪庆辰、徐乃昌、陈树屏等同叩。蒸。

一五、皖灾演剧助赈[2]

天灾流行，皖省独甚，际此春寒料峭，灾民无食无衣，啼饥号寒，

---

① 《旅沪安徽义赈会致皖省长电》，《申报》1922 年 1 月 11 日。此函电同时刊登于 1922 年 1 月 11 日《时事新报》等，文字略有异同。

② 《皖灾演剧助赈》，《申报》1922 年 3 月 12 日。

惨不忍睹。同人目击心伤，特商借乾坤大剧场，于夏历二月十七、十八、十九日，即阳历三月十五、十六、十七号，开演义务戏三天，每日十二点一刻钟开幕，名角一齐登台，特排双出拿手好戏。海上同人，慈祥在抱，慷慨乐施，对此孑遗，共当援助。既极视听之娱，复救饥寒之苦，多得一分剧资，即可多救一分灾苦。谨代哀鸿呼吁祷恳之至。

卢永祥、蒋拯、何丰林、许世英、陈乐山、许沅、李经羲、李经方、余诚格、朱佩珍、聂其杰、陶家瑶、傅宗耀、王震、徐懋、姚曾绶、关炯、徐国樑、沈宝昌、陶瑗、聂宗羲、汪瑞闿、李国杰、俞寿璋、徐乃昌、杜锡珪、刘冠南、邝国华、任传榜、温朝诒、程源铨、米占元、王传炯、荣道一、洪冀昌、范毓灵、余之芹、陈世光、陈超衡、姚志祖、谢邦清、孙多禔、陆守经、许人俊、包达三、舒翎、夏鸣皋、王楚九、汪庆辰同启。

一六、安徽义赈会募捐启[①]

天不厌祸，灾祲频仍，敝省自己未以还，迭被水患。上年振务方终，原期岁获丰年，农民安居乐业。孰料本年闰五月初，连朝大雨倾盆，昼夜不止，山洪暴发，水势汹涌。盖以蛟螭为虐，顺流直下，溃决圩堤，淹毙人畜，冲倒房屋，漂没田庐，不可胜计。宣南一带，尽成泽国，现就调查所得，被灾区域，计有怀宁、芜湖、南陵、宣城、泾县、旌德、太平、贵池、宿松、宁国、郎溪等县，灾民之无衣无食无居处者，不下数百万人。泣地号天，餐风宿露，流亡满目，惨不忍言。灾情之重，诚为百年来所未有，较之己未、辛酉两岁为尤烈焉。同人等爰议仍以

---

① 《安徽义赈会募捐启》，《申报》1922 年 7 月 22 日。

旅沪安徽义振会名义，设法筹款，从事振济。自维棉薄，且值近年偏灾叠告，各界捐募，至再至三，将伯之呼，难乎为继。无如哀鸿遍野，待哺嗷嗷，日宛转于沟壑之中。当此酷暑，必更不堪设想。用是沿门托钵，以期集腋成裘，拯此孑遗，出诸水火。伏恳诸大善士慨解仁囊，广为劝募，多多益善，源源而来，庶几大地全消浩劫，残黎共庆再生，义粟仁浆，馨香永祝。

发起人：余诚格、李经方、李经羲、李经迈、徐乃昌、陈树屏、汪庆辰、谢锦章、洪冀昌、朱锟、朱畴、聂宗羲、王骏生、舒咏之、张士瑛、徐国安、余之芹、汪龙标、陈仁楼[梅]、汪允辉、程源铨、刘文年、丁维藩、夏毓瑛、江绍杰、江钧、李国松、吕陶、吕美璟、吴之屏等公启。

一七、影印续藏经发售预约(商务印书馆发行)①

（十一年阳历十二月底截止。全书约七万六千页，分订七百五十一册，高营造尺八寸六分，宽营造尺五寸四分，中有用三色套印，书根上加印册数。）

自玄言东被，白马西来，历汉魏六朝以迄隋唐三藏，灵文炳焉大备，宋元明清，代有增益，斯则世所谓正藏者是也。顾自隋唐而降，三藏圣教，颁自皇家，非奉诏敕，莫能增入。唐季会昌之厄，藏外流传之本，散佚殆尽。前清末造，海禁大开，乃知诸宗佚著，流传海外者，犹十存四五。日本明治间，彼国藏经书院，搜罗我国古德撰述之未入藏者，辑成续藏，为一千七百五十余部，七千一百四十余卷。惜出版之

① 《影印续藏经发售预约》，《申报》1922 年 10 月 5 日。

始，流入中土者才四五部。近年彼国藏经书院，不戒于火，存书悉成灰烬，盖中土久佚之要典，阅千百年而复显于世，昙花一现，又将澌灭矣。南北硕彦，惄焉忧之，知敝馆藏有此书全部，特属重为影印，以广流通。斯诚难遇之奇缘，希有之盛举，非徒学佛者当奉为瑰宝，抑亦好古者所乐于观摩也。目录款式，另具标本，预约之方，详订如下：

预约价

纸张	一次全交	四次分交（每次）
连史	六百二十元	一百八十元
毛边	五百四十元	一百六十元

预约价如作四次分交，应于预约期内先付第一次价，余款于十二年十二月、十三年六月及十二月陆续交付。

陕西、甘肃、云南、贵州、四川、新疆、蒙藏及国外各地，预约期得展至十二年三月底截止。

出书分六次，自十二年六月至十四年十二月，每半年出书一次。

另备布制书套一百五十一函，每部五十二元，用否听便。

另备书橱四架，楢木制一百元，桧木制八十元，用否听便。

另印样本，内附全书目录、启、原序、预约简章、定单等，如承索阅，请惠邮票一角。

邮费、包扎费由上海本馆发行所寄往各省者如下：

用布制书套者		不用布制书套者	
一次全交	四次分交（每次）	一次全交	四次分交（每次）
六十元	十五元	三十六元	九元

新疆、蒙藏、邮会各国及日本邮费均详载样本中预约简章内。

发起人：丁传绅、王震、王竹怀、王宗祐、王雷夏、史一如、江杜、任绳祖、朱芾煌、朱元善、狄葆贤、李开侁、李燿忠、李国松、沈曾植、沈焴、吴永、林志钧、周奋、胡翊儒、胡瑞霖、范古农、徐文霨、徐亮羲、徐乃昌、徐鸿宝、梁启超、夏寿康、夏继泉、夏敬观、马一浮、马其昶、秦少文、庄蕴宽、陈裕时、陈汝湜、梅光羲、许丹、陶珙、程德全、冯煦、黄炎培、黄群、黄士复、孙厚在、孙毓修、汤芗铭、张謇、张一麐、张志、张烈、张圆成、张元济、刘承幹、诸宗元、蒋维乔、邓高镜、欧阳柱、蔡元培、韩德清、简照南、简玉阶、简英甫、关别樵（姓名先后依笔画为序）。

一八、大陵铁矿股份有限公司招股展期第三次通告①

敬启者：皖省铜陵县叶山冲铁矿，前经双方协议，订有办法四条，核准立案，并订招股简章，加具公启，分寄台览。嗣以收股期迫，展至夏历六月底截止，登载各报。现时皖省认股无多，公同集商，再展至夏历九月底为止，后不再展。务望吾皖在籍暨旅外热心公益诸君，速向后开各银行如期认股，先交现金四分之一，幸勿延误，无任盼切。合再布达，顺颂台祺。

皖发起人：余诚格、徐乃昌、刘世珩、徐国安、章邦直、王亮臣同启。

收股处：安庆中国银行、芜湖中国银行、上海淮海实业银行。

---

① 《大陵铁矿股份有限公司招股展期第三次通告》，《申报》1922年10月16日。

一九、皖人拒吕长皖之激昂[①]

李经羲等致北京府院内陆两部反对吕调元长皖电云：

军阀祸皖，水深火热，频年纠纷。故全皖人民，对裁兵节饷，暨澄清选举两事，均认为发扬民治，得纾皖祸之根本计画。奔走呼号，不遗余力。许省长莅皖年余，对上列两事尚能顺从民意，毅力履行。不意裁兵未竣，改选方殷，忽被姜案之漏网罪魁与越俎之野心军阀迫胁辞职，固不能听其畏难诿避，一篑功亏。而中央对于此举，亦未深加考虑，曲徇二重军阀之要求，率准许氏辞职，由政厅先行暂护，无怪群情激昂，引动反响。经羲等详察各方抗争理由，无非为正义的全皖救济，绝非私情的个人拥护。倘许去而任得人，能保障皖人所力主之两大政策，不受武人牵掣，继续积极进行，则民气自平，纠纷立解。无如人言啧啧，内幕重重，佥谓此举中央先派政厅暂护，纯为缓和空气之作用。实已早允二重军阀之保举，定吕调元接替许任。吕为皖人，本具有省长资格，论乡谊则当予赞同，论大局则万难附和。吕前长皖年余，政绩如何，姑勿深论。仅就此次谋任皖长而言，竟不惜牺牲资格，愿为强邻附庸，创甘受二重军阀支配之恶例。降心于本省贪横武人，犹以为得助不厚，复进而要结邻藩，托庇宇下，惟知为一己多增奥援，竟不顾皖省已被外力没收。皖民已隳二重奴隶，从此事事为人鱼肉，权利则势要居之，毒害则愚贱受之，充其痛苦所极，将有口不能言者。是物必先腐而后虫生，心必先死而后良绝，未事已仰军阀鼻息，临事

① 《皖人拒吕长皖之激昂》，《民国日报》1923年2月19日。

必听军阀鞭策，谓仍能厉行民治，不为虎伥，情势所迫，其谁信之？经羲等更有不能已于言者，中央日日以裁兵统一为言，则凡贪横武夫，饱噬省肥，违梗国命者，当先惩除，宁待犹豫？皖人尤明知害马一日不去，省政无望澄清。然既经屡请不获，当兹急切，不再以此责难政府者，谅其力有不及也。至若命令省长，中央尚有主权，有主权而不自操，仍承军阀意旨为进退，是省长乃军阀取舍，并此区区主权，亦不为中央所有。人民不甘受军阀压制，起而极端反对，非人民敢抗中央主权而争，此而不语，当复何言！诬[经]羲等痛国纲不振，已无心建设时政，推皖人皆有祖宗子孙，不能忘皖弃皖，就近以各方多数心理观察，政府似宜稍持慎重，仍暂以许氏留皖，责令将裁兵、改选两事一手办竣，策之上也。万一格于情势，亦宜慎选老于政治素无党派，又能不畏强御不违民意，力足奠安吾皖者，中央出以毅断，令其长皖。庶几能拯此难，于事有济，否则治丝愈纷，反抗愈烈，皖局争扰，永无宁息矣。为此披沥电陈，激切待命，仰祈立赐省察，决择施行。

皖人李经羲、李经方、刘世珩、阮强、陈树屏、陈惟彦、徐乃昌、杨士晟、田庚、余之芹、洪冀冒[昌]、汪端闿、柏文蔚、李国杰、张鸣鼎、汪景龙、范毓灵、温朝诒、汪汉溪、孙元方、刘更年、宣传谟、汪庆辰、李乾玉、关建藩、王庆云、刘醒吾、范毓仁等三千七百六十四人同叩。真。

二〇、旅沪皖人对于皖近事之表示[①]

（反对改军为警，反对督署移省）

---

① 《旅沪皖人对于皖近事之表示》，《申报》1923 年 3 月 21 日。此函电同时刊登于 1923 年 3 月 21 日《民国日报》《时事新报》等，文字略有异同。

旅沪安徽绅商因闻吕调元有将殷部十二营改编省警备队之议，无端增加皖人负担，表示一致反对，特于昨日电吕如下：

安庆吕燮甫先生鉴：

报载公将殷部十二营拟改为省警备队，道路传闻，或且失实。兹将此中弊害剀切陈之。查殷恭先所部十二营，久议裁撤，铁案如山，公莅任宣言，满于人耳。今若改编警队，明明使隶属中央残余待遣之兵，一变而为地方军队。该部饷项，向取给于财部者，今转移之省库，成为固定之额，其害一。该饷既移省库，原定省警备队二十四万元之预算，势必因此不敷，另须议加饷费，是使甫经取销新安武军之垫饷，易一名目，依然复活，无往非皖人膏血，皖人岂肯受欺？其害二。既以警备队饷移抵殷部额支，则各县现有卫队，势须一律裁尽，概易客军。客军素无乡土观念，昔仅就一二处者，今反使零星分散于各地，患伏无形，愈难收束，其害三。殷部改编警备以后，指挥节制之权，必属诸军长，不啻为虎附翼，省官将不敢过问，其害四。综此四害，其于皖人生命财产，以及民治前途，危险窒碍，所关至巨。望公贯澈宣言，力主扫数裁撤，勿为甘言所诱，强势所迫。全皖之幸，我公之福。急盼朋示，用释群疑。

皖人李经羲、柏文蔚、阮强、李经方、刘世珩、陈惟彦、许世英、姚春魁、汪颉旬、余之芹、洪冀昌、汪汉溪、徐乃昌、刘更年、杨士晟、温朝诒、刘慎诒、李国杰、范毓灵、程源铨、陈仁梅、舒邦杰、孙元方、汪景龙、汪禹丞、李次山、汪庆辰、张鸿鼎、刘醒吾、关建藩、宣传谟、王庆云、李乾玉等同叩。效。

又闻督理马少甫，近有将署移省，让出蚌埠，归邻省驻兵之说。

旅沪皖绅同日电致安徽马督理、吕省长，声明反对，录电如下：

安庆马少甫先生吕燮甫先生均鉴：

昨接安徽旅京九团体通电，略谓近闻督理欲意移省让蚌，不胜惊异，计其弊害，不可者四，万望联合抗争等语。蚌为驻军要点，省为民政中枢，省长驻省，督理驻蚌，既无文武同城之牵掣，尤合军民分治之精神，局势久成，宏规宜守。且细绎督理善后名义，应于军队集合之地，筹画裁汰改编之方，舍蚌驻省，其义何居？道路传言，谓此项举动，事前已有迁让之约，且近闻陈调元已派人赴蚌，规画驻兵地点，因何有此深谋，是否早得同意？皖本贫瘠省区，皖人又素守保境安民之旨，何事招人嫉恶，过劳越俎代庖。同人思患预防，均视此为全省存亡问题，决难忍默不争，听人宰割。皖犹有人，设以此举施于邻省，邻人又岂能甘受？而况年余以来，皖人奔走呼号，竭力筹款，原欲裁兵以救省危。督理躬亲其事，宁不深知？乃残余之殷部，正待全裁，而强悍之邻军，顿思压境，朝增兵夕即索饷，阴占据明称移防。吾皖人尤认为与严重裁兵之本旨，大相背驰。经羲等痛心桑梓，利害身切，警耗传来，皇然滋惧。究竟有无移省让蚌之计画，应请明白宣示，用释群疑，并盼早日旋蚌，裁兵减饷，力践前言。迫切直陈，立候电复。

皖人李经羲、柏文蔚、阮强、李经方、刘世珩、陈惟彦、许世英、姚春魁、汪颉旬、余之芹、洪冀昌、汪汉溪、徐乃昌、刘更年、杨士晟、温朝诒、刘慎诒、李国杰、范毓灵、程源铨、陈仁梅、舒邦杰、孙元方、汪景龙、汪禹丞、李次山、汪庆辰、张鸿鼎、刘醒吾、关建藩、宣传谟、王庆云、李乾玉等同叩。效。

此电发出后，并将原文电复北京旅京皖事改进会、皖事革新会、安徽裁兵协会、安徽裁兵促进会、皖人同志会、淮社、新皖社、淮颍学会、皖籍学生同志会，一面并致电北京、天津、汉口、苏州各地安徽同乡会通知云。

二一、旅沪皖人之呼吁和平[①]

旅沪皖人昨发通电云：

北京、天津、南京、杭州、汉口同乡诸公暨各公团、各报馆均鉴：

顷上蚌埠马督理、安庆吕省长一电，文曰：政变以来，谣言蜂起，某师南下，某处增兵，报纸宣传，人心惶惑。十日，沪报复有广德取攻势之揭载，证以迭次报端所言，事迹显露，群情更为惊恐。吾皖民穷财尽，兵多饷绌，迭遭事变，元气益伤。乡里靡有孑遗，瓜蔓岂堪再摘？素稔钧座抱保境安民之旨，务乞勿为威屈，终始不渝，无论何方，勿轻加入。匪特皖民之幸，抑亦钧座之福也。并盼明白宣示，以释群疑，无任惶迫翘企之至等因。查报纸所载，事迹昭著，此间江浙两省绅商，前恐该省陷入旋涡，均经集会发电。吾皖形势日恶，较之江浙，尤为吃紧。素稔诸公关怀桑梓，当此存亡紧急之秋，务希一致主张，电致当局，无任惶迫翘企之至。

旅沪安徽同乡余诚格、李经方、陈树屏、徐乃昌、余之芹、汪汉溪、聂宗羲、洪冀昌、陈少舟、朱畴、刘体智、陈超衡、孙元方、周达、夏毓璜、朱锟、王寿朋等同叩。删。

---

① 《旅沪皖人之呼吁和平》，《申报》1923年8月17日。

二二、旅沪皖人反对和尚港设卡电[①]

旅沪皖人昨为和尚港设卡事，致皖省长电云：

安庆吕省长鉴：

上年许前省长任内，议设和尚港米厘卡，全皖绅商佥以无益公家，徒病商民，函电纷驰，要求取销成议。维时钧座在津，亦曾附衔发电，具征利害所在，人人尽知。今春荣长皖邦，首经当众宣布，不设港卡，罢免总巡，信誓旦旦，有耳共闻。昨阅报载，近日添设和尚港米捐卡，并委谢士恒为委员，实堪诧异。查谢即前次发起和尚港卡潘祖光之甥，似此换汤不换药之政策，岂能掩人之耳目？在钧座或别有不得已之苦衷，然以许氏所不敢违拂民意而不为者，钧座竟自食前言，悍然不顾，即使裕国便民，亦难以箝众口，况有百害而无一利。纵不为全皖商民恤，独不为一己威信计乎？同人等远羁沪滨，眷怀桑梓，心所谓危，不敢不告，幸垂察焉。并乞复示，无任翘企之至。

旅沪安徽同乡余诚格、李经方、刘体乾、陈树屏、徐乃昌、刘体智、陈仁梅、夏毓璜、陈超衡、王寿朋同叩。帮。

二三、皖同乡电争米捐[②]

旅沪皖同乡电皖军事当局云：

蚌埠马督理芜湖王镇守使公鉴：

和尚港米捐局，前经省议会反对、津沪电争而止。吕省长到任，

① 《旅沪皖人反对和尚港设卡电》，《申报》1923年8月21日。

② 《皖同乡电争米捐》，《申报》1923年9月12日。

亦宜暂不设，且裁总巡。今忽违反民意，自食前言，卢和公民要求停办，原为恤商艰纾民困起见，非同聚众抗捐闹卡可比。报载公有电派队拥护假枪示威之说，须知添卡重征，已干民怒，若再胁之以威，势必激成巨变。素谂公向以保卫商民为宗旨，谅弗代人受过，致损盛名。特电奉陈，伏希明察。

安徽旅沪同乡余诚格、李经方、刘体乾、陈树屏、徐乃昌、余之芹、汪汉溪、聂宗义[羲]、刘体智、孙多沅、徐国安、吕陶、陈仁梅、谭大本、吕美璟、陈超衡、夏毓璜、朱畴、周达、朱锟、王寿明等同叩。蒸。

二四、项城袁母高太夫人追悼会通告[①]

袁母高太夫人，兴学救灾，一生慈善，薄海同钦。夏历九月初五日，寿终于津寓，同人等远隔津沪，不克往祭。兹定于夏历本月十八日，在本埠北京路报本堂开会追悼。凡与袁三先生世显、七先生世传有亲友关系，而愿与祭者，请届日齐集报本堂为盼。如承预赐诔词、挽联等件，请送南成都路大沽路口合安里七〇六号达善堂上海项城袁母追悼会事务所收不误。除经具柬外，恐未周知，用再登报通告，伏维公鉴。

发起人：喻长霖、黄庆澜、黄炎培、吕美璟、徐乾麟、倪远甫、陈仁梅、徐季清、蔡澜初、韩玉麟、谢天锡、田兆发、邹呈桂、鲍茂芳、胡光国、田吉章、华鸿仪、冯煦、姚煜、徐乃昌、刘承幹、伊立勋、方积蕃、聂其杰、叶景葵、李铭、朱志尧、林光裕、杜风标、杨宝铭、魏拜云、刘树

① 《项城袁母高太夫人追悼会通告》，《申报》1923年11月13日。

德、陈昂、许积善、陈树屏、章梫、高云麓、王震、盛炳纪、杨联绶、陈辉德、徐陈冕、陈子埙、袁履登、鲍德和、毛文锷、蔡文鑫、吴森棠、何允恕、牛葆恕、鲍鏻。

二五、佛教慈幼院筹备会启事①

我佛慈悲，普济众生，蜎飞蠕动，咸思爱护，矧为人类，宁忍膜视？印光、冯煦等，每见大江南北贫苦孤儿，失于教养，强者沦为盗贼，弱者填诸沟壑，言之心伤。因念上年缁白诸公发愿，在南京三汊河创建法云寺，已得基地百八十亩，余址尚广，同志等拟就其地增设佛教慈幼院，专收极苦孤儿，教养兼施，俾克成立。惟创建屋宇，及筹教养之资，需款浩繁，敢乞仁人君子慨然襄助，筹集巨金，广植福田，以成斯举，善量远及，功不唐捐。谨代亿万孤寒，馨香以祝。除由筹备会印成捐册，分交同志，广为劝募外，特再奉告，倘荷乐助，请将捐款径交上海成都路广仁善堂内本会收存。谨当填具收据，并登报鸣谢。俟院宇落成，特刊功德碑，备列诸公姓氏，永志弗忘。

发起人：印光、冯煦、叶尔恺、王震、黄士复、朱元善、任绳祖、真达、程德全、欧阳柱、沈燀、关炯、罗天泽、丁传绅、钮传善、汪滢、周邦新、刘树森、黄庆澜、陆元钊、汪瑞闿、汪骏孙、施智照、丁福保、邓际昌、王典章、魏家骅、庞宗吉、妙莲、心净、刘钟琢、方埈生、刘启宇、性宽、龚家骅、戴臣恺、于本埰、黄月轩、魏家骥、融通、赵曾蕃、安静、张瑞曾、寂山、青权、培安、吴恩霖、吴昌硕、张鼎铭、陈敬第、江杜、徐乃

① 《佛教慈幼院筹备会启事》，《申报》1923年12月13日。

昌、姚煜、商言志、蒋维乔、诸宗元、陶镛、朱石僧、王正坤、张象奎、郁文杰、周宏、丁澍惠、徐文霨、陈正有、孙月三、焦发昱、刘承幹、倪思宏、杨联绶、庞锺璘、朱崧生、张彝、宋毓衡、盛春颐、成静生、庞元济、王晓籁、周湘舲、赵云韶、韦福霖、夏敬观、余峙莲、何萱茂、何茂如、许剑青、谢锦章、单仲范、陆维镛、管趾卿、陈柏生、范古农、王芝祥、马振宪、志圆、王雷夏、张之铭、包寿饮、朱少沂、朱燮臣、丁桂岑、徐文潞、徐文弼、翁寅初、顾吉生、朱调生、陈少舟、穆藕初、吴寄尘、聂云台、林涤庵、丁乃扬、叶景葵、李鸣谦、简玉阶、施则敬、济南、张贤清、方祖年、袁世传、鲍鑅、梅光羲、梅光远、任承沆、朱鸿绶、宋德宜、曹惕寅谨启。

二六、旅沪皖人反对安庆拆城电①

旅沪皖人李经羲等昨致皖当局电云：

蚌埠马督理、安庆吕省长均鉴：

顷阅报载安庆市政进行第五项，祈衷拆卸城垣办法，议自东门起，经大、小、南门、西门至玉虹门一律拆卸等语，不胜骇异。查去冬许前省长任内，提议拆城，当经京、津、沪、宁同乡迭以拆城利害，函电交驰。维时吕省长在津，亦曾挈衔电致军民两署，请予保存。当荷马督理暨许前省长一再函电，允准取销成议，成案具在，不准[难]覆按。曾几何时，遽尔翻异，纵不惜自食前言，抑岂不畏清议？况拆城有百害而无一利，马督理及张议员伯衍等各函电，尤为痛陈无遗。今昔情形宁有二致？如原议西南面江，自然天堑，无庸加以障碍，须知藩篱

① 《旅沪皖人反对安庆拆城电》，《申报》1923年12月14日。

既拆，留与不留，有何歧异？长江天堑，自古有国家而误于斯语者，历稽史策，书不胜书，借以自欺则可，以欺商民，明眼人当不任受也。吾皖民穷财尽，庶政窳败，振兴整理，岂惟市政一端？市政进行，岂必拆城方能措手？即如江苏南通，素以实业发达，市政完备著名，乃自拆城而市面转行凋敝，尤为明证。今不从根本讲求，专事标新领异，利未见而害已随，徒滋纷扰，自兆棼如，祸患之来，容有时日。远之砲队、江防之变，近之粤垣、湘省之乱，有城无城，更可鉴矣。同人等远处沪滨，关怀桑梓，熟审利害，默计重轻，必有所危，不敢谓安。用布区区，伏维明察，不胜翘企待命之至。

旅沪安徽同乡李经羲、刘体乾、李经方、余之芹、徐乃昌、汪汉溪、徐国安、聂宗羲、刘体智、刘世珩、陈超衡、朱畴、周达、夏玉峰、朱锟、王寿朋、赵鹤、朱锡祜、刘世玉、高列元等。文。

二七、张琴襄书例①

合肥张君琴襄，学行高洁，书法尤工，夙从其乡沈石坪先生受笔诀，为包安吴再传弟子。研精临摹，数十年不辍，自汉魏以逮唐宋，名碑法帖，无不探习。而于北朝尤得神髓，真行稿草，不让古人。初为同县蒯礼卿京卿所宾敬，继受知于嘉兴沈公子培，叹其笔力迈伦，称赏备至。频岁南北客游，索书者踵门不绝，人事多扰，泛应为难。今来海上，屏谢尘纷，颇欲以书自遣，为定润例，以告知音。

(堂幅)四尺四元，五尺六元，六尺八元，四尺以内视四尺，六尺以

① 《张琴襄书例》，《申报》1923 年 12 月 22 日。

外另议。

(琴条)四尺三元,五尺四元,六尺六元,六尺以外另议。

(楹联)四尺三元,五尺四元,六尺六元,七尺八分[元],八尺十二元。

(屏幅)四尺以内二元,五尺三元,六尺四元,六尺以外另议。

(横幅)全幅同堂幅,半幅同琴条。

(榜书)每字方尺二元,方尺外三元,方二尺四元,方二尺以外另议。

册页　每开尺以内二元,尺以外三元。

折扇团扇　每面二元。

寿屏碑志另议。

金笺范加半,磨墨费加一成,笔资先惠,十日后取件。

收件处:上海各笺扇庄及东棋盘街庐阳公记。寓上海公共租界白克路修德里第六百五十九号。

冯煦、郑孝胥、李经羲、吴昌硕、徐乃昌同启。

二八、安徽同乡会立案(经护军使署批准)①

安徽旅沪同乡会,日前曾备文呈请护军使署、警察厅、上海县各署立案,护军使署已于日前批准立案。兹将原呈及批示录后,呈文云:

为呈请立案事,窃以沪地为通商要区,安徽人士侨寓斯土者,绅商学工无虑十余万人,若无同乡会组织,实不足以联络感情,合群互

① 《安徽同乡会立案》,《申报》1924年1月29日。

助。爰集乡人，公同发起安徽旅沪同乡会，曾于民国十二年十一月四日，在闸北中兴路全皖公馆开成立会，函报钧署，请派军警临场保护在案。现按会章，选举理事十五人，执行会务，暂设事务所于牯岭路十六号，大体粗具，仍仰赖维护。所有组织安徽旅沪同乡会缘由，理合连同章程，呈请察核，准予立案，并候批示祗遵。此呈淞沪护军使何（呈警厅、县署文略同）。

安徽旅沪同乡会首席理事李经羲，理事许世英、余鲁卿、汪瑞闿、常恒芳、程源铨、汪庆辰、王庆云、徐乃昌、李壁纫、陈仁梅、夏毓璜、李乾玉、关建藩、路文彬等十五人。中华民国十三年一月二十二日。

军署秘字第三号批示云：呈及会章名单均悉。查该会既以联络乡谊、筹谋互助为宗旨，当选理事，复多公正士绅，自应准予立案，仰即知照可也。此批。附件存。松沪护军使何丰林。

二九、李经羲等反对撤销缉倪案（致京津同乡通电）①

旅沪安徽同乡会李经羲等，因倪道煦运动撤消通缉，特通电反对，电云：

北京天津安徽同乡安庆阜阳同乡会诸先生钧鉴：

据阜阳各团体代表电称，前岁阜阳匪劫，全城灰烬，罪魁倪道煦，虽经通缉，迄未获案。近忽运动皖省，朦请撤销，千万灾民，不胜愤慨等语。此系真正舆情，该代表即日入都力争。务祈诸公仗义执言，共张公道是幸。

---

① 《李经羲等反对撤销缉倪案》，《申报》1924 年 6 月 21 日。此函电同时刊登于 1924 年 6 月 21 日《时事新报》《时报》等，文字略有异同。

安徽旅沪同乡会李经羲、柏文蔚、许世英、徐乃昌、余之芹、常恒芳、张鸿鼎、王庆云、许家栻、李乾玉、路文彬、陈少舟、夏毓璜等叩。号。

三〇、中国图书刊传会缘起及章程[①]

(筹备处,上海西藏路中国书店;认股期,阴历十月底截止)

昔朱竹垞、魏叔子诸先生有征刻唐宋秘本书之事,而风气所播,卒成有清一代校勘之学。近者古书之流通日广,而影印术亦日精。昔日所视为难得之本者,今则承学之士几可家置一编焉。即考古之学日益进步,由于地中之发现者多,亦由于群籍之刊行者广也。惟是为学之道,固宜精深,亦宜普及,固宜详覈,亦宜条贯。善本之刊,丛书之印,一二好学深思之士,校订异同,辨析真伪,旁搜博考,广见洽闻,胥有赖焉。然而问国学之津者,非感临深之惧,即兴望洋之嗟,国学之无统系,亦由刊书者未能董理之也。同人有鉴于此,发起中国图书刊传会,刊行古今书籍,辨学术之流别,指士子以径途。务使一书之刊,必有益于学人研究为的,与书贾谋利者迥然不同,即与赏鉴家之刊行古书亦异其指趣也。谨拟简章,广征同志:

(一) 本会之结合,专事刻行中国有价值之书籍,暂以四十个月为期,期满正式成立书店,另行订立章程办理。

(二) 共招二百股,每股每月纳上海通用银洋五圆,继续不断,以四十个月为限,即每股四十个月共纳资本洋二百圆正,二百股四十个月纳足,共计资本洋四万圆正。

① 《中国图书刊传会缘起及章程》,《时事新报》1925年11月10日。

（三）股本月息四厘，照每月纳股之期起算，每十个月发给一次。

（四）每月以一日至十日为纳股本之期，过期者不给本月之息。

（五）凡未届纳股之期而愿将股本提前预纳者，利息从纳股之月份起算。

（六）凡股东中途停止纳股至三月之久者，即取销一切权利，如能自觅继人，或由本会代觅继人，得继承一切权利，但未有继人之时，已纳之股本一概不能发还。

（七）执行部总经理一人，执理社务。副经理一人，辅助经理之所不及。会计一人，庶务一人，由总理聘任，听总、副经理之命，执行职务。

（八）审定部审查主任一人，审查员四人，审查刻行书籍之事。凡书籍之发刻，必经审查长签字，方为有效。

（九）监察部监察长一人，监察员六人，监察本社财政之事，凡动用款项，由总、副经理缮就支付，经监察长签字，方为有效。又监察部随时有查帐之权。

（十）自本会成立一个月后，即开始印售书籍，但所支用款项，不得超过已收股款十分之七。

（十一）凡有关于本会全部之事，由执行、审查、监察三部联席会议议决之，但表决权以部位单位。关于一部之事，由各部自议。

（十二）各部职员除会计、庶务酌给薪资外，其余四十个月内皆为义务，不给薪资。

（十三）红利支配作十四成，股东六成，公债二成，执行部二成，审查部二成，监察部二成。

（十四）每人得兼二部，但执行部与监察部不得相兼，并不得兼二部之长。

（十五）凡认三股以上者，有被举为总、副经理之资格。凡认二股以上者，有被举为监察员之资格。凡认二股以上，有著作及编辑或刻行书籍之成绩者，有被举为审查员之资格。

（十五[六]）凡执行部、监察部之选举，以股为单位，但每人不得过四权。审查员之选举，以人为单位。

（十六[七]）凡审查部、监察部之长，由各部自行推举之。

（十七[八]）各部职员除会计、庶务外，皆以五年为期，五年之内有不称职者，得由职员全体二分之一或股东全体三分之一提议，开股东大会另行选举之。

（十八[九]）本会暂不设办事机关，所有执行部一切之事，暂假中国书店为办事处，如至有另行设立机关之必要时，得由三部全体职员会议议决之。

（十九[二十]）本约有不合事宜处，得由职员十人以上之提议，召集股东大会修改之。

发起人：王植善、金兴祥、胡韫玉、姚光、徐乃昌、秦更年、高基、高燮、陈乃乾、黄季直、董康、罗福成同启。

三一、安徽旅沪同乡会第三届征求会员大会启事①

本会现为扩大进展，举办第三届征求会员大会，已于六月七日行

① 《安徽旅沪同乡会第三届征求会员大会启事》，《申报》1928年6月20日。

开幕礼。兹经全体议决，自六月十七日起开始征求，为谋乡人之团结，及会务之发达，与桑梓之幸福，凡我会员，敬请照章纳费，并请介绍同乡，踊跃入会，庶几群策群力，永臻安乐，本会前途，实厚赖焉。

第三届征求队：总队长许世英、总参谋程源铨、名誉总队长柏文蔚、名誉总参谋徐乃昌等仝谨启。

三二、徽宁旅沪同乡会致济生会①

济生会善鉴：

径启者：此次敝属休宁、祁门、黟县、婺源等处，突遭股匪焚杀掳掠，糜烂不堪。尤以屯溪一镇，皖南精华所萃，被匪焚毁，全市为墟，哀鸿遍野，待哺嗷嗷。敝会虽已成立善后救济会，积极办理赈恤，然杯水车薪，深虞不及，且施赈手续素乏经验。窃念贵会慈善为怀，痌瘝在抱，对于敝属此次空前未有之惨劫，定有饥溺同情之感慨。用特公推代表徐积余、胡复华二君趋前，拟恳贵会加拨巨款，并迅速派员会同赴徽救援。俾哀哀垂死灾民，得引拯而全生命。我旅外数十万徽侨，均当泥首不止也。倘蒙允准，务恳派员迅速成行，临书迫切，余情统由敝会代表面陈，并祈赐予接洽。至盼至幸。专泐，敬请善安。

徐乃昌（积余，安徽南陵）、胡复华、张益斋（逸哉）、吴长荣（蝶卿，安徽休宁）、黄怜生（徽宁旅沪同乡会常务委员，安徽休宁）

① 孔网拍卖。1929年5月6日，《申报》有《皖人救济梓乡匪祸及民食》的报道，由此推知此函大致时间。

三三、清词钞征稿公启[①]

盖闻词学之兴，原于风骚，《金荃》一集，始号专家，《花间》十编，爰操选政。自宋迄明，声学大昌，专书踵出，《中兴绝妙》之编，《群英草堂》之集，《花庵》《四水》之所庋疏，风林汲古之所鸠刻，莫不津逮学林，炳麟艺苑。爰暨清代，缥缃益富，历代诗余之选，列于官书，四朝词综之篇，汇为巨制，晖丽万有，皋牢百昌，发潜德之幽晖，恢大晟之宏绪，裒集之富，视前代且犹过焉。惟是三百年间，文运昌明，才俊踵系，人歌井水之词，家宝石帚之集。康乾之际，趋步南唐，咸同以来，竞称北宋。藏山待后，悉为乐府之雅词，断代成书，尚阙声家之总集。华亭词雅之编，长水名家之辑，以及《粤西词见》《金陵词抄》，浙西六家之书，常州三人之作，或意存乡献而仅及偏隅，或取备匧中而但征伦好。譬诸绝潢断港，未臻溟涬之观，片石单椒，难语嵯峨之状，风流澌灭，识者恫焉。同人生当叔季，矜服前修，慨小雅之将亡，幸英尘之未沫，思集众制，勒为一书。敬维先生词林哲匠，学府宗师，志发幽光，有君子当仁之责，家藏秘帙，多人间未见之书。尚冀时贶教言，共襄盛举，他山攻错，有待宏裁，赤水求珠，期无遗宝。庶几观成剞劂，考千秋得失之林，附庸诗歌，备一代风俗之史。

夏剑丞、潘兰史、林铁尊、易大庵、况又韩、徐积余、董授经、冒鹤汀、周梅泉、赵叔雍、朱彊邨、周梦坡、陈鹤柴、谭篆卿、刘翰怡、程十发、张菊生、袁伯夔、吴湖帆、叶玉甫、金甸丞、易由甫、邵次公、程彦

① 1929年12月14日，《盛京时报》有《平沪名流发起联合编纂清词钞》的报道，由此推知此启大致时间。

通、黄公渚同启。

三四、发起组织安徽丛书编印处缘起及计划[①]

本会皖籍会员徐乃昌、胡朴安、黄宾虹等，发起组织安徽丛书编印处，以图刊行安徽先哲遗著，现已推定编审委员会十五人，并函聘姚光、陈乃乾诸人为名誉会员，规定章程，积极推行。其缘起及计划如下：

缘　起

之盖闻宣尼修鲁史，先为宝书之旁求，班固志艺文，始见杂家于箸录，丛书之滥觞，其导源于此乎？唐宋而降，兹体乃兴，晚清以还，沿袭益众，或以地别，亦以人称，稽学术之径途，审版本之良楛，金壶碎墨，瀛海珠尘，以及天都鲍家斋内，南海伍氏堂中，莫不缥碧纷陈，琳琅罗列。虽各家体例未能尽同，要以网罗遗佚，理董旧闻，存先正之精神，便后人之细览，识大识小，其义一也。吾皖建省，较晚邻邦，文化所垂，绵历特古，过颍上而吊夷吾，入亳州而祠老子，法家之祖，道乘之宗，书传后来，学创特派。迄乎晚近，作者尤繁，新安经术，桐城文章，芬芳所扇，乃及海外。然而去古既远，世变益棼，故家日以凋残，朴学从而放失，间有专门之士，笃古之儒，频有志于搜求，托深情于豪素。顾范围仅限于郡邑，而采获未遍于省区，旧籍日稀，流风向尽，同人惧焉，因有刻安徽丛书之约，事属创始，诸待扶轮。惟于取资之中，微寓别裁之旨。江戴师法，渊源紫阳，汉宋二家，毋取互讼，故

① 《会员消息》，《民国日报》1931年6月8日。

于征实之学，加详审焉。易代之际，忌讳滋多，文字狱兴，后世所惜，故于遗老之书，尤重视焉。标斯二义，以为揭橥，虽举例或愧宏通，而造端庶有根据。同人等智惭揣籥，识囿方隅，鳖戴有心，蚊负是惧。窃念崇山之峙，以累石而成，大厦之兴，得众材乃就。人非倚相，安从读八索九邱，世有郧侯，方能储四部七略。敢冀海内名贤，乡邦先进，本其卓见，与以师资，传无馁于中途，共观成于盛举。其有家藏孤本，旷世逸书，屋壁秦余，葫芦僧贮，秘阁所未见，名山所未收，倘许造门而借抄，庶几先睹以为快。务使百家腾跃，咸入环中，众流汇归，不溢轨外。履瑯環之地，磊磊金滕，发宛委之臧，篇篇玉字。此日书成鸿宝，备国史一方文献之遗，他年名重羽陵，拜诸贤万古江河之赐。谨撰规程，附尘左列，大雅宏达，有以教之。

民国二十年五月十五日。

江暐、徐乃昌、许世英、张启后、黄宾虹、陈诗、洪汝闿、王揖唐、李德膏、李国松、李国杰、胡韫玉、周达、吴镜天、程源铨、程演生、汪孟邹谨具。

（一）编印书籍之标准

一、本处印行之书，以经史诸子专门著述为先，诗文集杂作次之。

一、皖人历代著述，为《四库全书》及各丛书所收刻者，本处择其重要部类，抽出发印。

一、凡皖人遗稿有未刊行者，本处当亟搜集印行。

一、清代禁毁书籍，凡属于皖人撰述，本处应访求印行。

一、凡外省人之撰者，有关于皖省学术史乘者，本处亦访查代印。

一、凡游宦流寓皖省，于史志可稽者，其撰述亦当访求，依次刊行。

一、凡皖人流寓外省，有本籍渊源可考者，其著述亦当访求刊行。

一、凡允已通行之著述，而近时购买价值极昂者，本处应尽先翻印，廉价发售。

一、凡重要书籍，已不易得，或成孤本，本处当亟征求重印。

一、凡皖人之书画作品，本处亦分期征求付印。

一、本处所征得之书籍及书画，预为审定，分期印行，如第一期若干种、第二期若干种，其每期目录，编撰提要，先行披露。

（二）书式行格及纸张页数之规定

一、本处丛书样式，一律采用现时通行之四开，连史、毛边两种纸张，订本印行。

一、凡书有原本精刻、精校、精抄者，即照原本影印，其须另行写录者，则用楷书抄写影印，或排印。

一、本处丛书之行格，除用原本影印者外，其写印则每页一律规定分二十行，每行二十二字。

一、本处丛书，无论影印、排印，其板心长阔之尺寸，皆划同一律。

一、本处丛书，每本约计六十页至七十页。

一、书画册则用科举纸（即五尺宣纸），其样式仿有正书局《名画集》尺寸装本。

(三)发行之办法

一、本处丛书,每种每期印行,约以伍百部为限。

一、发行预约券,准备各地图书馆及各学校购买,其预约章程另订之。

一、本处丛书,每期印竣后,除预约订购者外,余书委托上海、北平、安庆、芜湖四出妥实书店代售。

三五、影印宋碛砂版大藏经发行预约[①]

宋刊佛藏六次,存本极稀,惟陕西尚存碛砂本一部。为世界孤本。本会去岁派员赴陕拍摄,现已全数运沪制版,用中国连史纸精印,共经一千五百廿一种,六千三百十卷,装五百九十二册,分四期出书,第一期印已及半。兹由本会并委托上海之佛学书局、医学书局、中国书店及别发洋行,即日起发售预约。每部实银五百廿五圆,另邮费廿圆,至本年六月底截止。如欲阅样本及详章者,请径函本会,即当寄奉。

上海威海卫街七一四号影印宋版藏经会。

朱庆澜、狄楚青、丁福保、吴寄尘、李图净、叶恭绰、徐乃昌、蒋维乔、黄赞熙、李经纬等启。

三六、董康等对筹印《四库全书》意见[②]

(有他本可以替代者应采用他本;未刊本名称范围内容应加考量)

---

① 《影印宋碛砂版大藏经发行预约》,《申报》1933 年 5 月 26 日。有关此书后续尚有多则更新预约进度启事,不一一收录。

② 《董康等对筹印〈四库全书〉意见》,《申报》1933 年 8 月 13 日。此函电同时刊登于 1933 年 8 月 13 日《时事新报》等,文字略有异同。

中央图书馆筹印《四库全书》未刊本一节，北平图书馆蔡元培、袁同礼两氏，曾有书面致教育部，有所陈述，已志前报。兹悉此事已引起南北学者严重注意，前日曾由董康、傅增湘、叶恭绰诸氏，联名致书教育部当局，作进一步之建议。兹将建议书探录如左：

雪艇先生部长大鉴：

近报纸纷传大部有筹印《四库全书》未刊本之议，且将开始工作矣。宣扬文化，提携学术，无任钦佩。惟兹事体大，非徇一二人之意所能立致。兹有二事，未敢默尔，谨为先生陈之，管蠡之见，或有补于万一，幸垂察焉。

采用他本。㈠四库书有他本可用以替代者，应采用他本也。考四库成书时，馆臣任意窜改。有恶其内容不雅驯者，如周南《山房集》之删疏文、周孚《蠹斋铅刀篇》之删铸两文是也。有恶其行文多忌讳者，如黄宗羲《明文海》，凡明人制夷御侮之作，多加删落。以稿本《明文案》比勘，便可了然其著例也。此外宋元人文集奏议中精粹语为库本失书者，又何止千数，而卷数之增出倒置，序目之刊落改削，更无论矣。有据残本入录而原书尚存天壤间者，有据辑本入录而所辑实未完善者，凡此种种，目录学家类能言之。今兹选印，似应先向海内外公私藏家及专门名家广征意见，严定去取，所有各书无他本可代者，则汇为甲编，以示别于他书。至其他各书虽近世无覆刻本，然宋元明旧刻或旧抄具在，较库本高出百倍，或即库本所自出者，则汇为乙编，与甲编之书，互为表里，相辅而行。甲、乙两编，拟定名曰四库萃珍（或以他名代之亦可），而详著编辑改革之旨于凡例中，以明示世人，如此则二难并矣。如谓乙编之书，既非库本，似不必与甲编合印，以昭划一。实则甲编之书，悉用库本，本已无甚价值可言。今有乙编辅行，使甲集之书为之增色，海内外学人必奔走相贺，使天下后世知大部筹印此书之经过，非草率将事者可比，岂不善哉？如谓乙编之书征集非易，善本盘穷，乌能立致？此亦过虑，且中国版本目录之学至今日而极盛，国内固不乏精通斯学之士，国外亦有闻风继起者。关于调查编制诸项，尽可延聘专门名家，或委诸以藏旧刻善本书著称之公私图书馆与中央图书馆共同负责办理，限以时日，事必能成，是非得失，在此一举。此愿为先生告者，一也。

重加考量。㈡《四库全书》未刊本名称及范围内容应重加考量也。查《四库各书》，据稿本入录者为数无多，即辑自《永乐大典》或录自抄本者，当时亦大抵有刊本或覆刻本，第历世久远，遂湮没不传耳。兹所选印，如统以未刊为名，似欠斟酌。不如以北平馆近编之罕传本目，以罕传为名，较合于逻辑也。如谓未刊云者，乃狭义的而非广义的，则狭义的未刊究至何代截止？谓截止于明以前耶？则何解于近出之中央图书馆所辑拟目中，亦有明人著述在内？谓截止于明清以前耶？则书虽刊于明代，而传世之希罕，不亚于宋元旧刻，如《北河犯[纪]》《滇略》等书，何以悉入[未]探[采]入？且中央馆拟目中所收宋元人著述，如经部之《石鼓论语问答》《四书管窥》，史部之《太平治迹统类》《大金德运图说》《熬波图》，子部中之《资政要览》，集部之《茗谿集》《山房集》《本堂集》等，皆有同元[光]后单刊本或丛书本，何以又悉未列入？似此矛盾支离，殊难索解，似应即日延聘通儒，从长考量，否则徒令外人齿冷。此愿为先生告者，二也。

此上所举，均系当务之急，务希先生等本学术公器之至意，采愚者一得之请献。弟等不敏，于薄录之学粗涉藩篱，自当勉尽棉力，共襄大举，以底于成，文化前途，实利赖之。敬希区区，诸希鉴谅，专此顺颂道祺。

董康、傅增湘、叶恭绰、朱启钤、江瀚、沈士远、朱希祖，李盛铎、沈兼士、陈垣、张允亮、徐鸿宝、马廉、冒广生、马衡、徐乃昌、张之铭、顾燮光、顾颉刚、刘复、汤中、陈寅恪、陶湘、赵尊岳、刘承幹同启。

各方致徐乃昌书札

曹元忠致徐乃昌

（一通）[1]

在沪诣谈，至快。归里，为公草《常丑奴墓志跋》，录奉大教。自谓论《御览・皇王部》所引《后魏书》，为魏澹书，颇并为覃裕诤友也。公以为何如？设晤审言、葱石，请代致拳拳，并告以鹤逸《枕雷图》已脱稿也，俟再至沪携之。此请随盦大公祖道兄大安。治小弟功元忠顿首。

① 孔网拍卖。

陈三立致徐乃昌

(一通)[①]

示悉。仅有通州师范章程,藉呈察览,余省皆无之,江西且无师范学堂,遑论章程,可笑也。复颂积余道兄大安。立顿首。

① 李开军辑释:《散原遗墨》,凤凰出版社,2020 年,第 203 页,定时间为 1902 年。

陈运彰致徐乃昌

(一通)[①]

积余先生惠鉴:

奉答适公出,不得把臂为怅。阮弁容代致统领,惟其人三次枉存,均未谋面,或因有客,或因卧病,并无别种原因,晤时烦道明为感。弟所辑《金石诗录》,其目录面为呈教,如有应增之诗,乞为指示。惟其中有绝句、律诗无甚关系者,拟删去之。又一物而题咏数十家者,亦拟酌量削去,不知卓见如何?余再走候,并颂大安。愚弟蒙安顿首。四月廿七日。

① 柳向春:《古有憙》,广西师范大学出版社,2020年,第103—104页。

褚德彝致徐乃昌

(一通)[1]

前奉手教,敬悉。《陆卿子集》今早始检得,特交来伻转呈,乞察入。专复即颂随禽姻伯大人颐安。侄彝顿首。

① 种芸山馆拍卖。

狄葆贤致徐乃昌

（一通）[①]

积老惠鉴：

陈氏藏铜器，已托玉兄设法。玉兄言，伊极欲得湖帆所藏之拓片，须俟此拓片得后，乃与伊交涉商拓器事云云。如此，只好稍后再说矣。新出《赵六体千文》奉上一册，惠存为幸；又《张猛龙碑》全碑文字有何书可考查？便乞示知，至感！此颂大安。贤顿首。

① 彭长卿编：《名家书简百通》，第 277 页。

樊增祥致徐乃昌

（三通）

一①

承惠食物，谢谢！惟以多仪为愧耳。屏联属书，容写就奉上，瞿君赠书，乞代致谢。南京刻工携去拙稿多日，渺无消信，乞公代催为盼。《揽镜图》前数日已题就，借来使带呈。即请积余仁兄大人年安。弟祥顿首。廿四。

二②

奉手示及新刻多种，忻谢忻谢。属写封面，容即命达。询及琴南所译各书，皆如刘随州诗，十篇以外大略相同。其论述海色山光朝暮之景，千篇一律；其述下流社会险恶之状，万人一态。迦茵、茶花同一机杼，一则其母求迦茵勿嫁其子，一则其父求茶花勿嫁其子。正如戏曲中《挡曹》《挡谅》，换人名不换情节也。惟《十字军英雄记》《劫后英雄录》《孤星泪》《橡湖仙景》《雾中人》《金风铁雨录》数种，各有精采。

① 种芸山馆拍卖。

② 原函见梁颖：《漫话彩笺》八，《收藏家》2008 年第 7 期。

是其用意之作，至《块肉余生》《孝女耐儿》《滑稽外史》亦复可观，然不免雷同矣。《冰雪姻缘》一书，渠夸赞不置，实则所译既多，渐入于颓唐滑易，远逊畴昔。诸作特今日言新小说，固不得不推为巨擘耳。复请积余仁兄大人夕安。弟祥顿首。十八。

三[①]

前闻尊处有大版《醒世姻缘》，乞惠借一阅，迟日即奉还也。□[②]请积余仁兄大人□□[③]。弟祥顿首。十一。

① 孔网拍卖。

②③ 拍卖图版水印遮挡，无法辨认。

方尔谦致徐乃昌

(一通)[1]

三月初四日十二钟,集徐园午饭,藉以话别,见美权乞告之。渠新居,仆至今不知也。目见千里,往往忽无其睫,如是如是。积余先生左右。大方。

① 郑逸梅:《人物和集藏》,黑龙江人民出版社,1989年,第405页。美权即邮票大王周今觉。

冯煦致徐乃昌

（一通）[1]

积余仁兄世大人阁下：

奉手翰，敬悉。兹先命小奚叩谒，乞指示所在，先往一报为荷。此请道安。弟煦顿首。

① 广东精诚所至2021年秋季拍卖会，云锦天章—金石文献墨迹专场。

傅增湘致徐乃昌

（六通）[1]

一

积余先生阁下：

春间南来匆遽，未得奉诣，至以为歉。（曾奉贻小册，计入览矣。）兹恳者，友人赵君万里，现任北平图书馆事，兼充北平大学教授，夙研求版本目录之学，闻兄赅博，与弟至契，刻以事来申，素仰我公宿学高明，欲奉谒台阶，叩聆教益，敢以尺书为介，敬祈延接，指示一切，无任感荷。再者，赵君久闻刘君惠之收藏三代彝器极富，馆中欲得其拓本全部，此事业有人接洽，赵君窃欲奉访惠翁一谈，并拟拜观一二，拟奉烦我公介于惠公，俾得进谒。深知执事奖成后进，必不吝齿牙余论也。专此奉布，即候撰绥。弟傅增湘拜启。六月廿一日。

---

① 梁颖整理：《藏园遗札附题跋二则》，《历史文献》第十五辑，上海古籍出版社，2011年，第264—266页。

二

积余仁兄大人阁下：

睽①违清范，半载有余，而人事迁流，遂更积劫，临风怅引，想复同此感喟也。兹有恳者：艺风所藏金石拓片，闻为我公介绍于李君，已有成议矣。日前偶与北京大学诸教授谈及，佥以此物为研究必需之品，意欲留之校中。往商之子寿，深以渝约为言，恐负我公雅意。刻下子寿急思运申，而运道不通，年内期迫，待款至急，殊觉左右为难。弟受大学诸人之托，亦欲力成此举，因系公家收买，殊未便峻拒也。刻下大学方面业已备款成交，而子寿以对公深致不安，惭于启齿，又以此事弟所与闻，属令将此不得已之情形申述于台端，务祈婉达前途加以亮察，是所切祷。再者，钞本价目二册希代索回寄下为幸。专此，敬请台安。弟傅增湘拜启。十二月廿一日。

三

积余仁兄大人阁下：

奉两示，均悉。《方言》已邮致两部，弟病幸愈，然尚未复元。《万历搢绅》似可征人题咏，如乙盦、病山、□村皆可。昔阮文达得《顺治十八年搢绅》，颇为名流诗料，况又上百余年耶。此书今藏滂喜斋也。(阮文达有《嘉靖搢绅》，乃其夫人之物。)此上台安。弟增湘顿首。腊八日。

---

① “睽”疑为“暌”。

四

积余仁兄大人阁下：

沪上聚首，快领清谈。弟适遘小极，未得诣访，至以为歉。别后数日遂作归计，归来竟尔卧病，今已近一月，咳止而气仍未平，盖是肝气冲肺作咳，故调理颇需时日，静居斗室，惟以摩挲古籍自娱。近来将敝藏善本写一目录，已得四册，日内方检抄校各本，未知何日可毕也。《万历搢绅》函托友人代购，此项书中方议购别种，日久未谐，因属其先将此种提出，竟非六十元不可，弟以公重托，亦不为惜，此价遂尔允之，昨将书带来，兹托菊公转奉。此等作古玩观，亦又不以板本论矣。书价乞便付菊生前辈手，弟尚有欠项也。近日因病不出门，（廿日未出房门。）亦无所见，未知沪上何如，能示及一二否。专此，敬请台安。弟增湘顿首。十一月十一日。

五

积余仁兄大人阁下：

沪滨小住，获领麈谈，惜未得为寒宵清话，一抒积愫耳。赐示诵悉。《玉台》、徐集、随庵各种可即寄下，当为代销，惟《道藏》预约已逾期，第一次印书已发行，交款不能再缓，且敝处亦别无节省之方，公或分期或一次交足，可径与菊翁前辈面酌。若一次交付敝处，可格外设法，照七百廿元加以九五折，此乃馆中代售之酬赠，将来再由敝处补还可也。至售书之款，弟当随时奉寄，盖此次印行藏经，议定股分由馆中专收，敝处不经收款，即有友人付来者亦送交馆中代填股券，故不能指定售书之款为购《道藏》之用也。但尊刻各书敝处必能竭力推行，以副雅属。官纸凝再寄数十张，以便足成一部，劳神，感荷不尽。专此奉复，敬候台安。弟傅增湘拜启。冬至后一日。

足疾计已愈，极念。《法华》酌寄三四部来亦可，但友人中嗜此类鲜耳。

六

各件经敝友看过，均不满意。言欲得精妙之品，重值所不惜。未知公能割爱检示数件否？此上积余仁兄台安。增湘拜启。

附纳十二件。（内惟左田及汪卷云差可取，又惜其破旧耳。歉极。）

顾云致徐乃昌

（一通）[1]

通才君幸济时艰，投老饔飧我尚悭。骥子敢烦营月饩，免教拾橡走空山。

题奉积余大公祖粲政。云稿。

① 中国嘉德第36期网络拍卖会，“清代学人与藏书家书札墨迹专场”。

何维朴致徐乃昌

（一通）[①]

日前枉临，尚迟趋答，歉歉。李一山属画《得碑图》、小隶对及代鹿泉款六尺中堂，均草草完卷，送请设法转寄，至叩，余容趋罄。手颂积余仁兄年大人著绥。弟朴顿首。初八。

① 开拍2021秋拍，朝访残碑夕勘书："蠹鱼"徐乃昌和他的朋友圈。

胡鉴莹致徐乃昌

(一通)[1]

积余二哥大人左右:

昨接手书,敬悉起居百福,乔迁多吉,至为欣慰。莹到京一月,碌碌无善足述,惟大小平安,可纾远注。北城过远,亦拟迁居也。妇人词中之《饮露词》一卷,有人索欢[观],弟处今无稿。祈二哥从邮局检寄为感,如需京物,乞赐示一切为荷。肃复顺请双安。妹婿鉴莹手肃,令妹率儿女侍叩,姨太太暨侄男女均候念。二十二日。

---

① 种芸山馆拍卖。

胡小石致徐乃昌

（一通）[①]

光炜顿首白。

随盦观察先生阁下：

信至，蒙惠金文拓本六十种，纸墨并妙，但有感谢，能令《蕃锦集》生色矣。谨拜受不次，晚寒珍卫。光炜顿首，顿首。

① 广东精诚所至2021年秋季拍卖会，云锦天章—金石文献墨迹专场。

黄宾虹致徐乃昌

（一通）[①]

积老先生侍右：

顷荷枉教，感谢感谢。仆以船期匆遽，下午即须摒挡行李起程，不获踵门辞行，负罪，统祈鉴宥。约三两月间，能交替有人，图返申矣。专此祗颂福绥！世大兄前均候。黄宾虹顿首。

① 广东精诚所至2021年秋季拍卖会，云锦天章—金石文献墨迹专场。

黄以霖致徐乃昌

（一通）[1]

积余仁兄先生道鉴：

昨承颁惠佳刻多种，藉得快读大著，感佩无似，拜领，谢谢。敝箧有印存《徐州二逸民集》，兹检一部呈教，匪报也，亦聊伴芜函耳，惟哂存之。复颂台绥。弟以霖上言。腊十九日。

① 中国嘉德2011秋季拍卖会。

黄遵宪致徐乃昌

（三通）[①]

一[②]

承示淑畹夫人赐题《古芗室诗》集句，羽宫移换，别出新声，箴线裁缝，莫寻迹象，灵心妙手，足上追瘖堂之《香屑》、竹垞之《蕃锦》，天台老人、南山诗叟何论焉！婉仙女史，蕉萃可怜，蓬根无定。以进士之不栉，叹季女之斯饥。仆每怜其才而哀其遇。辱荷宠题，知应狂喜，即日抄寄，先代谢忱。匆匆草布，惟鉴。不宣。

积余太守词长。

遵宪顿首。七月廿日。

二[③]

承惠和词，清丽芊绵，不难蹑清真而追梦窗，爱玩不忍释手。《词律》及《校勘记》《拾遗》又稚黄词谱，先行送璧。外《古香室钞本诗》二

---

① 《黄遵宪全集》，中华书局，2005 年，第 423—424 页。同见《黄遵宪集》二，中华书局，2019 年，第 796—798 页。二者文字略有不同，以后出《黄遵宪集》为依据。

② 《黄遵宪集》定时间为光绪二十六年七月二十日，即 1900 年 8 月 14 日。

③ 《黄遵宪集》定时间为光绪二十六年七月二十一日，即 1900 年 8 月 15 日。

本，为乡人叶璧华所著，室人之姨辈也。一枝湘管，半死桐丝，饥驱四方，橐笔糊口，其境可悲，而其情可悯。如得君与夫人联句题词，华衮之荣，感谢何已。

一年容易又是秋风，读易安居士寻寻觅觅之词，真觉一个愁字了不得也。

匆匆手上。

积余太守词长，并谢淑畹夫人。

宪顿首。七月廿一。

三①

吾辈文字之交，不可作世俗通称。昨与年劬言“卑职”“大人”，惟职制相临者可用，此外均泛而无当。施之于讲德论文之地，尤为不且之陈言矣。此后乞勿再施。如蒙不弃，称作公度大兄，或竟作先生，如何？遵宪又启。

尊谦奉璧，千万幸勿再施。我辈以文字酬唱，乃用此官样文章，无论头衔不称，亦似觉体制不合也。考据家当讲求门户，乞留意是幸。又及。

---

① 《黄遵宪集》定时间为光绪二十六年，即 1900 年。

江标致徐乃昌

（三通）

一[1]

顷奉访，不值为怅，明日准七点钟奉屈驾临一品香小坐，千万勿却。

积余仁兄大人左右。小弟江标顿首。初四日。

二[2]

昨日明知非天公挽驾不可，今早晨起即欲走送，觉腹涨不适，午初大泻，迄今已三次，不能出门，可知一面之缘，亦有定分。封面写好，继以兰契，面交不可，只得以笔墨代喉舌矣。扬州住何处？函寄何地？均乞示知，惟望早日北来。此上积余吾弟。小兄标顿首。

□书序必做必寄，不待催也。

---

①② 种芸山馆拍卖。

三①

积余仁兄大人箸席：

沪江一别，星月如驰，遥念清辉，时增遐想。敬惟撰述百益，雠校精进如祝。弟自去冬挈眷入都署冷官，闲时还讽读，惜厂肆奇书日少，精抄旧刻百无一遇，读李南磵《琉璃厂书肆记》，殊有今昔之感。兄日来刊布佳籍，共有几种？如有刷印，尚祈惠吾。兹乘赵剑秋同年之便，附去拙刻书目一种，家兄旧箸一种，乞察入。剑兄年少多才，相见必能契合，惟初次粤游，一切尚祈指引，至感。专布敬请箸安。小弟江标顿首。三月一日。

丙卿同年未知在粤否？乞致声。

① 王贵忱、王大文编：《可居室藏清代民国名人信札》，国家图书馆出版社，2012年，第244—245页。

金松岑致徐乃昌

（一通）[1]

积老阁下：

前接诸贞壮讣，才人不遇，可胜扼腕，翮与贞壮无一面之缘，伤其憔悴，敬献五元，乞交拔可先生代收。移居鹿鹿，是以稽缓。彤老又在沪养疴，寓何处，乞询告为叩。手颂暑安。翮顿首。

迁居如封通。附钞五元。

① 韦力：《著砚楼清人书札题记笺释》，第96页。

柯昌泗致徐乃昌

(一通)[①]

积老先生大人赐鉴：

违候起居，倏逾两载，敬惟道履绥和，为符颂忱。晚嵩蔚余生，愧瞻手泽，闭门却帚，旧业榛芜。伏望长者时赐教言，俾资困勉，至为感荷。舍弟昌济因事南来，兹谨介绍趋前，恭敬函丈，至令进而教之。王君越千前年来沪，备承推爱，兹亦同行，再登清閟，我公乐育为怀，奖掖后学，当邀莞鉴也。专肃顺请道安。晚柯昌泗谨肃。二月十九日。

① 上海敬华2005秋季艺术品拍卖会。

况周颐致徐乃昌

（二通）

一[①]

昨失迓，至歉。委件祈于廿五日午前，饬纪来取，当即呈教不误。刘聚卿先生都门住址祈即示知，专恳敬请积余先生大人箸安。周颐顿首。十九日。

二[②]

昨谈次直谅高风，关垂雅意，乍聆不觉熟思弥永，感佩奚似。（拙词新印再赠一册。）惟缘蔡鋆事，弟或言语失检，刻亦忘之，于执事绝无意见，执事疑我，真覆盆莫白奇冤，一载交情，以影响参商，未免可惜，不敢不辨。皖词弟一册校且甚精，先呈鉴，余五册拟于四日内通为校毕，庶可告无罪否耶？感执事相爱至深，故从执事相劝之言，后此虽百千年绝不与执事存意见，（千万勿疑蹈我之蔽。）亦古人久要之意。尚希鉴察。此布积兄足下。制仪顿首。初二辰刻。

---

① 《品逸》23，第 26 页。

② 广东崇正 2023 年春季拍卖会，可居室藏信札钱币。

张氏词选祈再假一校,即交来手。吴园次词社从聚兄处索来一校。(弟自差人往假亦可,须兄一函耳。)二书今夕即用。方子箴(校过)傅桐二家词(未校)已无底本,校时再酌。

康有为致徐乃昌

(一通)[①]

示悉。不知何日为君五十嵩生之辰,欣喜欢舞,祝联已撰,写毕呈上。连日感冒,天寒手僵,迟迟为罪。此联价若干,必示知,归我办,并示揆辰。敬请积余同年兄大安,预祝长寿。有为再拜。十三日。

① 《近代名人翰墨(黄氏忆江南馆藏)》,第116—117页。该函收于张荣华编校:《康有为往来书信集》,中国人民大学出版社,2012年,第474页,定时间为1917年1月6日。

蒯光典致徐乃昌

（一通）①

黄氏父子所著书两包奉上，价五千七百洋，价九百已代付小山矣。《助字辨略》如有其书，祈假我一阅。廖、康所著书，闻善余云尊处有之，并祈假我，余面。手上积余仁兄世大人。弟典顿首。

徐大人。

① 种芸山馆拍卖。

李俶致徐乃昌

（一通）[1]

三月二日，李俶顿首。

积余先生阁下：

前托家兄梅盦求公所藏铜造象拓本，知已首肯。今人来得所赐诸造象，虽非铜象，亦足以资考证焉。谨领之余，愧无以报，专此上谢，手此不宣。李俶顿首。

积余先生无恙。

① 李俶，李瑞清之弟。广东精诚所至2021年秋季拍卖会，云锦天章—金石文献墨迹专场。

李瑞清致徐乃昌

（三通）

一[①]

命书画扇，挥汗报，草草殊未能佳。明日十二句钟后，即诣尊处，为公作代理人，一一均望公扶携之。今日之会不能至，以须小小料理，又无事谘商也。积余老哥同年。弟清顿首。

诸公前幸一一致意。

二[②]

贫道不幸有大功之丧（丧一侄），故今日不得奉杯话，谅之。

积余吾兄同年阁下。功清道人顿首。

三[③]

连日为聚卿临钟鼎四种，去年来者促之急。今日九亩地之饮，幸

① 种芸山馆拍卖。

② 北京保利 2021 秋季拍卖会，四海集珍—中国书画（二）。

③ 广东精诚所至 2021 秋季拍卖会，云锦天章—金石文献墨迹专场。

为我谢罗子翁。无钟点,更不知何时往也。

积余老哥同年。清道人顿首。

李详致徐乃昌

（三通）

一①

积余先生左右：

昨得赐书，知由南通反棹，欣慰欣慰。《简斋外集》允为迻钞，请遴佳手为之，但依其匡格，笔画较工可也。属题《填词图》诗别纸呈教，尊藏《淮海英灵集》肯假观否？少迟无妨。明盛仪《嘉靖维扬志》，公所识臧书家，请访其目见示，幸甚。李详谨上。

二②

积余先生侍史：

小儿纳妇，既承赐贺，复拜宠笺，嘉意骈蕃，具感一一。翫公来书，似已康复，字里行间，皆有生气。近者故人，多归泉下，魏文叹逝，奚啻应刘；向生思旧，弥伤嵇吕。又况隔逾千里，贡公之綦不呈；日开

① 种芸山馆拍卖。

② 第二、三通，录自李详：《李审言文集》（下），江苏古籍出版社，1989 年，第 1109—1110 页。

三径，闵子之谈且绝。昔从艺风之后，有公左右其间，商榷文献，条举篇籍。辽东之本，获见于江南；航头之书，不传于河北。侃侃而论，奕奕自将，语必瑰奇，言成故事。重以瘵叟继丧，二妙同归。追念有道之人伦，遂忘鄱阳之暴虐，所谓妩媚可爱，药石生我者，今并不存。自去沪上，频年浪迹，兹复浮湛乡里，崦景过半，余年几何？公既无臭味之交，详亦感见闻之异，因举昔游，辱公同叹耳。近者思著一书，名曰《骈文学》，昔见诸书，未经甄录，宜具全文，难凭追忆。因简所需，向公假贷，包裹邮寄，拟损公资，助我俭腹。企望鹄立，不尽区区。详谨拜。

三

积余先生道席：

前者妄通书问，静候起居，辱承赐答，兼惠书籍。伏读来札，苦语竟纸，与走近状，不差累黍。窃惟海上故人，凋落且尽，赖公稍持一二，为岿然之独存。巴西谯秀，扬清渭波；琅邪濬冲，追忆中散。岂期病发支离，生事迫隘，灵台风雨，鲜知旧之过从；洛涘喧阗，避贵人之赫奕。抚近思昔，殆可为陨涕也。走自丁卯以来，屏居无悝，赀绝羔雁之投，贱托牛马之役。文字往来，藉通声气，幸交荣县赵尧生侍御、华阳林山腴舍人，倡和论文，不异咫尺。余则家庭诟谇，颓病呻吟。近者一月之间，一子一孙，皆从物化，所耗殊多，更兼伤感，且教部厕名，新从裁汰，出游干谒，信不可再。比年兵警旱荒，迭相应和，土匪出没湖汉，有如元季，幸未攻城，迁延苟活，以至今日耳。拙著料理将半，嘉应古君公愚，言之粤府主席陈君真如，贶金五百，可具刊资，好事门人，助泉相济，则易蒇事，此可告公者也。皖志非公主持不可，范之说士之甘，远及下走，仍俟皖绅议论何如，作答稽迟，缕陈下悃。敬请道安。详拜言。

梁鼎芬致徐乃昌

（一通）[①]

新来得见好书否？万氏经《分隶偶存》，想必有之，弟能八分可想也。病后舟车皆苦，真衰耄矣。随厂吾弟学人。鼎芬。

缪二纸、刘一纸，代致。

① 广东精诚所至 2021 秋季拍卖会，云锦天章——金石文献墨迹专场。

梁启超致徐乃昌

(一通)[1]

积余先生史席:

客岁承惠赠松坡图书馆佳刻多种,经专函奉谢,并附呈馆中谢启,想尘清鉴。世患愈烈,蹙蹙靡骋,不审比者,风雨抱膝,何以自娱。弟炳烛补学之外,恒以书课自遣,偶有所触,集词句制一联,奉赠文翰,了无足观,作千里相思之资耳。莞存垂诲,不胜大幸。手此敬请大安,不一一。期启超顿首。二月廿八日。

(1924 年 3 月 22 日)

① 《近代名人翰墨(黄氏忆江南馆藏)》,第 271—272 页。

刘承幹致徐乃昌

（十五通，附致徐子高一通）[①]

一

积余姻世叔大人赐鉴：

久违道范，驰系良殷。仲春上旬醉愚兄造谒，以长者忽患外症，未赐延见，时侄亦以祭扫返里，致稽趋候，迨醉愚兄二次诣潭[②]，知已赴申就医。兹晤孝先、松岑，谓长者赁庑申江，久不作吴下寓公矣。侄以传闻未可征信，顷特驱车至尊寓，得晤子高兄，欣悉长者撄此重症，就医同仁，竟庆回春，虽曰医院疗治之功，要亦吉人积德所致也。且悉俟全眷移居事竣，即拟命驾来苏，与二三旧雨重拾坠欢，共罄情愫，侄窃期期以为不可。盖以七十高年，当大病之后，气体必受亏耗，虽曰苏沪交通瞬息可达，然而长途跋涉，病后极易感冒风寒，故先肃笺当驾，不敢扫径以待，至于愿见之私，无日不神驰左右也。（他日至沪，定当趋前奉候。）临颖毋任拳拳，祇叩健福。姻世愚侄刘承幹顿

① 邓昉整理：《求恕斋遗札》（续），《历史文献》第十七期，上海古籍出版社，2013年，第216—223页。

② 疑为“谭”字。

首。六月十三日。

二

积余姻世叔大人侍右：

前蒙枉存，有失屣迎为歉。屡承命驾，迄未答访，疏慵之咎，实无可辞。迩者猥以五十贱辰，蒙赐佳什，藉斗山之重，增蓬荜之光，已为厚幸，此外不敢再有拜嘉，遂祈鉴其微尚，无任拳拳。昨展手书，敬审起居迪吉，式如臆颂。帐略及封面亦已拜悉。影印《圣学宗传》，发起者为云台兄，侄附骥而已，其后云台兄以侄捐款较多，嘱为作跋，非侄本意也。现今世衰道微，理学无人讲求，喜阅此等书者寥若晨星，是以分赠亦颇不易。尊处如可分送，请饬人来取可也。专复并谢，敬颂履绥，祗请著安。姻世愚侄刘承幹顿首。六月十四日，即四月二十九日。

三

积余姻世叔大人尊鉴：

入春未通音讯，正深县注，适奉手笺，就审图史清娱，合覃谐适，慰如臆颂，雀跃奚如。承索拙刊《雪桥余集》《南唐书注》《闽中金石志》三种，本应早日就正，因其间乌焉多误，未敢遽呈。且《闽中金石》迩日细加勘校，讹脱尤多，长者熟娴考据，且于金石尤极精深，一俟修补而后，再当呈教，如有未当处，不妨一修再修，期于完善也。益以《荆公诗文注》《传经室文集》《授时历故》《渤海疆域考》《三垣笔记》五种，此皆甫经印订，鱼鲁多讹，尚祈浏鉴之余，指示瑕疵，俾据改正，尤深欣幸。惟《南唐书注记》似当年送过，兹云新见何耶？侄离沪半年，急思返棹，无奈萑苻未靖，苟安小住，回思畴昔花朝载酒，汐社勾留，此境此欢，不可复得。杏花红后，能返淞滨与否，尚在未可必也。耑渤贡复，敬请台安。姻世愚侄功刘承幹顿首。二月十日。

四

积余姻世叔大人侍右：

春仲返里，勾留兼旬，嗣又转棹杭州，一领湖山风景，旅途获遇喻志丈，有尊箑一帧，嘱为带沪转陈左右。迨月初遄返，又拜赐函，并惠赠《宋元科举三录》四册，版明纸洁，心目为之一爽，敬领，谢谢。宾兴久废，题名记全付阒如，兹以古代所遗汇为一帙，浏览一过，觉《广陵散》尚在人间。长者抱残稽古之功，尤足令人钦佩。敬贡拙刻十二种，藉以就正有道，琼桃投报，未免汗颜，倘于公暇赐观，尚乞俯加校勘，无任感盼。天气寒燠不常，诸惟为道珍摄。专肃并谢，敬颂台绥，伏候蔼照。姻世愚侄刘承幹顿首。

五

积余姻世叔大人侍右：

前月遄返故乡，至违椠范。腊八日鼓轮归沪，诸务琐琐，未克恭谒台阶，然缅想起居，深祝岁寒增健也。友人衡山李佩秋大令，文章尔雅，卓荦可观，其尊翁以部曹令浙。佩秋本名萃兰，国变后始改名沬。往曾听鼓苏省，客居樊山方伯幕府，一官濡滞，深钦鸿硕，徒以云泥分隔，未敢造次识荆。迩来转辙浙江，得补分水一缺，现复权篆宁海，一城斗大，仍以文史自娱。复因尊处《随盦丛书》初、二集精深邃密，拟备观摩，嘱侄转恳台端，如能推爱相畀，固深铭感，否或照缴纸张印刷各费，俾慰其一睹为快之愿，统候示遵。专此奉陈，敬颂台祉。姻世愚侄刘承幹顿首。

六

积余姻世叔大人侍右：

诵教，谨悉。拜领鸿题，苍凉悲壮，江湖魏阙，无限拳拳，钦佩钦佩。承示，《荆园小语》尽堪假印，惟《小语》寥寥无几，或能与《进语》同付手民，似较相合。犹忆陈劭吾观察假印时亦系两种并印，未识贵友以为何如，乞转询，俾便遵行。陈子言先生已迁居青岛路第二家三十一号，即祈台洽。其文孙将次授室，而拮据殊甚，近来各物腾贵，寒畯筹画，固自不易，侄已致花信之数为之称贺。子言先生闻不发柬，如诸君子与之有旧，与其联幛诸件，不如馈以现金，较有实济，谅公当亦以为然也。耑此拜复，敬颂履祺。姻世愚侄大功刘承幹顿首。八月初八日。

七

积余姻世叔大人尊鉴：

久疏良觌，恒有咫尺天涯之感。顷醉愚归，知长者步履渐康，甚慰鄙念。《通鉴地理通释》签序为书估割去，未知是何刻本，一时不易考查，仰蒙允赐南针，莫名感佩。侄昔年曾购前、后《汉书》二种，一为福唐本，本则据书估所述也；一为淳祐乾道本，细按之，似某某年刊数字系属后添，大约成化之类，呈请一并鉴定。如一时无从考核，稍缓数字，亦属不妨。《旧五代史》稿本即邵二云学士所注者，当年得之抱经楼，现已刊就，附呈邺架，即乞哂存。崇陵补树之举，事虽经乱中辍，诸同志佝以图卷，犹自宝藏箧中。长者素荷垂青，又兼同志，用敢不揣干渎，附奉《缘起》，乞赐椽题。长夏炎炎，犹复以此相扰，不情之请，伏希鉴原。介题《种菜图》，稍暇即当属草，以副雅诿，惜笔墨荒芜，不称延揽耳。伏暑犹炽，深居为宜，尚祈节劳珍摄为荷。耑泐奉恳，敬请台安，并颂著绥，统希赐察。姻世愚侄大功刘承幹顿首。六月十一日。

八

积余姻世叔大人尊鉴：

一昨辱蒙枉旆，未克倒屣为歉。醉兄述长者以灾民遭劫，恻然悯之，同志设所收容，需款孔亟，鼎言下逮，用竭薄绵，敬贡百元，乞为转致。一稊半菽，未必有裨于太仓。本应多助，缘海上募捐萃集，应接不遑，稍尽鄙忱，尚乞鉴宥。前属代印《荆园小语》《进语》百部，昨已寄到帐略，先行奉览。该书已由梓人交大达轮船运沪，一俟交到，当即饬价送呈也。又承殷殷传语，以为值此危时，行将大乱，百无一是，还是广销书籍，冀可传名，金玉良言，至深感佩。然出售预约券，既恐贻笑大方，且虑寥寥顾问。明岁印书一节，本拟归图书馆办理，现今纸价日增，藉此贴补，事极攸宜，且俟各书刊成，再定销售办法耳。耑泐贡臆，敬请台安。姻世愚侄功刘承幹顿首。嘉平廿一日。

九

积余姻世叔大人尊鉴：

久疏麈教，停云落月，时复在怀。侄于六月杪出申，屡拟趋谈，卒卒未果。荆天棘地，未敢轻越雷池，知我如公，当蒙鉴谅。侄缉善本藏书志，艺风创稿于前，授经丈补纂于后，兵烽人事，作而复辍者屡矣。兹延授经丈顾舍以竟其事，现约初四日到馆，即晚在敝斋略备粗肴，邀其小酌，奉屈枉临，同兹畅叙。侄近在缉印书影，非经诸公正法眼藏审定，混珠鱼目，窃恐贻笑大方，用乞午后三时顾舍，则辨别真赝，于长者有深赖焉。坐无杂宾，恕不折柬。耑泐贡臆，敬请台安，并颂著祺，伏希赐察。姻世愚侄刘承幹顿首。八月朔日。

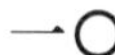

一〇

积余姻世叔大人侍右：

前承枉顾，輶褒滋多。迩来雨后增凉，料兴居必然安谧，至以为慰。侄以不学，谬与剞劂校雠之役，当时蒙吴仓硕大令有《藏书图》之赠，徐仲可舍人有《勘书图》之赠，受兹嘉贶，殊觉自惭，于是付诸装池，联为长卷，曾乞鸿硕锡以题咏。长者夙抱同嗜，又属先进，必须仰求椽笔，宠赉诗篇，盖此中甘苦情形，惟知己者斯能道着耳。久叨雅爱，想必不靳推敲也。附呈卷匣两件，即请察存。新刊《晋书斠注》业已告成，敬奉一编，藉备插架，祈莞纳为幸。新秋天气，得暇浏览，还求指示。所赐《摩利支天陀罗尼经》折页，读之妙有至理，敬谢。耑上，即颂台绥。姻世愚侄刘承幹顿首。九月五日，即七月十三日。

一一

积余姻世叔大人左右：

顷奉手札，蒙贶李石湖画《松鹤延年》轴、天然树根八仙，拜读之余，莫名惶悚。伏念侄自愧蹉跎，修名不立，正伯玉知非之岁，值乘舆播荡之时，湘累孤臣，何敢言寿！日前醉愚兄以条幅奉求，荷蒙宠诗，已属荣幸之至，故于谢书内陈明不敢再有一物拜赐，拳拳之诚，当荷察及。况贱辰并不举动，凡有亲朋馈遗，概行璧返，并将筵资移助灾赈，为诸公造福。此系实在情形，绝非饰辞。长者与侄多年至契，岂在礼文，谨将原件奉璧。心感盛情，与拜受者无殊，尚祈鉴其忱悃，不胜感激。专此陈谢，敬请履绥，伏惟荃察。姻世愚侄刘承幹顿首。五月初四日。

一二

积余姻世叔大人侍右：

违教殊念，比维起居佳胜为颂。聂云台兄影印《圣学宗传》，其宏愿至堪钦佩，曾经函商及侄，属为赞助，侄已允之。兹复由柏皋提学附阅云台兄函，嘱将该款径送尊处，以备购纸之用，兹特奉上洋四百元，请即察收。惟其函中称连史纸来源断绝，价格飞涨，故托长者代为筹购；惟闻皖路连史诚如云台兄所云，而上海江南造纸厂甲乙两种虽为各书局采用，不免求过于供，然能与之预定，亦可及时出货。且甲种纸质亦尚匀洁，乙种稍薄，色亦较次，未识能合用与否，然价格却较廉也。侄耳食之谈，渎陈清听，统请裁夺。云台兄此举得长者为之相辅，料出版可速矣，伫盼无似。耑此，请颂颐绥，诸惟荃照。姻世愚侄刘承幹顿首。十一月初八日。

一三

积余姻世叔大人尊鉴：

自违淞浦，久住苕溪，每落月而驰怀，更停云而望切，敬维紫来东海，清到南陵，瑞霭溢乎金轩，婺星耀于璇室。仲冬三日为子高兄合卺佳辰，鸿案齐眉，谐百年之伉俪；鸳盟比翼，联两姓之欢娱。况当堂上椿萱，正逢周甲；行看阶前兰桂，易赋添丁。侄满拟凫趋，躬申燕贺，乃萑苻满目，未敢轻越雷池；枌梓关怀，姑且暂安乡社。届时饬小儿世炽晋华堂之爵，颂玉台之篇，自比谊笃邢谭，欢逾管鲍。鸿风翘企，其乐奚如；鲤简遥驰，负歉实甚。耑陈贺悃，敬请台安，并叩大喜。姻世愚侄功刘承幹顿首。

一四

积余姻世叔大人尊鉴：

前此子高兄合卺，侄未克跻堂叩贺，仅饬小儿趋前，至今犹深歉仄。黄花红叶，又届嘏祝之辰，想堂开画锦，仙集瑶池。三千珠履，何非黄石赤松；五百名贤，群拜木公金母。惜侄犹羁梓里，未获躬献一觞，三多晋祝，已饬敝号送奉诗轴缎幛及酒烛等物，戋戋菲礼，计已哂存。诗则粗率成章，未足揄扬盛德于万一，临颖无任赧然。侄本拟早日言旋，且拟勼合淞社同人为长者介寿。乃时局未靖，奚敢遽越雷池。青楼清寂，一洗尘氛，所奈寥落友朋，朝斯夕斯，不无离索之感耳。耑泐申祝，敬请台安，并颂期颐。姻世愚侄功刘承幹顿首。十一月十二日。

一五

积余姻世叔大人侍右：

前日曾上一笺，谅达典签。昨接柏皋提学来函，云《圣学宗传》一书尊处只留十部，现在索者纷至，嘱送上若干部等语。此书发起付印者为云台兄，因敝处捐款较多，分得四百余部，书多堆积，正苦无从分送，今尊处既需此书，特饬人送上壹百部，敬希察收分送为盼。专此，祇敂履绥。姻世愚侄刘承幹顿首。六月十六日，即五月初一日。

附：致徐子高函[①]

子高仁兄姻世大人阁下：

前承枉过，失迎为歉。俞让斋兄处业已去信，将贡款璧返矣。近得曹叔彦丈书，寄来姻世叔大人墓志，纚纚[②]数千言，洵必传之作。兹谨封呈左右，间有官阶称谓小小出入，僭为改易，仍希正之。润笔业已如数汇致，叔彦丈再三谦辞而后受之，属为道谢。书丹知由拔可太守任之，第此文篇幅甚长，万一拔翁不愿为，则弟处另为物色亦可。专此，敬问道履。姻世愚弟期刘承幹顿首。四月九日。

---

① 徐子高为徐乃昌长子。

② 疑为“洒洒”二字。

柳诒徵致徐乃昌

（一通）①

积余先生道席：

承惠尊辑《镜影》，谢谢。积年不见，得睹卷耑照像，如亲光霁。兹呈馆印书《三朝辽事实录》《嘉靖平倭通录》各一部，藉酬雅意。再者宋版《藏经》普通预约五百二十五元，敝馆欲订购一部，能否再有折扣？敬请台从商之该会，毋任感祷。敬请道安。弟柳诒徵顿首。七月三十。

① 广东精诚所至2021秋季拍卖会，云锦天章—金石文献墨迹专场。

罗惇曧致徐乃昌

（一通）[1]

积余先生：

久阔深念！一昨走访，适公从赴南通未归，不晤为怅。尊刻《阳春白雪集》，乞惠一部。外生许守白精研昆曲，亦欲得一部。若有其他新刻，能兼惠赐，至所欣盼。敬问日安！惇曧谨上。初六日。

① 广东精诚所至2021秋季拍卖会，云锦天章—金石文献墨迹专场。

罗振常致徐乃昌

（一通）[1]

积翁先生大人座右：

前承招饮，醉酒饱德，感谢无已。顷得明时《乡试录》十余份，艺老大为激赏，兹检其中之应天一份（惜无贵省），用呈清鉴。此份为宏治年间者，板式有古气，此外皆嘉靖、万历者（如不合，仍可换），则寻常明板矣。所以购此之故，因去年□旧交涉，欲售书归本，而原价太贵难销，贱售数又不足，难于就绪，故设此法，以补其损失。此四册欲得十二元，可否？乞示。此物已销去一半，颇有得善价者，但如对先生及艺老，不能多索，亦不敢争执也。熟人处乞代为吹嘘，至感，但价须略昂，曾售过十六元一份者（虽系棉纸，然是万历），因不厌其多耳，一笑。如不需，乞将原书掷还无妨。肃此敬请道安。后学罗振常谨上。

前电车中蹉跌，谅已平复，至念，又申。

---

① 《书法》2010年第2期，原函有跋语一则："罗振常，浙江绍兴人，文学家，擅目录学，振玉之兄。"

罗振玉致徐乃昌

（十九通）

一①

积余先生惠鉴：

奉手教，祗悉一切。并荷邾公华钟墨本之赐，至谢至谢。《渔洋象》若百元即求代购，该价当属舍弟代付，至谢至谢。寒斋题跋承转托刘君慧之代钞，尤为感泐。邾公华钟原为献县纪文达藏物，求墨本一纸亦不可得，今原器归尊斋，可羡可羡。但弟尚有所疑者，以文字所占地位定之，则此钟应甚小，此则甚大。又，《捃古》载文达藏器拓本第一及末行皆为长行，《吴录》限于纸幅乃将首尾两长行改作四短行，今此钟顾与《吴录》同。又《吴录》“月”字作“[illegible]”，此作“[illegible]”，未得其解。弟于古金文，近疏用力，见闻至陋，未知有当否，尚祈高教。委书榜额寄出奉教。此复，即请著安。暑中维起居珍重，不赐。振玉再拜。十八日。

---

① 第一至十七通，录自丁小明整理：《罗振玉手札》，《历史文献》第十八辑，上海古籍出版社，2014 年，第 268—276 页。

二

积余先生有道：

奉到示书，快如晤语。维道履佳胜，定慰下忱。宁省学务得贤制府提倡于上，而先生宣力于下，定能日起有功，曷胜健羡。农事试验场，鄙意须去堂不远之处立之，兼为师范生授实业时体验之地，若现在所选地段去堂较远，则于学堂旁近可另选三四亩之地，专供学生实验之用亦得，不知高明以为如何。此间去岁与匋斋尚书商订小学校章程，似乎切实可行，奉寄一册。又拟中学高等章程，并各呈一册乞正。承索敝堂教习合同，抄奉一纸，亦希检入，用备参考。弟本拟作潇湘之游，便道奉谒，一仰新猷。而张中丞请之属缓，不果成行，深为怅惘。尚希时赐尺素，以慰远怀，无任祷企。此请勋安，维照不既。小弟振玉顿首。廿四日。

再有恳者，弟前办《农》《教》两报，负累实深，故于午帅署江督时请札饬江属及皖属阅看《农报》，当承札饬，然不久去任，至今未得奉行。故又托江叔海观察面上一稿于玉帅，请其提倡《农报》，至今尚未奉批示，求鼎力便中一为陈请，感荷无似。诸费清神，尚容泥谢。又申。

三

手教敬悉，墨本拜收。《兰夫人志》敬呈，祈赐存。专复，敬请积余先生道安。弟振玉再拜。

四

积余先生大人著席：

前奉谕，值小病病起，又苦俗冗，致久稽复书，甚怅甚怅。敬维道履安胜，定慰下忱。前委题书衣，勉强书应，为格地所拘，只得仿赵次闲书体书之，然不能用也，乞弃置之。《湘筠馆乐府》等七家词集，敝笥无之，从前有《花影吹笙阁词》，现为友假去，当向索之。余者亦于同好中为留意，近刻得几许。弟前与侪辈言，东西洋各国学术日兴，由于科学之讲求，颇欲将各国之政治、理财、动植物、历史、地理等书次第译印，风气或可大开，庶可一改今日新党枵腹横议之害。但此事有两难，一译书难，二刻书难。书须撰择译人，宜取通材，译费不訾[①]，此译之难也。此刻学问之途，不绝如缕耳，印出销售不畅，致无力者不能付梓，非以开风气为先而志不谋利者乃可，此刻之难也。不知先生肯以此自任否？若肯任此事，弟亦可竭其绵力，任译费及校改之劳，而先生任刻资何如？近来时事日艰，而平日号为"维新之徒"不学无术，令人寒心。故欲导人于学界，以救将来之惑溺，此弟所以顶礼合十以望先生者也。书不尽言，虔请道安，维照不赐。弟振玉再拜。上巳日。

近译《东洋史要》四册，呈览。又申。

五

积余先生有道：

奉示敬悉，承惠古镜墨本，尤为感泐。有年号之镜刻入第一卷，

① "訾"疑为"赀"。

已印成，当特印补遗一纸，以志雅惠也。尊藏建兴镜有二品，意欲乞其中一品而不敢以为请，若见许者，弟行箧有清微道人摹本《河东君象册》，其《河东君传》韵香所手书，楷书甚精，拟以为报。若意以为不可者，此册亦拟奉赠，以公既藏韵香巨册，此册应归公也。《常志》整本想系陶心老故物，归公甚善，不知字迹清楚否？能见假一照，则尤为感矣。拙书庸劣，乃蒙称谢，至愧至愧。专此肃复，即请著安。弟期玉再拜。八月十九日。

再，寒斋尚有道光年间沈竹宾摹《云郎小象》，有程序伯诸人题辞，公如愿得者，并当奉诒。又启。

六

积余先生大人左右：

奉到赐书，敬悉一切，比维政精绥和，定如私祝。书单收到，照办，得便即寄奉不误。工艺一事，霭沧观察已招绅士张瑞臣太守于浦举办，设局风神庙，亦教毛巾、洋碱等事。淮、浦相距仅三十里，两处同办，销货恐不得甚畅。鄙意淮安或专意蚕桑乎？前面陈南门外漕督操场当可，请拨一二百亩，好在其地甚大，无论此刻不用，即将来须用，亦尚有数百亩也。看书处一事，以早设为妙，去年书院余款若能拨为买书之费，目前须用之书亦可略备，不必规模宏大也。淮安士风拘泥不化，闻公有举寿护丈特科之说，此举于开风气大有益。聆叔、啬庵亦为淮士之冠，若得同举，足示淮士之趋向。（此语不必与啬庵言之，此君甚畏事，且不理于淮人守旧者之口也。）刍荛之言，不知当否，尚希酌夺。实测淮安舆地一层，甚佩高论，但淮上无测绘生，且测绘一事亦须就一蓝本为之改良。弟记得同治朝江南舆图局曾测绘江北各府县地图，每方五里，其图甚精。今之会典馆所绘之江苏舆图，苏州局刻者不及也。但此图板贮藩库，久不刷印，公何不禀请藩宪刷印颁行乎？《物产志》之辑，佩佩，窃愿观成也。此复，虔请道安。小弟振玉顿首。十一日。

七

积余吾兄先生有道：

春明一别，陵谷遽迁，浮海以来，忽忽三岁。春间一归省墓，兼欲与海上诸旧游一申契阔，乃以小轮阻滞，在沪不能久留，致辱临失迓，怅歉无似。奉到赐示并吉金拓本，盥诵再三，感谢无似。迩来欧洲战端忽启，致山东海面亦被波及，沪上想无恙，念甚念甚。鄙人遁荒以来，殆无生趣，惟以著书遣日，物力所限，不能尽意所欲，加以国学废坠之时，乃为昌明旧业之想，扰概虽竟，亦有藏山自娱而已，如何如何。尊藏既精且富，弟近作诸家藏器目，当即日移录，续有所得，亦求见示，以便收入。聚公所得，闻亦不少，祈代索打本，以便编目，幸甚幸甚。海国寂寥，日与古人相对，曩日交游半为新贵，陶公所谓"良才不隐世"者，非耶！然音问殊不欲通，若公能时惠数行，以慰幽独，幸甚幸甚。专此奉复，敬请撰安。罗振玉再叩。六月十六日。

聚公前请致候，不另。撰刻稍迟检奉，不误。又申。

八

积余先生有道：

久不奉教，在鄂晤缪丈及季直，知兴居佳胜。昨阅报，又悉荣权淮守，忻忭靡涯。窃谓淮安久待治徒者，朗县太守有志振兴，然年力就衰，弗竟其志。今得先生莅止，北地苍生之幸矣，欢庆何似。趋从何时到淮，尤为翘祝。弟在鄂半岁，毫无成绩，今在沪馆料理积件，下月准返淮安一行，届时当趋仰新猷并贺喜也。前见尊刻《鄦斋丛书》，大有欲炙之意。尚祈见惠，以慰老聋。专此敬申，虔请道安，维照不赐。小弟振玉再拜。廿八日。

九

积余先生有①：

奉教并赐拓本，拜领敬谢。前者命书《常丑奴志》之跋，用纸不知遗失何处，愧无以报命。兹奉呈《高昌壁画精华》一册，祈惠存。弟近撰《隋唐以来官印集存》（得二百四十印），已印成，未装订（《古镜图录》亦未装成）。若尊藏有隋唐至明官印印本能见假，有可补拙著者，当辑为《续存》也。专此敬问，即请著安。弟振玉再拜。廿五日。

近年出板书目一纸，附奉清鉴，心所愿刊，十不逮一也。又启。

---

① 原释文如此。

一〇

积余先生阁下：

奉教敬悉，承惠新刻，拜领敬谢。比维尊候佳胜，定慰遐衷。承委跋《常丑奴墓志》，玉及录旧日考正张叔未先生误释之字诸纸，敬希雅教。拙刻当次弟告成之时，再寄呈清鉴。先此肃谢，即请著安。弟振玉再拜。九月廿一日。

外跋尾二纸附奉。

一一

积余先生有道：

奉书已悉，前请假北京石经拓本，现弟已购得，请无需寄下。（其中可知为何经者已著录，惟闻于右任近又得《周易》残字四百余言，与文氏藏石相蝉联，惜未得见也。）公在沪所购拓本有“乡饮”第十一石否？便示为叩，此石由沪寄来已损数字，可惜可惜。此请著安。弟玉再拜。

（信封）上海虹口图南里南陵徐公馆徐大人积余甫台启。旅顺罗寄。

一二

积余先生有道：

奉教并承赐石经拓本，感谢无似。敝藏拓本已装成册，俟下月舍弟来此，当由渠携奉不误。专此奉复，即请著安。维照不赐。弟玉再拜。

(信封)上海虹口图南里南陵徐寓徐大人积余甫台启。罗寄。

一三

积余先生有道:

得颂翁书,敬悉公向叶慎翁疏通有致,捐得棉衣五百袭,粮直千五百元,忻佩不可言状。使会中诸君人人如公,虽穷民如此之多,亦不难发之衽席矣!弟今日本欲入都,因欲访定佘君,明日再行。昨放东城振,又发见一子爵、一一等辅国公子女甚多,不仅无一丝半菽,且无栖身之所,以片席庋城墉之下。又往岁久任嘉兴府之宗子材太守培,现任正黄旗副都统,贫不能自给,日至贫民粥厂啖粥。又溥玉岑侍郎贫极,每日步至实录馆(闻往返廿余里),恭缮《实录》,日得银一二钱以糊口。王孙之末路如此,可哀也。此次入都,尚须十日淹留,一面布署生计维持,设立各厂及贞苦堂文课诸事;一面商量急振,大约三数月后方可有端绪。力小任重,尚祈先生始终导倡,并时时赐教为荷。专此奉申,虔请道安。弟玉再拜。廿八日。

一四

积余先生有道:

在沪拜教京旗振事,复诸荷指导,感谢不可言喻。弟前夕抵津,今晨到都,诸人尚未见面(访数人皆未遇)。一切进行似甚迟钝,不出弟之所料。弟既到都,当可发生动力矣。沪会一切尚求公随时启导,聚卿京卿,弟已留书托颂清兄转交,仍求代达诚意,请渠多方劝募,至为感盼。弟到津募得南商急振会二千元，又募得周□之各公司五千余元，合之南中所得，总计万四千余元，可供告慰。惟合计以前放，仍不过十分之三有奇，力小任重，如何如何。专此肃谢，即请道安。弟玉再拜。十一日。

一五

积余先生有道：

连得颂清兄函，言宣城振款荷公商拨一千，尚有安徽振余三千余元，亦可商拨，不禁为关北贫民感极欲涕。使今人之存心能如公之百一，则将化冷厉为太和，不仅有生死肉骨之德也，钦佩至极，莫可名言。今日得京函，知东城又发见世胄三，一子爵，一一等辅国公。公爵子女甚多，夫人亦无衣裳。辅国公则并栖身之处亦无之，但于城隅口以破席自蔽而已。一现任正黄旗都统，名宗培，日至粥厂领粥。款绌人众，几无可措手。弟后日即入都，一面商急振进行，一面为生计维持之备。拟设之贞苦堂、同仁文课、织局、漆布局、织带局、毛线局，均将次弟举办，将来诸世胄即安置各局中。知公关垂甚切，敬以奉闻。二百余年耕凿生聚之中国直至此，真令人痛哭也。专此敬复，虔请道安。弟振玉再拜。廿六夕。

弟大约留京约十日间，在京寓西单牌楼白庙胡同廿一号范寓，兼闻。又启。

贵胄世族受振者名单附览。

一六

积余先生有道：

久不通讯问，南瞻云树，无日不思。比来不审道履何似，至以为念。弟碌碌如昔，无可告慰。舍弟南旋，当面陈大略。迩日何以自遣？邺中出古器不少，想定有流传至南中者，不知有所得否？如有之，乞惠墨本，至为祷企。近刻拙诗一小册子，奉呈乞政，近年心事均载册中，想读之增慨喟也。夏秋之际，天候不常，尚祈加餐珍重，不尽缕缕。此请著安，维照不赐。弟振玉再拜。

大刻又增益否，先睹为快也。又及。

一七

积余先生大人礼次：

从于蕃处得老伯母大人耗，惊怛无似。夙仰纯孝性成，撄兹大故，哀毁可知。然老伯母大人福寿归真，九原无憾，礼经有言"毁不灭性"，敬本斯旨，用敢敬慰。玉远在沪滨，不得伸束刍之谊，抱歉万分。敬问孝履，不尽拳拳。弟振玉再拜。初五日。

一八[①]

积余先生惠鉴：

奉示敬悉，暑中维动止咸宜，至以为念。承赐镜拓，至谢至谢。

① 开拍2021秋拍，朝访残碑夕勘书："蠹鱼"徐乃昌和他的朋友圈。

《常妃志》一本寄奉，到祈惠存。商戈曰兄厶、曰父厶者，弟与议价已定，而原件仍未寄到，大约下月或可至，至即拓奉不误。弟甚畏拓墨，然先生所索，不敢惮毡墨之劳也。祈放怀为荷。专此奉复，即请著安。弟振玉再拜。十三夕。

当是彰德、磁州间出土，中州近又出元氏之志，公已见否？又及。

一九①

积余先生阁下：

前奉惠笺，兼荷两镜摹本之赐，尚未肃谢，至歉至歉。顷拟编印《古镜图录》，已成书矣，而遍觅赐本不得。盖得惠书时，掷手夹一册子内，今乃大索不得，求更拓赐，以便入录，至感至感。周季老所藏新莽镜，不知尊处有拓本否？季老见赠一本，后为伯斧借去，伯斧作古，无从根究矣。若行箧中有之，能见假一照，尤感。其他有年号之镜，拓本不知所藏几许，能并见假，尤感。照后奉完，断不久假遗失。此请著安。弟期玉顿首。廿二日。

昨见西泠书目，知尊刻影宋《丛书》二集已成，能见寄一部，当以近刻为报，又启。

① 上海敬华2006年秋季艺术品拍卖。

冒广生致徐乃昌

（二通）

一①

积余年丈大人阁下：

抵家奉手书并贤梁孟为内人合题《话荔图》词（虞山翁泽之今日寄题图词来，亦用《祝英台近》调），芊绵婉约，继轨玉田，一唱三叹，使人意远，感荷感荷。尊刻《国朝闰②秀词》搜缉极勤，用意尤厚。昔顾氏刻《元诗选》成梦，见古衣冠人为之罗拜，吾丈此举，定知有无数钗环向小檀栾室低首也。仁和吴蘋香女史词，在湘蘋夫人后称本朝大词家，其所撰《香南雪北词》及《花帘词》不审有寓目否，何以不刻，以成大观？若无稿本，广当觅寄。健莽自延令挈其妇归，海秋同来。季宜在唐家闸一饭而别，渠即赴宁，近已返否？比来大稿曾否写定？此事千古，固不以早计为嫌。广同辈中斐然大半有作，故亦望吾大也。肃复，敬叩缅安。内人属笔道谢。广生敂头。

---

① 梁颖整理：《疚斋遗札》，《历史文献》第二十辑，上海古籍出版社，2017 年，347—348 页。

② “闰”疑为“闺”。

二[1]

明晚七钟奉约至福全馆，藉可畅谈，勿却，至盼。此上积余年丈大人阁下。广生顿首。初四日。

① 韦力：《著砚楼清人书札题记笺释》，第198页。

缪荃孙致徐乃昌

（四百九十一通）

一①

墓志新出，年月碑上可查。《平等寺碑》，武平二年八月，偃师。《卢正道碑》，《宝刻类编》云天宝元年，洛阳。

二

塔铭检出即奉上，不误。索资之急。乳娘之夫，其名曰元公，兄知之否？一笑。积余先生。名恕呼。

三

收到洋四十元，信一件。余另布。即请积余仁兄大人升安。

《汉书校语》板寻不着，另刻已在印语补矣。期缪荃孙顿首。

① 第一至四百八十八通，录自缪荃孙著，张廷银、朱玉麒主编：《缪荃孙全集·诗文》2，凤凰出版社，2014 年，第 382—513 页，并经删定增补。释文转录幸获张廷银、朱玉麒二位教授授权，并蒙惠赐最新增补、修订释文，谨此致谢！

四

严《续录》一卷，手稿也，涂乙挪移，非手录不可写副，容徐之。《吟窗杂录》收入，价乞定视。电报缴舍亲夏孙桐，已得房差，急急需阅，为此耳。天又阴雨，奈何！此上积余仁兄大人。弟荃孙顿首。

顷得仲武信，知书局薪水已裁，未得夔生裁否？主考房官，明白学问者甚少。

五

手笺诵悉，两书十元愿售。朱书恐觅不到。《积学》封面须弟自查，查出即送呈。前月养一月，眠食业已照常，只脚力少损，满拟月朔出门，不意昨感受新寒，吐泻交作，今日又须延医。零星售书只够脉金一次，命也。贫病相连，古来如是。聚卿晤否？手复积余仁兄大人。荃孙顿首。

六

山东赵星伯兄携有新旧拓本多种，乞兄赏鉴为幸。此上，即请积余仁兄大人台安。弟缪荃孙顿首。

七

积余仁兄大人：

《名家词》又来一家，请察入，讹字尚未补也。夔往扬州，絜眷而去，想有熟人耶。亲事如何办法，曾谈及否？《名家词》目，阁下尚有周稚圭、邓海筠、苏虚谷、王鹿门未刻，须俟《先哲遗书》刻毕矣。弟荃孙顿首。

八

积余仁兄大人：

聚卿嘱改刘中丞碑，有易改处，又有不易改处，颇费事也。广雅书单呈阅，荃可奉让。广雅均散篇，不装订也。赵观察言经书止售百元，然则老董亦赚钱矣。此上。荃孙顿首。

九

昨奉惠书，已入醉乡，未能即复为歉。（粟香室定可要全分，弟纸太坏。）石交谨如台命，然上洋需用银款（还屺怀仝卖某氏书）。乞以三百五十金交弟，何如？或尽付春和亦可。锱铢计较，亦杨惺吾旧例也。家人承荐，亦感荷，前言之戏，切勿介怀。课卷径覆刘五。泰山廿九字，整张一，翦裱一，翦裱者可让押于屺怀处。此去即清理此帐，取押物回，宋本《五代史记》亦可取回矣。此复积余公祖大人。弟荃孙顿首。

原函缴。

一〇

积余仁兄大人阁下：

外间均传言兄得大河口，家人求荐。去年曾荐张瑞，乞弗遗也。夔生事，中间人甚为难，日日想著书、刻书成名，我辈供翻书、当书僮，迟则呵叱，不知渠何福消受。渠动辄言云书多难寻，而今我辈翻书便不知其难，想嫏嬛福地彼独据之耶。重分书单呈览，乞代送他处。价均实在，不能多让。此请升安。荃孙顿首。

一一

汉碑四种均不确，四幅者以为莒州出《定略碑》，花边者以为《仓龙碑》。二种曾见，余二种未见，实则东人伪造也。《菱湖三女史诗词》似汪曰桢丛书有之，陆夫人词无专书也。积余仁兄大人。弟荃孙顿首。

一二

同州本《圣教》，拓约在国初，值可十元也。茗生《铁像颂》则木版也，可笑。《唐大诏令》已上芜湖矣。此复积余仁兄大人。荃孙顿首。

一三

积余公祖大人阁下：

赐顾尚未走报，歉甚。因课卷须阅，又将有沪上之行，拟出案方走，故昕夕无暇。新刻三种及友人赠《易学》，乞哂存。夔生前日来，为言安徽词，渠所说云，安徽词约三四百家（大言欺人，往往如是），工太贵，价太菲。弟想无是多人，即检《词综》《续词综》，只得九十人，有全稿者不及十人，纵夔生所藏多，不过倍之，焉有三四百人？录目呈览。可否将来将此词录出，交夔生令其补足，仍合旧年原议。既有此底子，应不甚作难。弟以其言太夸，思破之，并非想谋其事也。夔生如选定，尚须征同乡名人钞所未备，断非顷刻能成。凡事皆然，不独选词。《江宁金石续记》亦草率时为之也，尊惠万不敢收。允赠《崇川金石志》及拓本，甚盼，甚盼。舍侄能打碑，或令其来拓，可不至漏泄。明日恭聆雅教，祈早临。此上，敬请升安。治愚弟缪荃孙顿首。

一四

《天下金石志序》《崇川金石志》均缴，乞察入。此书不全，第二行标“石”一则，知尚有金文矣。晏海将所得砖瓦均归之石，又截止本朝道光间，以此例之，将《金石索》上真赝杂出之镜、钱等件及各庙炉、钟，不愁不成帙也。弟钞至至正为止，所以快还。又沈吟樵丈《无定云龛词》一卷，此是池州人，乞代钞送聚卿。弟止一帙，吟丈与先君四十年至好，拟留之，非小气也。夔笙选词如严师一般，浓圈密点，长批横抹，不顾人愿不愿，只可钞出供其选改，乞谅之。弟有借同乡稿本与之一阅，到处圈抹，只可另钞还本人，捏说原稿已失，种种对不住人。兄将来觅得《珂乡词稿》与之入选，不可不防此着。吟丈一门风雅，弟兄、妯娌均能书画，当函致其犹子觅之，必可得数家。聚卿惠拓本收到。此上积余道兄著席。荃孙顿首。午月望。

一五

安徽词人目缴上，可以照目选钞，作为底本。搜访是至要，庐州可问履卿，省城可问寿平，桐城可问敬甫。因地以求，因人以求，不愁不裒然成巨编也。《常州词》四册昨遗下，今补呈。积余道兄著席。荃孙顿首。

一六

《香草》《洞萧[①]词》呈上，书目均寻不着，俟再呈。积余道兄。荃顿首。

一七

来书收入。大雨不便将书，于奕正《志》明晚面呈。此复积余公祖大人。荃孙顿首。

季直回通，七月方来。

一八

积余公祖大人：

常郡《闺秀》《方外》四册，尚未改好，先阅，即掷下，修改颇费事也。安徽得一百六十九家，不能不谓之博，明日送呈。总集弟无者，《昭代词选》《词雅》《词综续》三种。荃孙顿首。

一九

两书收到，承爱甚感。弟并未向夔生索《香草词》也。《闺秀词》容再检。积余公祖大人升安。荃孙顿首。

二〇

梁晋竹诗沿乾嘉派，清新可诵，梁节庵见之必痛诋，词纤仄不可

① 萧当作箫。

学。《弹指词》，弟本短一序，已景钞补上。修能勘订，极在行，可宝也。二书先缴，希察入。《香草斋》须录副，乞从缓。寿平已回矣。日内晤聚卿否？此上积余道兄著席。荃孙顿首。

闻《新闻报》又有一大文诋毁礼卿，见否？有望赐阅。

二一

夔至今日尚未谢步，想不上门矣。茗生需购广雅书，弟之全单在兄处，乞代送去。系原来旧值，总比书铺便宜也。（茗生云，书铺黄纸须八十余元。）积余仁兄大人。荃顿首。

二二

顾石公函询公局何如，定有日否？《全皖词》有《傅梧生词钞》否？（泗州人，一卷。）示悉为荷。此事须写目与人，较易搜罗，刻起更妙。积余公祖大人。弟荃孙顿首。

二三

蒯寿即如此办理，附札可云同人借题一聚耳，千万弗辞，如云须附一分亦允之，事后不派其分可也。《傅桐生词》呈览，此借自部观察之世兄者。积余公祖大人。荃孙顿首。

二四

腮肿及颐，甚似礼卿，连日病不能奉陪，甚歉，甚歉。又，从部世兄处借到方可箴词，乞送选，惟万不可加圈点耳。《慎伯集》钞完否？

积余公祖大人。荃孙顿首。

二五

三十四分收到。太平门定船，费神之至，未知明日能去否，天又有雨意也。积余仁兄大人。荃孙顿首。

二六

叶跋奉缴，黔纸奉上两张，如可拓，再送呈也。敬夷、三宝昨日均见，《家语》字形不方整，为南宋刻无疑，字亦不过大，荃所见尚多也。钞二卷，一旧钞，一新钞。东坡墨迹仅存魂魄，即真亦不足贵。《麓山碑》最精，惜无题跋，以此为压卷耳，题跋想为人装入赝本（此亦有翻刻）。老翁甚可怜。荃此语幸弗告聚卿。此上积余公祖大人。荃孙顿首。

大字墓志，即去年况所最爱者，弟拓本较精耳。邮政已兴，南京书信馆在何处？示知为盼。

二七

《江左石刻文编》四册送上。分韵诗成否？余面谈。此上积余仁兄大人。荃孙顿首。

花　郑七律。已交。

落　顾七古。已交。

家

童

未

扫　缪。

二八

夔久不来，亦未通问。此片奇极，如此人来，拟请其写封面，岂不大佳？昨诣谈未晤。《香草斋词》奉还，卷面已有油污，不安之至。松生委撰水榭联语呈政，可以给人观否？《江宁金石记》，希假一阅，可与《张绩志》并还。积余仁兄大人。荃孙顿首。

丙申九秋雨中，松生仁兄招饮水榭，撰句录尘雅正：

擫篴旧楼台，纵六代云遥，江山犹昨；

敲诗新缟纻，恰重阳将近，风雨频催。

江阴缪荃孙。

二九

《栖霞小志》《辽张绩志铭》，祈察入。《小志》刻来再假对也。敝馆基地坐落地方呈览，恳转托张刺史。昨晤夔生否？此上积余公祖大人。荃孙顿首。

《江宁金石记》四册仝缴。

三〇

薛庐寿陆诗交卷，合公分乃一元八角一位。弟诗已交去。前向夔生借《谥法考》一查，竟不借。兄处如有，乞假我一阅即赵。此上积余仁兄大人。荃孙顿首。

三一

积余仁兄大人阁下：

陈、孙两集奉缴。《栖霞小志》刻成，兄能代校否？或再假原书一校亦可。候酌。夔处湝生往拜，在家不见，五六日亦不回拜，是亦妄人也已矣！屺怀未来。此复，即请著安。弟缪荃孙顿首。

三二

公祭刘中丞，乞转致西园附分为祷(年愚侄缪△△)。幸兄示及，感荷，感荷。明日何时往祭，并在何处，再求视知。聚卿有事，不便往促，只求定议，款交春和，画在弟帐，无须兑沪。石件有舍侄志名料理，无论何时，专价来取，不敢刻期，蹈夔覆辙。书目定代购。此复积余公祖大人。荃孙顿首。

章西园兄并致意。

三三

洋五元，代数八部收入。江刻三集呈阅，无甚佳书也。明日是否三点钟到？积余太守。荃孙顿首。

三四

《仪卫轩文集》四册奉还，乞察收。此布，敬请积余公祖大人台安。缪荃孙顿首。

三五

书收到。梁先生集向所未见，感甚。珂乡词人定为留意。《红香阁词》在夏闰枝处，弟止录得二首也。积余公祖大人。荃孙顿首。

三六

苏局书目缴。夔生一字附阅，此字昨日来，岂非自画斗方，石士之供招乎？一笑，乞付丙。此上积余公祖大人。弟荃孙顿首。

三七

手字敬悉。《尊前集》，无此种。家人高福已来，且试用之。费神，谢谢。此请积余公祖大人升安。荃顿首。

三八

积余仁兄大人：

《红蕉山馆词》，此次赴郡城，偕金淮生访之。夫人两子：一河南济源县，甲子孝廉；一现任怀宁县，己卯孝廉。四孙（一癸巳，一甲午，两丁酉）皆孝廉。所著万不肯交人刻，自己又不刻，真无法想。行李民船今日到，细查无兄信，有致石公一件，又记错矣。硕甫来畅谈。弟病非旦夕能愈，除校书、作文外，均照常也。今日已能写字，似稍有起色。知念附及。此请。弟荃孙顿首。

三九

今日之游甚畅。淞岑不来在意中，希瑗亦不来，何也？乞兄再约之。客又添，请顾五矣。积余公祖大人。弟荃孙顿首。

四〇

希瑗不来，敬请马观察作陪，惟不恭耳。弟十二钟后去，兄亦早临为盼。此上积余公祖大人。荃孙顿首。

马观察处先代请安。

四一

欲裱屏对，乞分付家人，在何处裱？中等裱件，何处最好？兄老主顾便可。此上积余公祖大人。荃孙顿首。

四二

积余公祖大人：

手书诵悉。馆事乞留意，不敢刻期也。张刺史，弟日内即往拜。敝邑试馆地基，为流人盖草屋，有四十余家，去年曾托江宁出示而不遵。闻局内可以驱逐，须官派人勒令迁移。弟另托本地邻居，稍佽助之，方能有济。如可转达更妙。余面谈。弟荃孙顿首。

四三

积余仁兄大人阁下：

吴印臣为柯凤孙之妹有词一卷，想代刻之而嫌太少，须觅闺秀十家陪之，新得屈婉仙诗，询兄刻过否？刻百家后又有续得未刻者否？弟想恽珠、太清春词似在百家之后，乞示知。当代钞寄印臣也。尹氏书无钞胥，敝处两人无暇晷矣。此上，敬请升安。荃孙顿首。

四四

商眉生夫人《锦巢诗余》①一卷，兄辑得否？前朝命妇，然其殁已在康熙初年，似乎明词、国朝词均可收，其名须查之《明诗综》，祁忠惠公夫人也。积余仁兄大人。荃孙顿首。

明日饭后到堂。

如编入，应在徐夫人之上。

四五

积余仁兄大人：

《常州词录》印来，上有散篇并《名家词》四册呈政。夔竟不来，木斋亦不至。敝处想听夔一面之词。此次报到处、送兄处几份，示知为荷。书铺到已不少，弟尚未能一访也。弟荃孙顿首。

四六

礼、乐二书顷来阅过，南监本也。宋刻，元补，明印，各书所录皆此本。《平津目》云廿六字，字讹也，连金诗七十元，价便宜之至。第装订须付高手，约非卅元不可。黄跋呈阅。《农学会报》恐更难销矣。

明刻只有张溥，劣甚，粤东复刻并不全。积余道兄。荃顿首。

---

① 《锦巢诗余》当作《锦囊诗余》。

四七

《泾川丛书》一函奉赵，乞付《江左石刻文编》两册。四六钞之，奇作也。积余仁兄大人。荃孙顿首。

四八

寿文附缴。明日蒯处贺喜，拟午前去，能一谈否？此复积余仁兄大人。荃孙顿首。

四九

汪穰卿寄《代数通编》来，送兄一部，又廿部请代售，每部乙元，又地图股票乙本，均察收为荷。此上积余仁兄大人。荃孙顿首。

五〇

丁刻两书乞哂留。寿序、百花图均缴，并乞斧削为荷。抚台去否？程道上皖南否？积余仁兄大人。荃孙顿首。

五一

《沈西雍集》两种呈览，沈集一册缴，弟书四本。一与尊藏同是初刻也。严铁桥手摹薛《款识》，此种须二百元可以让人。余再议。《泾川金石志》兄本略假一阅即赵，亦钞蒋之奇两跋也。积余仁兄大人。荃孙顿首。

铁桥手书一小条亦值十元，试折算之，实不为贵。廿四字两种，兄何不来一观？

五二

积余仁兄大人阁下：

闻阁下即得好差，弟处有一老家人，忠实可靠，仰候录用，拜祷，拜祷。再，敝邑试馆在东关头，地基甚宽，现欲盖房而流民草棚满盖，驱逐须托保甲局，委员何人，住何处，望示知。逊庵革礼房，秦伯虞数其舞弊多端，非弟先人。书院号房可恶已极，尚且不问，肯得罪礼房耶？此上，敬请升安。弟缪荃孙顿首。

再，弟所云得自传闻，但愿其确，弗讶也。弟尚有一亲戚，想觅一蒙馆，月得五六千即可，乞留意。幢七种呈览，托售之语亦非假话。《投龙记》，仲武为作缘与扬州人。宋志不必售，当载归置之公所。再渎。

五三

乾嘉名人集，弟无《雕菰楼》及《抱经堂》两集，如有售者，尚欲购之。积余仁兄大人阁下。荃孙顿首。

五四

广雅书乞留意，让与友人，皆白纸，与尊藏不甚合，原单留阅可也。章蔓仙处拟往贺。雨多伤麦，奈何。此复积余仁兄大人。荃顿首。

五五

词源阁有宣城汤宾尹集，明板，公同郡人，可购之，不常见也。积余仁兄。

五六

顷诣谈未晤。昨文运忽送四、五种书，均未裱，恐是安庆书到矣。价单送上（请与一讲），朱圈者拟购之，对折尚贵，奈何！石鼓文定本只索一元可得也，愿让与兄，弟与《畿辅通志》一对，尽收入金石门矣。老曹如来，尚可谈。赵姓碑估闻是常州人，开在何处？雨阻不能遍访，闷甚。今年科场所得如此，不禁大失所望。此上积余仁兄大人台安。荃孙顿首。

五七

季直数日未晤。《访碑录》一片模糊，兄如欲阅，一帙换一帙亦可，因时时翻阅也。荄曙两纸乞题，误将致季直者致兄，弟处一纸，款则蚀，既不混也，能题就后寄，何如？荃孙顿首。

五八

初三招商方能成行，两《访碑录》明晚送呈。前月初六，受之言于观察点主事，弟允之而至今未下帖，以为另请人矣。孰意伯熊今日方来，说知初三点主（早说可以移前），何其濡滞若是！而弟行期已定，万不能再改，因婉辞之，然实非弟不愿也。此上积余仁兄大人。弟缪荃孙顿首。

碑箱三只已交李儒懋。

五九

敝藏金石书有一目，呈览。止自撰数种，有可阅者，有未成者，余皆在也。严氏《访碑录》为凌子与①借去，尚未还。积余仁兄大人。弟荃孙顿首。

书幛收到，谢谢。

六〇

《定林访碑图》小卷、折扇一柄，乞察收。荛圃生日一集，乙庵以未预，颇怏怏（是日客太多，隔宿渠又病告）。又有消夏观书之议，又有每人两种，藉可研究。雪橙亦有此议。而以去年观书画之会为俗，指庞与李也。无论何如，弟晚局均不愿。夏日菜蔬，亦早间生鲜。兄以为何如？此上积余仁兄大人。荃孙顿首。

六一

《集古官印考》一册呈览，夹板大而且翘，不合宜，仍奉缴。夔住扬州安定书院，匪夷所思也。此上积余仁兄大人。弟荃孙顿首。

六二

《振绮堂目》六册，然缺经部矣，乞察收。许目借钞，甚感。《集古

① 凌子与疑为凌子舆，即桐城凌霞。

官印考证》再检。此复积余仁兄大人。荃孙顿首。

六三

老聂自太平归，所搜各碑倍蓰于旧目，真可与李云从并论矣。皖省金石若照此方搜访，岂不可一大著作？乞与聚兄提倡为盼。鞠裳寄来碑贰张，价一金，乞察收。积余道兄。荃孙顿首。

六四

聚卿处六十分报洋已收。兄处何如？拟汇寄。顷张刺史来谈，云其房东顾君及敝县来人均递禀，已派地方驱逐，并出示矣。辽幢敝藏有之，敬缴。幢在盘山，此旧拓也。昨又往看夔生，连服补剂，有生意矣。积余公祖大人。荃孙顿首。

六五

《知新报》一份（全），《农学报》（信去补全）第四册二份，木斋所定已上帐。江南二星，一老荒，一无名小卒，乙亥乙酉，可以比例矣。积余仁兄大人。荃顿首。

六六

顷奉手书并四十六元五角收讫，惟《时务报》定收三元贰角一分，去年三元之例已废，今年第一期（即十八期），报即申明，兄阅报自知。望补八角为要。此请积余仁兄大人台安。荃孙顿首。

六七

示悉，报四本，附上新章一，兄见即知之。去年报，须另备二元五交报馆补寄，弟处无有矣。安徽图让①卿不知有否，问让②卿。《西学书目》附呈四份，可代销。《知新报》，俟来即送。梁卓如搬演康学，弟不愿经理也。《北堂书钞》，闻广雅局已无，止卅部也。积兄。荃孙顿首。

六八

收到《时务报》壹佰〇九元三角五分整。魏碑一金，易钱与弟即可，公分乞交石公。此上积余公祖大人。荃孙顿首。

六九

来示云百十九册，弟处止收到九十九册，非弟亲接。此廿册乞查为祷。积余公祖大人。

以后来信及报，乞固封为荷，弟处人靠不住也。

七〇

积余仁兄大人：

汪信已去，下次必径寄书院。报三份廿一本，希察入。敬甫、鲁卿、仲武昨仝往吃。间抑想纠一鸡鸣寺之约，兄以为可行否？此上。

①② 让疑为穰，穰卿即汪康年。

荃孙顿首。

七一

广滂喜斋送来丹阳、宜兴各碑，拓手尚精，乞赐赏鉴为幸。此上积余仁兄大人。弟荃孙顿首。

七二

手字敬悉。知单已出，或当日觌面招呼亦可。弟信云翅席非面席，十一元尽可，敬恳费神何如？船要在复成桥，左右恐不宜大。兄与礼卿言之何如？知单俟爽翁定局，恐明日方到兄处。此复积余公祖大人。荃孙顿首。

七三

明日有人去上海，出月回，兄要报馆书，乞开单带去为荷。前单无回信。

七四

盛扰，谢谢。《农学报》收款，兄处三份，收条呈上，乞即付也。新来瞿氏书目，价四元，兄想必购，与地图九十四叶同呈。杨氏书，果杨文定撰，可不购。此上，积余仁兄大人升安。荃孙顿首。

七五

《蛾术集》收到。吴园之集，理卿允来否？近日知其又有小病。

如不来，是集亦不能中止，真与欧九作生日公宴，分均赋诗，表明与理卿祝寿之意以赠之，吾兄以为何如？我辈难得作竟日谈，望分携书画碑版，以销暇日何如？此上积余公祖大人。荃孙顿首。

两书俟检出送上。

七六

顷接《知新报》信云，首期送阅，无须往取矣。特挂号者只有四处耳。积余仁兄大人。荃孙顿首。

七七

《知新报》汪信云下次来，未知准否。郑苕仙卷收入即题，若分祈附分。□□称谓治年愚弟，何人书撰，便中示悉。病未愈，甚闷也。积余仁兄大人。荃孙顿首。

七八

《农学报》《知新报》二至十七、《天禄琳琅》乞察入。瞿目随后。此复节余仁兄大人。荃孙顿首。

七九

《时报》三元二收入。先交《知新报》收票四份，《时报》需收票几张，示下，即送至。《农书》序即缴。积余仁兄大人。荃顿首。

八〇

洋八元二角收入。《知新报》共有四本，挂号矣，《时务报》四本扣去二成，去年三元一分。穰卿谆嘱可一不可再云云。至《知新报》告白两歧，望作柬询。弟拟寄穰卿阅也。积余仁兄。荃孙顿首。

《新报》收据未来。

八一

收入贰元五角，须函致上海补来，聚兄要十分也。积余仁兄大人。荃顿首。

礼卿已回，馆事何如？

八二

收单九十九张并原信均阅悉，收单留上，兄处卅一分即呈上，乞察收为荷。积余公祖大人。荃孙顿首。

八三

《珂雪词》钞毕全缴，价希发下。《家语》刻来三卷，云蒲香时节一并刻完，尚不慢也。受之何时来？兄行时乞面谈一次为祷。此上积余仁兄大人。弟荃孙顿首。

八四

委撰刘中丞神道碑，敬呈雅政。日内心绪棼如，殊不足表章万一也。此请积余仁兄先生大人著安。荃孙顿首。

八五

积余仁兄大人：

汪信奉阅，乞将周报转送江义和。弟处找不着公馆也。又，墨香斋裱画价有折扣否？

再，茅子贞两贤郎初次一超一特。弟暗中摸索也，此课三卷，一原名两新名，已取一超一特一一矣，后对名字，知超等及一等，皆系从前雷同除名卷子，万不能取，仅存一特，乞转致。荃孙顿首。

八六

积余仁兄大人：

关书昨已接到，费神，谢谢。季公阅卷毕写寿屏，初二回里。敝门人所著《易义》呈政。弟荃孙顿首。

今年亦为首府办武闱，季公又将归里开办纱厂，否则亦无汲汲。

八七

《秦淮雪爪图》奉交。柯庵即日返里，可否假一胜地饯行？乞酌之。积余仁兄大人。荃孙顿首。

曼仙吉期何日，知之否？

八八

弟到常州，初二日在龙城书院，开馆后忽发怔忡旧恙，因此折回。

聚卿图书，兄致建霞函件，专人送往不误，特未能取回信耳。聚兄想已行，留书望掷下，内有致念石书，当补寄。稍愈走谈。此请积余仁兄大人升安。荃孙顿首。

八九

积余仁兄大人：

信、洋俱收入。穰卿时时更改章程，经手人为难。惟此条已发在十八期内，较他事犹可恕。今年七月，去年所阅诸公一例更换四元，归敝处发，先交后送，不阅者听。穰卿销报已过八千，十分得意，所虑者言路奏封耳。弟赔钱亦不少，昨信后有一行，后裁去，即系说赔钱事。今年一概不赔，听其阅不阅可也。《知新报》送上二、三共一册，如此本零卖即须贰角。又与报章不甚合，可矣。函去三次不覆。不引咎，不更正，真中国官场习气，想穰卿未读《时务报》耶！弟荃孙顿首。

九〇

积余公祖大人：

爽秋来，与礼卿公请，在船上清局，屈兄作陪（亦请希瑗），恳转借希瑗兄庖人（面席，约八九元之谱），拟十三日未刻，未知庖人空否？望示悉为祷。廿后起程。金石目须重编矣。荃孙顿首。

九一

积余仁兄大人阁下：

伻来，赐书并收到《闺秀词》，谢谢。刚相来查办事件，无汉员，不驰驿，不到上海。京信亦曰来做总督，阖城凛凛。弟久寓于此，知刚不足御外侮而可以激内变，剥肤之患，生于萧墙，奈何！近日天气炎热，茗生赴东台，聚卿亦罕见，琅山之游无此清福耳。《休复居集》《商报》二册呈览，《外报》二册寄季直。季直事何如？亦念甚。随员张荀鹤、杨芾、陶世凤、景〇四人，盐务亦有事，江老站不住矣。老聂到否？如到通，可促其回省一行为要。各书即送出。希瑗已北上。此复，敬请升安，并贺节禧百益。弟缪荃孙顿首。

吴吉甫故矣，朱子涵同病，亦危急。胡署藩、欧阳观察着急欲死，畏刚也。制军停道员分发三年。逊庵亦已北上。

九二

积余仁兄大人阁下：

次霄书佳种尽为兄所得，艳羡之至。弟次日去，一本未购也。内《黄小松集》，如文集，考金石者必多，诗则无谓，希示告。王雪丞寄来《商报》，售与兄一册，如能代派二三处更妙。毛先生《休复居集》已还，俟钞撮再寄呈。通州《商报》如可推广，嘱由汉径寄通，不必由弟转也。候信转致雪丞。学堂已开，制军派弟司稽查，下江六十人满额，上江缺及廿额，尚有陆续来者。人才秀敏居多，以歙县汪生为首，中江书院人才也。高邮取五人，西园甚得意，然则勒停各界学堂，彼人直不知黑白者。聚卿云欲上鄂，又云欲下通，大约无定局。手笺布臆，敬请升安。弟缪荃孙顿首。初九日。

老聂来否？夔住桂临源，张信乞寄。初九日。

九三

前日董兔言，有《千百年恨》一书，弟言是张燧之《千百年眼》耳。令其取来，则需价十元，弟还其一元不肯，加至二元仍不肯，盖以为奇货矣。本连书名均不知道，俟弟还价则以为好，奈之何哉？不如老曹多多矣。积余仁兄大人著席。荃孙顿首。

九四

积余仁兄大人阁下：

握别十日，无限怀思。维兴居纳祜为颂。《弹绿词》板兄已带归，乞先印数分交青士为祷。聚卿十五归省，昨又赴沪，仅在恩方伯坐上一遇。逊庵简遖南道，云门力也。季直究在何处？有一函乞速寄。盼回信。此上，敬请升安。弟荃孙顿首。

欧阳在大通闹事，亦可见盐局积弊之甚。《商报》有几期未寄，示知即寄，明年不管。

九五

积余仁兄大人阁下：

昨得手书，当将《弹绿词》送秦伯翁，书衣送何诗孙，吴仲饴处书衣亦代催矣。承示《常州词》二首，恽君未见，归入《续录》。董思诚即董毅，弟处有《蜕学斋诗余》，董晋卿之子也。季直来省，制军交卸后大做生日，兄上来否？伯雅一函希交去。此上，敬请升安。弟缪荃孙顿首。

九六

积余仁兄大人阁下：

后日大约未必成行，务必赐临一叙。受之竟不来矣。呈上《句余土音》及《甬上族望表》，乞哂存。《黑龙江地图》寄卖二元。又来报两本，今年完矣。此请升安。弟荃孙顿首。

九七

承赐嫂夫人画幅，敬谢，敬谢。《狼山访碑图》尚未能题（郑君画绝奇，因访碑图止画大意，此幅独画石壁，较为别致），迟日报命。李儒懋来否？此上积余仁兄大人。弟荃孙顿首。

九八

《藏书记》卷一清本、卷四稿本呈政，余有发钞者，有未修改者，钞书太少，未易成书也。昨藩台下院甚晚（上灯），又有何事，兄知之否？书一种、湖北碑三种，乞留阅。余面谈。积余仁兄大人。弟荃孙顿首。

九九

积余仁兄大人阁下：

经兄指陈，弟之疑虑尽释，当可遵命。家中人亦不愿弟行也。惟江阴沙田有事，瞿方伯灵柩回常，总须节前去。开堂不能回，须乞半月假耳。堂中事诸事安帖，收考亦是要事，弟亲自理料亦稍安。初二考否？改课单呈览。此请台安。弟缪荃孙顿首。

一〇〇

积余仁兄大人：

早间诣谈，适值公出为歉。闻旭庄有百元在公处，乞面交李贻和是荷。余面谈。此上。弟荃孙顿首。

傅宅订卅日题主，维扬之行只可从缓。

一〇一

积余仁兄大人阁下：

舍侄屡荷栽培，心感之至。弟一二日当诣谈。金湽生在府晤面，《浣青词》稿云在乡间，须秋间送考带来。《闺秀词》共成几种？能及百否？此上，敬请升安。弟缪荃孙顿首。

一〇二

积余仁兄大人阁下：

闻前日诣夔生谈。夔生将张纶英屏、明陈耀文《花草粹编》还之，渠欣然以原值畀我。近兄亦枉谈，渠又托弟询兄，拟赎其《古今词汇》，未知可否？又兄刻《闺秀词》不成家者，记曾送弟，遍寻不获，乞借一阅为祷。此请著安。荃孙顿首。

顷刘估持丰顺丁氏书来售，极佳，惜值过昂。京师盛意园所藏亦全出矣。

一〇三

手字诵悉。《六十家》即刻送去。弟翻阅一过，吾常左冰如《冷吟山馆》尚未刻入，兄有之否？金湝生处《浣青诗余》，沈子培处《补阑词》，均代兄谋之。此上积余仁兄大人。弟荃孙顿首。

一〇四

丁得洲刻字价单呈览，乞收支先付若干，表成再送若干何如？此上，敬请积余仁兄大人台安。荃孙顿首。

一〇五

积余仁兄大人阁下：

顷回拜简迪丞，失迓为歉。上广雅书何以不改削，未免直率。已由邮政局去，至快须除夕到矣。顷礼卿专人来问，想是不欲发，然已发不及再收回。电报局收费，兄处如何开发？希示知。想交送报人（抑送局），弟明年亦无须看。此上，敬请台安。弟缪荃孙顿首。

一〇六

暑甚无地可逃，久未诣谈，谦甚。昨示云云，亦是望梅止渴，万不能成之事。端、刚不去位，董军不调开，万无能和之理。况惨害袁、许，杜人建议，其心可想而知。彼人之心，一面议和缓师，一面派拳匪纠人，以期再战，恐洋人早已窥破其心矣。如天心悔祸，先退端、刚

（此时去位尚可保身，二贼不悟也），调董军赴前敌，李鉴堂督师，另派勤王之师卫宫城，徐驱团匪出之外，或尚有转机也。岘帅病势退否？饶州之事断非李军门部下，此必洋人之言。（凡事地方官禀报必在洋人之后，可恶。）缘招军来宁，决走不到饶州，无论水陆也。此请积余仁兄大人台安。弟荃孙顿首。

一〇七

积余仁兄大人：

来单即寄广东。弟处尚有从前托售之书，先检二种奉上，乞察入。顷接鞠裳书奉候，已得史馆提调并一等，指日出守矣。荃孙顿首。

一〇八

《鄦斋丛书》收到，谢谢。眉生事昨日方知，盛大臣失一臂矣，可叹。此复积余仁兄大人。弟荃孙顿首。

一〇九

定刻书目一单呈览，有小点者可刻可不刻，乞酌定。另改中板，前后一律，不刻影宋，不刻自著书，不刻诗词，订卌二册，刻完再印，一年可毕否？积余仁兄著席。荃孙顿首。

一一〇

手柬诵悉，壹切照办。明日先招呼礼卿，俟知单回来改换过。陪客龙淞岑、章希瑗、苏堪、聚卿四人，恐龙不到，再请顾五何如？弟辨面、翅同异并非论价，席以好为上，省钱劣菜，不如不请之为愈也。积余公祖大人。荃孙顿首。

一一一

积余仁兄大人：

手字及书均悉，费神之至。将来售书，二千文可到否？印出(墨本)即送呈。此部芸阁所要，将送去矣。弟荃孙顿首。

一一二

两部定转送。仲修五月回浙，未赴郑也。仍缴。积余仁兄大人。荃孙顿首。

一一三

积余仁兄大人：

昨日送上《金石目》一本，□片一纸，想均察入。今日五点钟，偕季直赴下关附江裕到鄂，宠召恐不能到。敬谢，敬谢。此复。弟荃孙顿首。

一一四

工部尺呈上。昨读《西斋偶得》，国朝量地应用户部尺，不宜用工部尺也。《西斋偶得》，新自鄂得新书，季公亦获其一。鄙人求之卅年矣。积余仁兄大人。弟荃孙顿首。

一一五

积余仁兄大人阁下：

昨日勘水师学堂工程，南皮入城何日？如得确信，乞告我。心海无电来，靠不住也。麻民取去《惜阴图》，拟重绘，备南皮取阅。文正图在青耜处，可径往取。中学堂帐核否？现又争附课，如准，则小学可以无人到，而中学必添斋舍、添教习，恐用度更多矣。本地人怕出三元饭食，以为中学可以免帖，又不知学校等级，以为中学可少习三年，有是便宜乎？派办处云云，恐是假话也。如派办处定以为可收，须贴饭食三元，束脩二元，招足二十人，添两教习，补习小学功课两年。然讲堂、斋舍均须添建矣。原书附阅，此请升安。荃孙顿首。

一一六

夔回省否？江都转无差否？扬捐前托代查，由候选从九品加知县若干，通判若干，乞示。弟十五看戏一晚，两眼红肿，至今未痊。窭人入富贵场，不耐如此，可笑。此请升安。

一一七

廿一元收入。碑五帧则赠兄者，仍留阅也，余面谈。积余仁兄大人。荃孙顿首。

一一八

文富、西山帐均算妥，只文运须候曹先生也。昨检唐碑得复书五种呈览，尚难得，余面谈。此上积余仁兄大人。荃孙顿首。

一一九

手示敬悉。公编《扬州艺文》必佳，即请属草。条例甫摆印，印成即送阅。文石画题序须再录，拙稿亦付刊矣。此复，即请台安。弟荃孙顿首。

积余仁兄大人。

即以文粹作底本，续近人著何如?

一二〇

积余仁兄大人：

昨盛扰，谢谢。心海修阅葵霜阁，必其所居处，弟亦不往。此上，敬请台安。弟荃孙顿首。

一二一

函悉。硕卿已赴鄂，瑟庵电促也。各堂派若干，兄可代标水师、陆师，弟明日再定。积翁先生。名心叩。

一二二

《雪楼集》三册收到，换呈书目两册，楼上尚有十八大橱未写，写成再订一本方全。前闻兄往扬州，颇怅怅，既未定，仍以在省为是。此上，敬请积余仁兄大人文安。荃孙顿首。

一二三

明日衙参否？弟十一点钟诣尊斋一谈，乞少候为祷。积余仁兄大人。荃孙顿首。

一二四

昨件收到。《金陵新志》一匣廿四册，祈察收。兄书残缺固多，弟帙亦非足本，无从刻起，令人闷闷。不知何处有足本。弟托丁修甫钞，恐阁本亦同之耳。积余仁兄大人。弟荃孙顿首。

一二五

《金陵新志》甚佳，业已完全，但中有缺叶。弟藏本托丁修甫钞来，连绘图去卅元，两图相较尚有不及尊藏处。丁氏底本为开有益斋物（足见此本之佳），仍钞配四卷。己亥在京见方氏碧琳琅馆书，亦与此相等，缺字亦未能尽补也。今归陈诒重，书局为刻不过百千，惟缺字从何处，甘氏有之，不能假也。文正空梁，此事须达宪听，否则将来转说此次所换矣，乞兄与委员商之。积余仁兄大人阁下。弟荃孙顿首。

一二六

手书敬悉，书一册收入。《太祖实录辨证》必可观，受之集系禁书，无人论及，真不知也。文运堂当往寻之。程必系程又伊，望江县校官所保，士林太少，其实尚有可取者，弟等固不望此也。此复积余仁兄大人。弟荃孙顿首。

一二七

顷奉手书并《牧斋集》二本，真秘笈也，感谢之至！即日发与写官，为期当不甚远。昨接胡粮储书，言宫太保为弟请销假，嘱派办处上详。宪恩高厚，敢不勉力。钟山拟家俱单请酌，无住之处仍待相商，文正、惜阴未能网开，止学生、教习、委员，事同一例可推也，三千金断乎不够。恳将昨二人拟价单，希钞一手折呈堂，而将原单发还。家具交三匠人分领，望付定银，以便购木锯板晾干，断不宜迟。全价略缓。书铺旧书未尝不可多欠，而新书不能。目下新书云集，转比上海能备，再迟必有卖脱者。早间覆谢研生，仍请先领五千金，余从缓。弟旧书下定，新书先买，每样三份，此事交与委员，又不如何糟糕。既欲玉成，不能不转计为季直所窃矣。惟添人于百廿人之外则断断不行。如学生三月甄别后，不合格及自行者满二十人，则另咨各府照数补送，另立新班。少数人不必补，亦旧例。此上，敬请升安。弟缪荃孙顿首。

将来开学时单住房再通融，此时万不敢允。

一二八

积余仁兄大人阁下：

今日陈雨翁言吾兄已辞学堂，交与西园，昨日一叙，作为交接，弟闻之骇然。兄意以学堂难办乎？中国事无一件不棘手，不但学堂。以两差难兼乎？则洋务有总办，似乎稍难，而学堂无总办，两者相较，学堂较重且系两省之事，更宜自任，不使舍难就易。以弟为多事乎？潘总办办事时，弟止检课程，不办杂务，自今年起潘总办退，始招李挺翁估工测地，季直定局后，不得不与诸公商量。后闻兄来，深资臂助，满拟舍洋务专就学堂，如戛然中止，弟何所适从？或前日信中言之过激，使兄为难乎？亦可商也。今日已约青耜诸君公函留兄（先致叔芾，请另派洋务提调），如尚未定，请不谈最妙，否则再请岘帅派总办，再不然请与张次山对调（或入都供职）尤妙。西园请作监督真为合式，与兄分际稍差，在上面更呼应不灵，大局涣散矣。明后入见方伯，请发薪水，不能避嫌疑，弟自己一份开学再领，否则人人不能鼓兴任事，不得不归咎仲贻矣。弟说话不能圆到，而意则肫挚，为公不为私，请示悉为荷。此上，敬请升安。弟荃孙顿首。

孙公来，未曾见。不愿措词，款发不发亦不问矣。

一二九

昨日方伯未到派办处，在钟山半刻而回，事机不顺如此。拟作公函与之，可否，乞示。或俟廿八日，亦无多日也。南陵汪先生《读史记十表》，兄插架未备，有一部可购，后缺廿余叶，弟处有钞本可补足。（三□架铺分包，并非孙木匠。）昨款已到，新书亦嘱李如茂代办。此上，敬请升安。弟荃孙顿首。

《四库待访目》丁氏印小本兄处有否？弟遍寻不得。向有两书系其所访者。去年为访得《石鼓论语》《〇记》《养吾斋集》。

一三〇

两诣谈均未晤，亦无事也。赵秀才，华阳人，已位置在师范，函告总办矣。行李、书籍、仪器今早始到。《周礼政要》、新茗，乞哂存。聚公回来否？此请积余仁兄大人台安。弟荃孙顿首。

舍侄现无事。《汉书》校定未？可畀校否？

一三一

积余仁兄大人阁下：

弟廿七到上海，本拟过通州，为礼卿促归办学堂。初二旋书院，礼卿已专人在书院候矣。是日覆禀递进，初六大局又变，制军迟疑不决，迄今尚未批出。早知如此，何必阻我游兴也！《农务报》已由通州转送，谅不误。聚卿日内赴沪。《续经世文》杏公送一部，欲为兄购，须在留园寄出。弟新辑《孔北海年谱》约一万余字，尚为完善，兄能梓入丛书否？或托聚兄刻入《聚学丛书》。老聂已归，通州金石单交彼矣。弟处金石目，嘱舍侄代钞，成一册即寄。此上，敬请台安。弟缪荃孙顿首。十三日。

一三二

兄今日全愈否？弟已霍然，惟不敢出门，惧覆感也。魏制军抵镇远度岁，镇远十八站至江陵沙市，由轮舟东下，正月必到，方伯所云也。我们行期须早，在日本不过月余即须返棹。教习似直归，本人延代（鼎丞拟在本堂延代，丁、殷皆可），第须我们知其人。聘臣必举其徒，束脩必分，如用须画断，回则不问何如。公分五元希察收。此请积余仁兄大人升安。弟荃孙顿首。

一三三

积余仁兄大人阁下：

昨闻令嫒已不救，甚为惋惜，尚乞宽假，诿之于命。惟所患症，想是闭喉痧，本是险症，治之又不得法耳。前云移居，年晚尚能否？弟昨归即不适，今日尤甚，延韵生服药，南皮、天野两处均不能去。又未知款已发否？承赠舍侄校资，代谢。本人回里，正初即来。弟家中止小孩，以西席兼持门户，不得已也。明年教习有会试者，有试特科者，倩人不必言，其脩照发否？乞酌。此请升安。弟荃孙顿首。

一三四

积余仁兄大人阁下：

前得手书并《随庵丛书》四部，本拟即复，因天热多病，因循至今，歉仄无地。贵体康复，系念之至。京师虽奉行，知因系差使（仍以编修管理），不妨暂缓，此间下月开馆，尚须回里一行，冬月为阿三娶妇。吴菊农留弟在家，菊农已代达。南皮师大约入都过年矣。弟看书是所愿，决不与人竞功名，则进退无不裕如。礼卿日内即回，聚卿常通信。闻帝国图书馆只有一洼臭水、一个土堆，片瓦寸椽尚无基础，静候南皮出来布置。徐、姚两家书在学部空屋，内阁挖出九万本（土里宋元残帙甚多），文渊阁书尚未编目也。函索书目，弟未写成。图书馆全目，新录一副本，谅属非是。阒生将交卸矣。手复，敬请台安，诸希朗鉴百益。弟缪荃孙顿首。二十日。

《续碑传集》写完，共八十六卷，明春成书。

一三五

濮君得缺，于蕙风大有益，然亦不能满其欲壑也。逊庵何以不接篆？书院今日李太守命停课以待新任，亦一奇也。积余仁兄大人。荃孙顿首。

分韵五人共交，专候大作。是"家"字，非"未"字。"未"字苕生作五古矣。

一三六

积余仁兄大人阁下：

弟昨日感寒，颇形困顿，今日尚未下楼。谦翁来，未能晤，歉甚。良士、寿平昨日均来长谈，大生亦将公函送至。弟小股仍附公司为便，占得便宜亦属有限，不知大股肯并否？席用十八元，外又有二元（酒及车饭赏钱），各派十元；菜止前数色，还佳，远不如山景园，而价倍之矣。此上，敬请文安。弟荃孙顿首。

一三七

积余仁兄大人阁下：

顷闻兄得通局，敬贺大喜。弟今年回里，适值堂兄去世，一家六七人要弟供应，实在无法。舍侄年已二十，应童子试，文理粗通（字迹勉强可以钞书),敬恳赏派总局,或书启,或学习文案(并求管束),每月得数元,弟便感激不尽,并不敢望分管重大之职。如蒙俞允,感同身受(非同也,真身受耳)。此上,敬请台安。弟荃孙顿首。

一三八

积余仁兄大人新喜:

弟明日往拜年(并至尊处有话面谈),大约未必见,即函托汪荃台一催咨文。初七日行,镇江须住一日,约张、柳二公。沪上约十日耽阁,兄迟来亦无不可。初七头船,希蘐所云也。《汇雅》先呈五分。此请升安。弟缪荃孙顿首。

一三九

聚卿前日行。学堂批折已回,一切照办。荃不得不移居,而房屋尚未寻得,押租及移居费亦不易也。王木斋保特科,然考亦乏味。

今日函致方伯,请定日期并地方,仍同入见,面定一切。

一四〇

《德风亭词》一卷,乞察入。可疑之字甚多,无别本可校,奈何!原书已还翁大令矣。积余仁兄大人。弟荃孙顿首。

一四一

积余仁兄大人阁下:

开学仪节,有外国人在内,简之又简,惟谒圣时,请制台拈香。司道委员同行礼乎？抑分班乎？教习率学生似应另为一起，在地方官之后，乞酌定下。门用长棕毯，学生在庭中行礼何如？朔望皆如此。舍侄孙今日有派往德国之信，乞兄即托，能妥最妙。（总办素所赏识，特嫌其中文少差。）费神，再谢。此请升安。弟荃孙顿首。

一四二

《八琼室碑目》收入。大著谢谢，容再拜读。此复积余仁兄大人。荃孙顿首。

一四三

恭喜，恭喜，碑十种名具得。近又有碑估来否？小寓容留意，小婿已赁贡院对门王公馆矣。积余仁兄大人。荃孙顿首。

一四四

董文敏《金刚经》塔乞哂存，以证向有此塔也。

一四五

此明翻宋本，极佳。建霞翻刻（弟售与建霞）四十九种，所谓唐人小集也，谨缴。积余仁兄大人。

一四六

顷奉手书并钞资四元，子培书附阅。兄初九启行，明日城外尚可晤谈也。此复积余仁兄大人。弟荃孙顿首。

一四七

严跋、魏录各一册，遵命呈览。积余仁兄大人。荃孙顿首。

一四八

积余仁兄大人阁下：

开办，房屋是一事，器具是一事，书籍是一事，仪器是一事，调考是一事。房屋，钟山尚不敷（开估时只以为中学，所以少估），员司住处少，须再添五间方够（略比斋房大，或住教习），可与化学房同回明。器具先开一单，此系制造局匠人所开，货真价实，如定须折扣，尚从起三百廿份，即三千余元，教习员司约六十份尚未开来。厅房所用转可购现成者。书籍中学尚有，小学拟购数部（将来随时添置），西学书每种各办三份，惟调取各局书，须开单粘附文后即派人开送（二月六日前）。仪器，候房屋造好，俟孙君蘐蔼来再开单。化学器具在内。调考可以行文，亦各府指定人数，可加倍调考，惟能给回去盘缠与否，又不能附课，与高等开时不同矣。此上，即请升安。弟荃孙顿首。

一四九

昨谈甚洽。荇香此去大约在苏当差，此席调同人甚妙，公事轻也，乞兄留意。又书院所短乙竿有零，已筹得的款否？四万不足，更不能办矣。此上积余仁兄大人台安。

一五〇

积余仁兄大人阁下：

俗冗未得走辞，务乞原谅。（下月必发薪水，渴望极矣。共头通身，照打算有四千八百元好处，此不议薪水之过，不知有与挺之家属一二分否？）兄既见胡总办，可否招呼委员同见？为要款项，代催尤感。孙君蘐蔼本说同行，忽又云迟数日，弟购仪器全恃孙君，如迟来则上海亦伥伥何之，请兄代促之。付编书局公份，送呈十六元，望察收。此请升安。弟荃孙顿首。

一五一

新禀到知县潘令陛，丁酉亚元，前钟山肄业门人，现住上元县。兄可托陈小翁询之，中学堂一席可以派否？其人似有才具，亦未来求，并不知其号也。此上积余仁兄大人。荃孙顿首。

一五二

积余仁兄大人阁下：

昨孝蔼信想已阅悉，廿八之信即云廿九附船，亦应早到，何以不来？或又有变故。磷酸不装，何不援洋油例交夹板船附运乎？（闻野雉轮船亦装，或官轮装。）乞函告孝蔼，并促回省开学。又王良英水师操法系英操，陆师系德操，金陵小、中学，毗卢寺三江师范均德操，我们独用英操，怕将来不能吻合，乞酌核为幸。此请升安。弟缪荃孙顿首。

弟想调陆师毕业两学生交图绘。渠等中文少差者，仍入中文堂受读，每月不过贴数金，较为画一。王光宇辛苦一次何如？安顿或可请黎观察调回乎？医官廿金（向无明文），可否改十二金？则陆师学堂可以不另筹，而光宇留作图绘亦可。此商不必为他人言也。

一五三

客已请，回片奉上（帖子）。船舣复成桥，席设金陵春。礼卿面约，云不上船，径至金陵春矣。聚卿未到。此请积余仁兄大人升安。荃孙顿首。

一五四

昨至子涵处观书，颇有佳者，尚有五十箱未开也。要刻书，要托兄校，祈兄照应丁德洲为祷。而校书须书，渠尚懵然，乞兄教之，引诱刻书亦是盛德事。夔生有信来，湝生亦有信去。信阅而未作答，因在沪甫归家也。此请文安。弟荃孙顿首。

一五五

聚兄托撰《刘伯宗年谱》，初看甚觉为难，因无传、无志、无生卒年月故也。兹从全集内考出生于万历二十六年六月廿三日，卒于顺治六年（年五十二），此谱居然可成，亦一快事。《全唐诗》三册收入，只钞顾、费两家耳，周繇诗廿三首《唐音戊签》全收，又《唐文》乞代假之，舒观察大约亦不多也。《词林纪事》四册附呈。积余仁兄大人台安。弟荃孙顿首。

夔生处纵竭力周旋，终不免于骂。如此酷暑，抱病陪客，实不值得。听其骂而已，如欲绝交亦甚好，自任瞎眼认错了人。

一五六

大公祖大人阁下：

前奉环云，聆悉壹切。粮道已委穆少翁，学务学堂想另加札。敝堂应回之事甚多，专候总办接事，次第办理，惟闻研生观察亏累甚巨。溯自壬寅八月开办学堂，未议夫马薪水，迄今共廿五月，现阖堂公议每月补送百金夫马，稍尽微忱，可否之处，伏乞详酌。如蒙允许，并恳回明督宪，以便册报。此布，敬请台安，诸希朗鉴百益。治愚弟缪荃孙顿首。

一五七

敬启者，二月底受索债者逼去八百元，以致多方筹垫，幸得过去。近日又为垦牧发息所误，受窘又如二月间。夔生来自宁国，举从前畀弟之书（《花草粹编》、张纶英屏）还之，畀弟原值。因思昔年留下尊府所藏之王烟客山水立轴、马湘兰兰竹两件，仍奉兄藏。畀弟《毛诗》（元钞）一部，旧价兄知之，谅不贵也。无聊之想，亦盼援我。垦牧四月既不发，纱厂五月亦靠不住，奈何，奈何！此请台安。名心叩。

一五八

胡粮道已接总办札，兄往见否？现在请下各委员札（教习候粮道场后再订不迟），一面请孙、章、吴入内居住（可先请孙、吴），西边三间可住，且近会客所，家具如无即添置（见单即往补上）。书局可带办饮食，另开一桌，庶乎工程可以趱紧。现在购取，府民不大到，可光因收支已浮，亦不起劲。弟三日一次，无益也，而且一面下札，亦可杜朋友之荐人者，兄以为何如？此上，敬请积余仁兄大人升安。弟荃孙顿首。

一五九

积余仁兄大人阁下：

今日本拟早来陪李方伯，奈昨晚不适，今将回寓服药，心领盛情，容再晤谢。苏、常盗风与广西相似。午帅莅苏百日，正法壹百〇六人，并获头目五人，民间方得安枕，年底此风又起矣。陆中丞慈祥，虽不至如恩寿之从盗，亦不能决断，不久又如初矣。现富户均住城，连收租、上坟均有戒心，余则随同附和，民盗不分，办理愈棘，上台知之乎？朱信乞交弟，彭营官来须示之，在防两年，民心爱戴，弟力不能保护，非不保护也。高等无人问事（无总办、监督，只一提调，尚要出差），早晚必有笑话，弟言在先。此请台安。弟荃孙顿首。

一六〇

积余仁兄大人阁下：

行礼事议定否？届期弟黎明即至，不知总办来否？青士言同人病危，开学时须人料理，可否请代办云云？又陈雨生、龚艾保均言，学使廿三取齐,中、小两学初一正当场,可否回明总办,迟开十天,大约即来商议。弟之私意,如同人请代,张诵穆何如?如易人,洪晴川何如?皆私商也,秘之。此请升安。弟名心叩。

一六一

手示敬悉,章程亦收到。张书精练,自因属彼拟稿。调学生与高等学堂大异,如去来盘缠认否,此是大宗。昆卢寺学堂闻无此举,弟于公事少见,仍请兄交彼属稿为荷。咨调各局书籍,仍须照例缴价,弟即将书目汇呈。先复积余仁兄大人,并请升安。弟荃孙顿首。

一六二

陆师闹事之人,一人未来,想未得文书也。中学招呼五人,弟只记其三(原单送至学堂,带回失去),未知殷教习记得否?乞将取卷交彼一阅,如取出,仍须扣也。将来三江师范学堂考教习,我门学生跃跃欲试,彼例举贡、廪生为止。不如将合格者全行咨送,与其禁不住,何如官送?乞酌。

李制军来,拟明日往见,因思学堂总办不在,此间所有执事人员名单,开办始末,功课单,须兄呈递,乞即饬监督汇写为要。功课单已写好,在书办处,今日由堂回寓,方想起。明日如会面,便上与之说明也。此贺积余仁兄大人节禧。弟荃孙顿首。

老况住桂旺园,来已半月,病不能兴,我辈魔星至矣。又及。

一六三

兄回示悉。明早定来常，出题前专人，至今未来也。面谈要事一时许，吾兄到上关，弟惜挤不上（入城必往见）。午帅优待，至今犹感，近日则不堪矣。积余仁兄。荃顿首。

一六四

昨日回寓三点钟，今早睡到十点，为从来未有之事。学务谈未及妥，闻明后再谈即妥帖矣。申刻诣粮道，谈半刻，与今日接见话相符。此请积余仁兄大人升安。弟荃孙顿首。

一六五

书收入。弟误以本槽纸为白纸，然则书目上云南扣纸乃白纸耶。老聂来拓，望即来为要。积余仁兄大人。荃孙顿首。

一六六

积余仁兄大人阁下：

伻来，阅手书并英洋柒拾柒元二角五分、图一轴，费神之至。《汉书》校订能赶，割补不能赶。只一人明白，晚间又不能补，在堂中寄食，割一叶须丁先生过目，往往重补。弟劝刻者，因兄于此书功力不少，以早成为快。陶子霖全书帐呈览。汪子渊封面不来，昨日专小杨往取，并购食物，当不至空函回覆。陈三怕荒谬胡涂，如泰州管理员以玉邦辅充之，许课长每节五十元（徐、庞二位，徐查淮安，索规礼），先送五十元而得之。调查员之荐人亦有讲究，新党大半不是人，而程子亦过于麻木，省堂亦均不成事体，尚不如沈桐，江南该倒运也。课员只桂埴尚董事，尚肯匡正，亦去美国，而沈戟仪最坏。前日演说往听之(学部函嘱查学并弗告外人，所以往听)，要将省城公馆、民居私塾一律不准开，勒令进无益之小学，恐做不到。匋斋亦喜新，张、蒯一概不管，弟亦引去，幸哉！入都约二月初。此上，敬请台安并贺年喜。弟缪荃孙顿首。廿五日即刻。

一六七

新书稍污不妨也。屺怀又约弟去看古董，而无力，奈何！能代我设法否？此上积余仁兄大人。荃孙顿首。

一六八

信到，洋收入，何速也！季公初三上怡和，弟在汉阳住两日，轮船夜间不行，故多行一日。此复积余仁兄大人。

地图并说收到，在鄂为招万元之谱。

再，《历代诗余》乞再借改，不出门三四日可毕，全部送还。

一六九

积余仁兄大人阁下：

饭后往见署督，谈有三点钟，点心后出来，公事详细述知，颇以为是，书局要传聚卿面询，即行照办。明后日看操，出洋学生，一切预备否？似未曾有人回过。公示我节略，初五答拜，必又长谈，如不来，弟可进去。渠野服相往，四狗随从，雅极矣。以痰郁，故铭嘱题，并见三王、吴、恽画轴，赵文敏笔卷，要汪叔芾《魏黑女志》，乞借交带观，即带出也。此上，敬请台安。弟荃孙顿首。

陈妻拦钦差舆告聚卿，大约已知矣。

一七〇

积余仁兄大人阁下：

昨盛扰，谢谢。制军于学务甚有阅历，于编译书则茫然。第编译书，乃学务之根，不从此着劲，学务亦只可谓半通也。弟初注意玉山，后闻受之言，其宗恉不若是，回宁在廿外，其意可知。江叔澥，旧交，心直口快，与兄定能沆瀣，惟薪水须定，能给以二百金否？并宜速定，以便早来。转眼开堂，凡事须先预备，此与吴瀚涛一例，同事均所甚愿也。崇质堂函修好否？《绝妙近词》想察入。乞再假《历代诗余》，查元遗山逸词，仲饴所托也。此上，敬请升安。荃孙顿首。

江叔澥著述一册附赠。又，敝处厨子，荐其子到尊处，明知不行，乞回信。

一七一

积余仁兄大人阁下：

今日张老师见俞总办，方知不请张次山是俞之意。用东洋留学生并大改学务处章程，恐杨大人未必愿意，则聚卿迟交书局两个月，遂至全裁，发聚卿之脾气也，然则俞能安乎？（《历代史略》三百部，如要赶完，即示知，以便交待。）弟止剩高等一百五十金，三江五十元尚可支持。夔生该死，弟不能顾矣。弟之局面亦不能久，俟上半年后，即行人都，并上半年不知能保否？谋者太多睡昏公，不识人也。此请升安。荃孙顿首。

卷子交还，乞核。

一七二

积余仁兄大人阁下：

三学木器三铺分包，以便从速。今日堂期，务恳请发万金为荷。明日定须交该铺，不便误期。初约即失信，以后亦难催其缴齐。书铺新书更期买足，当务之急也。此上，敬请升安。弟荃孙顿首。

砚生之柩覆于水，深可骇怪。小学章程即令译书局呈送。余信写好，候送卷来再呈。卷子何以不送？弟已濡笔而待矣。十一日。

一七三

同事得瀚涛，与兄无异。弟从未觊觎此席，实以曾氏混来，学规之放纵，财政之抛撒，想勉为其难，实非本心。现季直与金陵大宪为难，如弟得好处，更触所忌。弟向来心直口快，绝无奥援，礼公不与我力争，是为我也，弟早知其意矣。福建、浙江、江苏均归绅办，向来本官绅联合，此地绅士终日求干馆求年米，向为官所不齿，本城又不以我为绅，非苏州推任、费作城绅可比。非官非绅仍居宾师之位为得，并以不得为幸，惟兄知我非假话也。今晚约瀚涛小酌，商议学事，并无外客。此请积余仁兄大人升安。弟名心叩。

一七四

丁校在行，当再商之。曾君为山东、江南所重，此等人才如此当行，天下事可知矣。在上峰总以弟不知洋学，而不知曾亦不知也，可叹。此请台安。

一七五

积余仁兄大人阁下：

老陶来，兄处诸书止《述异记》《云仙散录》未毕耳。王扦郑太守（仁俊）送兄书，又索近刻各书，乞交老陶带回去何如？《辽文补逸》其功非细，然有复出者，可见搜辑之难也。赵学古作古，致赙四元，乞汇交。又各堂学生今日大会于思益，议拒美。又是北极阁旧文，发传单，为首者在贵堂，乞查之（密密）。此请升安。弟名心叩。

一七六

积余仁兄大人阁下：

昨日知兄自苏州归，希蘐同回否？徐同人病甚重，求交卸差，弟以暑假后再说答之，闻兄到必又来求也。今日本拟即来谈，因卷子未毕，须饭后矣。尚有要托相商。此请升安。弟缪荃孙顿首。

惠赠多珍，谢谢。

一七七

承兄雅爱，何敢不留？（外间均说回江阴矣，可否？）但初十须弟作东，业已嘱堂厨办理(茶房亦预备，惟吴园奉衹)，早扬州面，晚饭照昨日式，惟客须代约方妥。此请积余仁兄大人升安。弟荃孙顿首。

早间弟至兄处少坐，再往吴园，单约硕卿一人足矣，四点钟约伯虞、雨生、百年、聚卿何如？七八点即可散，弟宅后门在凤皇井，出入自由也。

一七八

积余仁兄大人阁下：

承惠多珍，谢谢。影钞《毛诗单疏》甚精，虽贵亦愿意，以中土所无也。嘉纳致晓楼，需二百五十元上下，弟前寄卅元，太少，拟寄日元一百去，有兑处否？学堂要扩充，聚卿劝择地在工艺堂之右。(提调估价，在后面修亦要六万。)何不先去度地？惟恐水大一淹，只更难办故也。孝蔼前后信先呈阅，明早诣谈。上江札下否？此请升安。弟缪荃孙顿首。

一七九

积余仁兄大人阁下：

弟前日归，昨日晤礼卿，知兄业已先归。季直既不来，所言又不中理，真是学界之魔。明日又办欢迎会，学生不愿读书，但求生事，官场(督练处)又从附和之，可谓长叹。初印《金石录》呈览。此请升安。弟荃孙顿首。

小诗呈阅，以博一笑也。此夕露□西湖，得诗十余首，舟中并成《周制军神道碑》《薛冰红词序》。

一八〇

积余仁兄大人阁下：

昨日有要事，不得与会，歉甚。闻兄已得请，何日首涂？弟事亦陧机不定，得过且过，有类寒号。聚卿不来，陶子霖候已半月，一无消息，奈何！兹有恳者，茅子贞想贵堂教务长，瞿司事想改委员，弟思兄日内暂交未必改动，然不敢不达到。子贞尚托子虞来说，报馆今日裁十人，将来子贞恐亦站不住也（一色闲帮）。前年撰《双卿词序》，乞饬钞一稿为荷，弟无草底矣。此请台安。荃孙顿首。

一八一

积余仁兄大人阁下：

镇江一别，明日想安抵差次。弟与三哥三点钟到下关，到弟一楼亦未睡，弟饮酒两壶，三哥遗矢三次，天明即赁车到学堂。学堂已于廿二停课争额，廿九日方上堂。坏人聚在三三江①，盛主谋，金、许出面，钱倬、何恕左右之，季直颇不自安，两电促上课。近日论议颇和平，学生已有后言，不出弟所料矣。丁寄《饮膳正要》一册，陶寄刻本一册，乞察存。此请升安。荃孙顿首。

一八二

昨示诵悉，传习所章程送阅，与周帅之意不合，可见旁人亦系欺

① 疑衍一“三”字。

朦。杨文鼎恶弟口直(又董聚卿之怒),弟如在局,不便安顿私人,非去弟不可,弟又不辞,借周帅为驱除。陈季同谋书局、谋高等总办,亦恶弟。两人合谋,弟早知之,承兄照拂,现且缓图,俟敝堂总办定后。去年本谈及加脩一事,弟只要每月二百金,如允,兄处照旧可也。如总办再换陈季同,则不能一朝居,弟拟入都一行耳。周帅昨日饭后来拜,值往伯虞处(到彼处方知罢考事)。又拜张次山,次山挡驾,疑又有人说坏话。不要疑罢考出我们主谋,则更冤矣。乞秘,并代留神。名心叩。付丙。

一八三

卷子收到,工而且速,敬谢,敬谢。细味司言,意似有感触而然者,一笑。京电不通,闽广主试知之否?此上,敬请积余仁兄大人著安。弟荃孙顿首。

一八四

密启者,弟办学堂束脩事。卅乙两库平,殊属可笑,后以书局百两补之,藉可敷衍,后又添报局五十金,后又添三江五十元而辞报局。如□一概不动,弟决无他言,书局如撤,必须在本堂补足。乞兄与穆观察一言。京师进士馆支恒荣亦三百金薪水,又本一事不懂者。

一八五

《许公碑》壹套,外四册,另不全一册,均察入。提单已交希蘐,致总办信亦起稿,交亦坪矣。此上,敬请积余仁兄大人升安。弟荃孙顿首。

化学药品保险行不保。体操不划一，将来下不能收中小学堂之人，上与大学堂不合，不能不改进。皆是弟不学之故，引咎而已。

一八六

积余仁兄大人阁下：

昨日上海又电促散学，不得谓季直不知。三江师范学生与沈观察辨驳再四，意气更甚，弟即远引，不知终极。兄到上海否？弟有至亲夏君孙楷（闰枝堂弟，现住弟处），无锡茂才，深治教育，俟实旧友，兄能荐往南陵否？否则托兄带往仪栈位置一席尤感。此上，敬请升安。弟缪荃孙顿首。

一八七

积余仁兄大人阁下：

前日由邮局寄两纸，谅已察入。昨日书到，正值书屏在座，先分《鱼诗》《中朝故事》与之，一切具如尊指。《阳春白雪》不易校，先寄两书亦可。夔生新得高等帮教，更无暇晷。李审言未来。弟渐愈，《吴越春秋》可撰校记（自任之），《述异记》甚费事（须全翻《广记》），余可不作，撰一跋足矣。季直昨到，为商议高等及开复西垣二事。礼公亦病，未出门也。令侄来，种种不妥，愈想愈难，作详函与少余，未知以为然否。阿三在此专读西文、算学，附入丁班，然不上堂之时命读中文，弟出门，即游嬉不读，奈何！不比常常上班，彼此挤住不能游嬉也。此复，即请台安。弟缪荃孙顿首。

一八八

昨日幸聆雅教。兄在旁观,以聚卿此举为何如乎?学堂书籍、器具、仪器,原议二万六千,硬定一万四千。如器具实在不敷,木匠原单呈览(如以为可,速发款以便定造)。再打九折,已须三千余元,弟从大门算起,一单非五千金不可。明后日可呈,大概不误。我辈费心,谁人知之?不比开封太守,安坐而谈闲话也。书既不放心,请另派人办。争外籍,争盟主,争附课,如添人要添讲堂,添教习,添经费,恐钟山虽有钱亦难扩充也。弟江阴有事,月半准行,此间何愁无人办事乎?我辈办到此时,其势不能中止,可告无罪于两江士子矣。积余仁兄。荃孙顿首。

一八九

积余仁兄大人阁下:

此间学务、译务以后不知拖至何日。如礼卿又不下札,礼卿不能问事,弟即不便自作主张,只可先了从前未完之事。四千款是一事,弟结帐余款约三千交礼卿,府、县两堂须领月支。兄应办之事,小学堂俟出案后开呈办法、课程,教习、司员履历,学生名氏呈总办,请督示。必有改动,如改动发下准开学,便是侥幸。弟又不知何日见,想回里一行,家中应办事亦多也。此上,敬请升安。弟缪荃孙顿首。

一九〇

积余仁兄大人阁下：

同人等六人何日饯行？仍在金陵春同请何如（六人外加希瑗、莼京）？乞酌。合同底请阅，改好发下缮真何如？万勿客气，弟外行也。师范附属小学校已钞好，惟原书不在此，乞代校，以便付刻（单级原书在此）。翼谋、孝蔼均未到，盼甚。此上，敬请升安。弟荃孙顿首。

一九一

手示敬悉。今日有事，又须十五日，所以兼差必不可行也。连日见各大宪，究竟以为何如？殊为闷闷。如家具不定，九月连中小学不能开。（今年不开，不但姚走，崔、孙诸人亦散矣。）书铺至廿日以后，西学书决卖脱，或弟先借贰千金垫办可乎？此请积余仁兄大人升安。弟荃孙顿首。

一九二

积余仁兄大人阁下：

承顾尚未走报，歉仄之至。丁修甫函送呈《中朝故事》，弟交写官录副。《天籁集》样本呈览。此上，敬请升安。弟荃孙顿首。

一九三

积余仁兄大人阁下：

《侨吴集》五卷钞好呈上，后跋另摹，共钞费八元一角。弟藏《尹和靖集》,隆庆本与嘉靖本编次不同,所收亦异,无从对也。明日消寒与翰怡会,所嘱须面达。此上,敬请文安。弟荃孙顿首。

一九四

积余仁兄大人阁下:

陶帅重阳前后可到,兄亦即来省,各书面交,陶子麟回信附上。《吴越春秋》还早,顾校缺二卷,《云仙散录》已成矣。此上,余面谈。此请台安。弟缪荃孙顿首。

钱观察事,其兄已来,未知的实与否。

季直所议,尊则安矣,能如学生之意乎?李梅庵为学生所困,片纸只字先拆阅方准送上,渠又无公馆函牍留意,出门拜客,学生亦责问轿夫拜何人也。此席万吃不住,奈何!

一九五

书收入,即交孟舆。《前汉书》已完,似可发刻,鄂工较快。孟舆或皖或广,恐不能在江宁,奈何!高等办事人尚不定,真没法也。积余仁兄大人。荃孙顿首。

一九六

正欲与兄作函,手书适至。又赐珍味,谢谢。《吴越春秋》校已毕,颇不恶。《群书拾补》,陆氏校刊均无。此书蒋氏别下斋校宋本汇札迻。俞葵丈校语,荃孙读之有心得,均汇入逸文,亦增于顾本矣。叶鞠兄又有信附阅。官报归学使,书局归陈善余,筹防更应筹款,均并为一，道台差使愈少矣！此谢，敬请积余仁兄大人台安。期缪荃孙再顿。十五日。

一九七

积余仁兄大人阁下：

影元钞《阳春白雪》极佳，□金陵所能也，阅过希察入为荷。致方伯书，草草拟就，措词不甚宛转，乞兄改正即缮。（不必再送来，今日回寓。）惟堂中无款，弟所深知，现洋文师范生不能不添，并须招考。此请升安。弟荃孙顿首。

一九八

曹揆一已赴松，王升亦去。明日弟不能不去也，兄有事疑处恐不能决。《一亭》即问揆一，或可知其名姓。此复积余仁兄有道。荃孙顿首。

一九九

《一亭杂记》，君直亦不知其名，原书奉赵。又良士处钞书，兄可直接乞代钞《宋大诏令》全部，并无需影写，与《唐大诏令》同。看可否先寄数十元去。秉衡因孤孙病危，无心理料，而弟自钞《播芳文粹》，亦未钞出，恐其不信故也。此上积余仁兄大人。荃孙顿首。

二〇〇

瞿信阅，此事弗亟亟，乞公随便告知。书多，亦非半年不能毕，濒行先送钞资，石铭与《唐大诏令》同刻。此上积余二兄大人。荃孙顿首。

二〇一

积余仁兄大人阁下：

别来又匝月矣，阆生署运使又与季直招北线股于淮商，调开天水以便集事，季直力量可谓大矣。聚卿得直隶监理财政官，即度支使之先声，得督抚亦不难。大先生事批定否？弟病不离体，意兴索然，明日赴常议咨议局事，约十余日方能回省。幼丹住何处？一函乞标明地名交局为祷。手笺，敬请升安。弟缪荃孙顿首。

聚卿刻“四梦”，《牡丹》外无佳刻，原书并有模糊不清处，不能上板。小本删节，非得大板一核不可。兄有原刻初印否？有则假来校讹补缺方好。

二〇二

积余仁兄大人阁下：

顷奉手书。前事甫有端倪。书籍须节后装箱。兰甫先到苏州装姚彦侍书矣。兄此时且缓来，俟书去，字画收进，再来叩谢，递禀批准，方算结局。候信何如？两淮风潮能闻之否？像及词先奉上（大约数日内不遇雨）。此复，敬请台安。弟荃孙顿首。

二〇三

积余仁兄大人阁下：

顷诵手字，并玖拾肆两整，原单亦奉阅。蒯无数，陶斋无信，亦不免流俗之见矣，然书须三月方有，告诸君弗催也。此复，敬请台安。荃孙顿首。

二〇四

积余仁兄大人阁下：

顷诵手示及瀚涛信，瀚涛仝事固弟所愿，此席涎者甚多，订定甚好，薪水恐不能如三江之优，仿实业何如。第穆观察非实缺，有无妨碍，乞酌之。子光不能兼，可否调贵堂医官张老师接充，取其不至奢望，时时想优差也。卢教习止求薪水如愿相偿，其欲调回一层，弟意政须速成科，公尚以为有益耶？一笑。闻玉山改教务长，薪水酌加否？弟想高等援例耳。一百卅一金殊不成话，贵堂一席乞兄保护，报馆已辞，书局岌岌，只望学堂矣。弟须三百金一月方可支持，谅蒙鉴察。此颂年禧万福。弟荃孙顿首。除夕。

二〇五

手教诵悉。瀚涛有杨廉访于彼，或有可济，能归穆办最妥，归瀚涛亦妥。玉帅方针若何，兄知之否？张老师甚愿意，已函求穆总办。玉山此席似不宜辞，吴先生兄与之谈否？邓必须去，须使人示意吴留无害，邓留必起波澜。课程一切弟愿代筹，然非与玉山面商不可。前与之谈，见理甚足。刻书章程早有之。此复积余仁兄大人台安。荃孙顿首。除夕。

二〇六

积余仁兄大人再览：

赵上达是否赵菊尊？兄晤面，如何考法？想谈及也。弟意一面促化学堂桌椅，并安放器具，俟考后再改新章何如？考又非一日事也。聚卿闻方上鄂，大约与弟同时到省。金湝翁尚未晤面，弟初次到城，渠下乡矣。此请升安。弟荃孙顿首。

二〇七

积余仁兄大人：

丁孟翁校好十一卷，连底本乞察收。孟翁回常州矣。学堂又淹水，幸已放假。余再布。弟荃孙顿首。

二〇八

积余仁兄大人：

手字敬悉。弟定于初七日起程，兄随后来亦可。十七日附大阪行，不宜过迟。方伯意二月即回来布置一切。此语乞秘之。此上。弟荃孙顿首。

今日已函告南皮，初四辞行，初六起程。

二〇九

王集收到。家具已持回，较弟近日所购者价稍昂，可折扣，并拟分两处办，有比较。今日诣石公谈，并到惜阴、钟山勘工，诣斋房询去年家具价，当可得真实，惟虑开实价，官中又要加折，则不能办矣。此复积余仁兄大人。弟荃孙顿首。

二一〇

昨已将睡，将此信写好，今晨送来，不意陡起风波，半夜不得眠。(朱雀之字皆朱文，操者亦可认。)兄再到，从人未招呼，略睡二时许，尚不见困。子涵之子亦招往王处，此是东文肇衅，有理变成无理，如是高等必不肯自己唱出，听候查办矣，如王大人不明白何？此须回院，东文能借此停歇否？《窦叔向》极佳，此旧拓也。此次所来经幢、造像极多，最难审定。又四面刻《金刚经》，两分皆唐刻，而地名、年代无可考，均北碑则可断也。积余仁兄大人。

二一一

积余仁兄大人阁下：

自盛扰后，又数日不晤矣。石印碑志呈阅，大幅须割拓，终不如原本。又京师友人以一图求苏堪题并书，纸及图底呈上，乞转交。润照例，乞兄持去，或能到手。唐拓《武祠画象》，真奇品也。此托，敬请文安。荃孙顿首。

昨日寄来《读书记》呈政。

二一二

积余仁兄大人阁下：

礼卿一份祇可收入并谢帖亦无矣，乞转谢为荷。张小楼之《乐书》将完，乞购两书，可否托伯和作函并寄款为要，月余可至，方接得上。此复，敬请台安。弟缪荃孙顿首。

叔芾兄均此。

二一三

积余仁兄大人阁下：

昨奉手书并书三册，首册钞总序及目录，《文集》《仪礼》（头本亦还）先还。乞再假《文集》卷廿九、卅一册，均短一叶，拟补足。兄书《群书拾补》，想附《辽金元艺文志》一册，亦少见，李木斋石印即无此册。江阴糜烂，敝典亦不可问。大生无恙，看两张先生之能力。世事如此，奈何！此请文安。弟荃孙顿首。

二一四

顷乐庵同年来言，与老帅帮助上办四包礼（一屏、一对、一如意、一灯），人不宜多。《节略》已交子晴，乞兄即往取到处交下，以便夔生动笔。此上，即请积余仁兄大人台安。期荃孙顿首。

二一五

子受求兄作函与张太尊，图一差。监学现署事，甘泉教官已年满，可否派代理？新选镇江人，其人早故，子受代理，可暂不报，并可贴费与其家云云。兄与子受亦熟，彼来见否？

二一六

夔生来要金石书目(散片),望即交下。积余仁兄大人。弟缪荃孙顿首。

二一七

书诵悉,图亦收到。奇觚室二书均无之。幼丹,丙子同年,绝不往来。书在厂肆见过,无可取,余面谈。积余仁兄大人。荃孙顿首。

二一八

手示两悉。孙集容找,赵集从未见也。写官一人忙甚,无暇代钞,弟本有旧钞本,一找即送呈也。积余仁兄大人。荃孙顿首。

二一九

积余仁兄同年大人阁下:

前得手书并《杂诤》书后两篇,未得即复,歉甚。后闻贵公馆迁移,适制军派人运书入都,日内即行,无须再搬。大兄之公事,又因许东畬来扬,尚无实信。《汉书》劄补将完,尽此可将方匠开销矣。刘巽甫事,蘧公嘱函达张次山,回信云与莫守均拟先参,现候上海道确实再定。巽甫自往矣,有凭据否?季直转与莫枚办,奇极。印结用不着,与弟所刻《元河南志》等书,俟专人来取,恐寄丢也。《河南志》《刑统赋》《竹汀日记》均毛定,可配入《藕香零拾》,尚有三种亦将印矣。此上,敬请台安。弟荃孙顿首。二十日。

廿二日释服矣。此书全仗李兰甫玉成。因不收范氏书，其党并此书亦太讥贬。兰甫说，如不要，我运进京自卖，至多不过八折。早许以润。姚宅亦万金，可与子木巡捕一询（大帅并知之，与兰甫生发），数目相同最妙。

二二〇

兄四十华诞，谨奉金石拓本两册，《红雨楼题跋》荃孙新辑一部，务恳哂收，似胜于桃面两盘也。书包留公馆，遇便取去。弟缪荃孙恭祝。

二二一

汪孟慈非容甫之肖子，传后附一名字犹属勉强。今读《从政录》，则户部之能司员也，立专传，与吏部之白桓、刑部之余光倬、兵部之丰垣为一卷。非先生之指示不知其详也，然则荃所未知者亦多矣，乞时时教之。

二二二

积余仁兄大人阁下：

小诗呈政。弟月内二十五日有急帐，乞代挪二百元，即以聚卿款作抵，想亦无多日也，如能俯允，衔感无既。弟自出京后，未遇此等事。书画均出售，亦有售去者，第无大宗耳。此上，即请台安。荃孙顿首。

二二三

积余仁兄大人阁下：

弟藏《初学集》，目是割补，因序上是一百卷，为所蒙耳。《四库》不收，他处亦无考证，以致贻笑方家。乞代假全书以核，无者钞补，换黏者描朱，俾为完璧，感甚，感甚。《两汉校勘》亦盼发交舍侄为祷。此请升安。弟荃孙顿首。

二二四

积余仁兄大人阁下：

弟于今日抵寓，奉读手书，敬悉一切。书大小玖百箱，价七万三千元，包送到宁，殊不为贵。弟同善余共领盘缠四百元，每人须贴二百余元，买物尚不在内，在官场看之，又以为夺其美差也。学堂事交卸，甚幸，甚幸。两湖催到馆，南菁来送聘，一概谢却。好容易摆脱，尚作冯妇耶！《汉书》明日往查再复。子渊亲自往催，仍以未完回覆，原信附阅，大约不久即寄。况先生脩金月得一百四十，午帅另饮助刻《随笔》百金，志意高张。喻奉峰因借书口角，喻已辞去(可惜)。高等之散，渠有力焉，而尚未得教务长，不免怏怏耳。孟舆之去，视明年派何人？如再派左全孝(季直颇不谓然，礼卿不知何如，不久许亦难办)，则辞决矣。此上，敬请台安。荃孙顿首。初十日。

二二五

顷得手书并各项收条，足为吃花酒作证据矣。季公信留稿否？

经此挫折，礼卿先不愿意，弟已知难而退，昨日略提而未竟，凤楼亦不以为然，明早弟代柳君上堂（十一点），随到兄处一谈，能稍候否？积余仁兄大人。荃孙顿首。

二二六

积余仁兄大人阁下：

总办信奉阅，青士先电促，如无回电，下月另请，惟人尚未定耳。陈锐仍得寿金，恪士之力。丁脩甫来信转候，云钞付颇费，尚未毕也。此请台安。弟缪荃孙顿首。

书托何人送进？乞酌。

二二七

奉环云，悉一切。开学未几日，忽派员考察，全是外行举动。赵公何人，到过外国否？通品否？我们总办未出来，何妨稍等？弟明日回常州，约初十前后必回，常熟、上海均不能去矣。贵恙似旧症，何不学体操？弟脚已全愈，又可步矣。积余仁兄大人阁下。弟荃孙顿首。

《花草粹编》未用原本通体校过，兄可通校一遍，另用一色笔。

二二八

积余仁兄大人：

书三部送上，洋六元收入。并未印红样，以后尚乞代销。另印金石目三元，小丛书八元。此请。弟缪荃孙顿首。

二二九

积余仁兄大人阁下：

新年大喜。封面去冬催来，汪君之意以所酬不足，允送书两部，乞志之。鲍先生嘱题《读书堂记》，仍以劣诗交卷，实无佐证，非不尽心。一扇两图，嘉惠未报，抱歉而已。丁书全到。厚余书俟帅札，尚有余地可容，然而仅矣。（壹月两写，无他言，但有书如何，答以好□即收之。）兄何日来？盼即玉成此事。吴、刘二公尚不肯休，可怕，可怕，枢纽仍在财政局也。此请台安。弟荃孙顿首。

二三〇

积余仁兄大人阁下：

昨奉手书，所需安仪周、成容若等像，如仅须绘像，即交舍弟莆孙钩摹，尚有黄荛圃像候示，一并另纸摹；如全幅临，再将原画送阅，亦候示。《丛书序》《金石例札记》四十余叶及跋，均乞改正。《札记》不能不刻，已寄鄂上。元板书候专人取归，如此元板，上当不浅。此复，敬请台安。弟荃孙顿首。

二三一

积余仁兄大人阁下：

弟跋《金石例》并未留稿，乞将草底寄下即改。弟自恨粗疏，不足言之过甚耳。黄荛圃、武虚谷两像呈阅，还有安、成两像，汤贞愍、柳敬亭各像均摹。病仍未愈。茗生已来，尚未晤面。喻春峰行后无人影写宋本，脩甫荐一写《白雪阳春》者，弟已招致矣。此请升安。弟荃孙顿首。

二三二

积余仁兄大人阁下：

前奉示代办一切，汪子渊封面寄去，尚未写来，喻春峰写总目呈阅，并望即寄武昌省城兰陵街图书馆对门陶子麟收下，以早为妙。弟已将高等摆脱，明日到浙江游西湖，并诣甬江看天一阁再回。封面寄到，亦招呼家中寄湖北也。吴广霈形同无赖，巴结陈子励将五年，高等名誉、课程败坏至极点，弟已于两会长前申明不干弟事，张、蒯两公亦允弟退，而亦逐吴广霈。然绅士之与官场不是平权，此官司须打至学部矣。尊处学堂经费支绌，学生参差不齐，分外难办，查学官又系吃东洋屎者，所言何足为据！荫庭因兄不高兴，渠亦没趣异常，弟劝回馆且度今冬再说。弟看十二圩学堂不能不办，工艺厂难乎为继，可否停办？（以改良为停顿，便可截止。）否则愈走愈重，后来者不肯接，恐兄受累，以为何如？孟舆校补《汉书》，补手急切不能完。弟去学堂，孟舆亦将寻子培去。此请著安。弟荃孙顿首。廿七日。

二三三

积余仁兄大人阁下：

伻来，奉手书，维兴居纳祜为颂。弟受寒又病，牵发旧疾，现拟续假，恐烟霞成癖，未必再踏东华尘土也。厚余之字画胜于书籍，除宋元劣外，明及国朝大半佳品（愈近愈佳），拔其尤者与帅观之，以恽册为第一，并陈四百四十五件选二百件，以五十金一件亦得万金，合之书籍二万二千金有多无少。帅复以画件且还前途，余再商云云。弟因《金石例》失于检点，自恨对不住兄，不敢为饬词。遵命即酌改成，黄安三像即摹，尊藏亦乞代摹，均以一尺为准。丁氏像极多，如竹垞、西河均有之。画成一律，亦有趣也。元刻《金石例》即徼祈察入。此上，敬请如安。弟缪荃孙顿首。初八日。

二三四

积余仁兄大人阁下：

萧君事状奉阅，是弟粗心，即改一字，乞兄致函贵同年，申明写官笔误，然弟精神前后不能照应，尚能信今传后耶？抱愧无地。亦病未脱体时所撰，近日服补药，似乎又是稍好。孙秋帆不知何日来，书已全发。此上，敬请升安。弟缪荃孙顿首。

延祉舍弟差满，又来告急，乞兄与都转言之，能署缺否？

二三五

积余仁兄大人阁下：

太后大行凶礼，毫无闻见，大约乾清门方如故，德宗未葬，可同兆域。心海似又须赴北也。邓傅若来，弟处先生辞馆改订傅若。不克分身，兄约谨辞。聚卿半年不晤，亦拟一谈。小《周礼》赎不回来，无可如何。此上，敬请著安。弟缪荃孙顿首。

屺怀好书半归刘氏矣，《史记》(北宋)、《宋书》《通考》《纪事本末》《公羊》《仪礼》，均见。

二三六

《郡斋读书志》首册、《十二砚斋金石记》(陶贞石碑已得),均奉赵,察入为祷。天又热,乡间又盼雨。刘慧之金石目,刘聚卿金石目均成否?聚卿入都否?此上,即请文安。荃孙顿首。积余仁兄大人著席。

二三七

刘后村《分门纂类唐宋时贤千家诗选》(曹刊本,前后无序跋)廿二卷,各书目不见此书。翻《后村大全集》第九十七卷内,《唐绝句续选》《本朝绝句续选》《中兴绝句续选》三序,与此书同异不可知。然兄所藏分集,决为佳品,非曹刻比也。明早巳刻仍至堂中面谈,并拟至中小学堂一行,兄稍候我否?九、十之间必到。此上,敬请积余仁兄同学升安。荃孙顿首。

《唐绝句续选》序述及先有《唐绝句选》云,似有四集。宋刊书乞一阅。

二三八

《销夏录》一册奉还,附诸王宗室十三纸呈政。奕绘《宝廷事迹》觅不得,似不可少。再添《销夏录》独刻两卷,先编一目。约六十元一卷,以后摹之同志。不知樊山能助否?积余仁兄大人。荃孙顿首。

二三九

积余仁兄大人阁下：

弟回宁，如专差来，可取丁氏书目去。钱世兄得暇可来见也。议员裁书局，裁图书馆，似专与弟为难，如果实行，明年无所事事，仍北去耳。裁初等师范学堂，四十区之小学之总办，有人愿将苏州存古并入南菁，吾常屠宽、王楚书起而争之曰：江阴不愿受此污点。二人要将教育会所办上海女师范移入南菁，议长云大妙，弟与吾乡绅士力拒，亦曰：江阴不愿受此污点。用此名词实比新学家切实。其实上海之女人欲至江阴，则无东洋车，无戏园，无馆子，无台基，恐无人肯来也。张季直至于今，真是风魔矣。开国会愈亡得快，谬人作议员，奈何！运使已来，旭庄交卸不远矣。礼卿留学部，陈伯陶去。能简礼卿，则宁学界或有起色乎？贵体想已康复。礼卿乞假回，又可进省小叙。此上，敬请台安。弟缪荃孙顿首。

二四〇

《书钞》收入。早，夔生专人来告病，未云甚危，午后当往视之。志文两种，谢谢。积余公祖大人。荃孙顿首。

二四一

积余仁兄大人阁下：

《墨庄书跋》不佳，盖学究稍读书者。天燥，于出门不宜，今日赵大人实亲自速客。弟处房屋亦不够布置，兄为之计算如何？办法如可学，即弗出门，而家计有不能不回里之事，或节后行亦可。此上，敬请台安。弟缪荃孙顿首。

制军处乞弗惊动，门小不足容高车，非谦也。

二四二

今日赴次山处小饮，失迓歉甚。惠词收到，谢谢。淮生处即寄。此复积余仁兄大人升安。弟荃孙顿首。

二四三

手示诵悉。此两表弟处无底稿，请总办（有底）照钞各一份，分付两堂教习照办（不必先商），如有相商处，找弟可也，兄以为何如？此上，敬请升安。

小学堂廿八能开否？中拟初一日。

剑华人正派，才亦短，收支二位皆其甥（李、潘），颇靠不住，而偏重其话。堂内吃烟，换厨子（与厨子打帐为扣钱太多之故），闹笑话。李又与兆丰（交二大人）同拔雏伎，包房住外，日日花酒，剑华全然不知。人长病，公事至数百字便不耐烦（问之则不知，似未曾看过者），有制台之风。文案詹、司事姚皆其人。詹还好，姚招摇撞骗，业已逐去，又换一吴，未见其人。丁老师（冤）、江鄂生均撤，江以陈杭接，丁以沈鸿仪接，陈雨生不受，大翻，另换周朝先方定。看来各堂均不熨贴，弟病躯不愿时时呕气，借拜寿出去两月再看时势，亦不就他处馆。付丙。

二四四

体操铁架公文准前日移知，两件均察收为幸。此复积余仁兄大人。缪荃孙顿首。

二四五

天雨，明日亦不能赴恪士之约，可否打一德律风（电话总汇所，在城守营前）与陆师学堂，何如？稿甚妥，仍缴。此请积余仁兄大人文安。荃孙顿首。

二四六

赵碑收入。盈余已解，何其速也。孝蔼所用，弟可于仪器项下拨用（孝蔼回，弟亦可全数报销），第只剩百余元，亦易尽。单级学校、小学校，两种如归译局亦无不可。我们刻书以百余元为度。即捐办亦可。姬瑞之款恐非易拨，现禅衣即在为难矣。弟领乙万六千两，钱尽则止。能贴出乎？可笑。此上积余仁兄大人。荃孙顿首。

二四七

积翁仁兄大人阁下：

葛为辅不肯交缴仪器、书籍，以致出洋之人均不肯缴，今日行文学务处，扣此人出洋，兄以为何如？又陈于邦不肯出洋，廿六考试为本地人，接飞卷去录取，学务处以不去为规避，不知非本人，望与学务处说知为祷。此请升安。弟荃孙顿首。

二四八

积余仁兄大人阁下：

昨盛扰，谢谢。陈于邦本人未来考，冒名者即望扣去，如出案，乞写本堂名字飞示为祷。此请台安。荃孙顿首。

二四九

卷九十八本及三单均收入，惟不知四属各取若干，淮、皖额既少，弟定一名次，兄从何处截止，即截止可耳。礼卿世兄似不至，招师范方嘱弟充英文师，至大者止十六岁也。各种小学校学章及苏属，明日检齐送呈。此复积余仁兄大人。荃孙顿首。

二五〇

早起头晕不已，只可回寓将息，明早再来，卷子带去阅。又今日外国文、算学，明日化学、舆地，后日史学，可以免考(本在中文中，不另案)，单考绘图可矣。廿九未知能出案否。初一行礼后散学，教习无盘缠，或先送六月束脩，张教官脩可以截止，其人尚不知也。(前日与总办信，不添人，薪水三十金，增丁、殷二位各十金。事稍忙，余十金添一管化学司事，广东人，识药品、机器者，尚待示。)积余仁兄大人。荃孙顿首。

二五一

阿多伊泽所赠之物，弟留山水镜，已赠希瑗，鸟类应全套归兄，弟不留矣。今日先到学堂，再到金陵春，有话面谈也。请帖费神即送为荷。此上，叩请升安。弟荃孙顿首。

二五二

数日为雨所阻，未能一谈。顷来函并《楚辞》，《楚辞》是俞误会，已更正。制军札学务处，严厉而在行，必有一番更动。本堂必须添一西文领班（府学要添图绘，亦一领班生），俟送三名出洋，亦须调考。焉有余款，况非回明制军不能报销乎？乞酌之。此上，敬请积余仁兄大人文安。荃孙顿首。

二五三

环示敬悉。弟因我们学堂事事落人之后，而此次总办在苏省，未知何日言旋，故思托吾兄递手折，明日不见则已，如见，弟甚难措词也。总办又有月底方回之信，兄知之否？送考政治学生，来文并未指明宁属，如旋鞠生、朱董均不愿去，勉送五人，学务处将苏、皖三人云是外籍驳回。不知江南学堂，皖、苏均非外籍，另有外籍十名，但非宁属耳。官场诸事，不明至于如此，亦可叹也。所取十名，徐庭麟亦我学中人，送时又不说要送，自揣无学问，怕我不送，私自告假往考，鲍经猷为之作文，旋鞠生为之布算，每许卅元，居然取矣。其人善于钻营。

便字：老况前日来借钱，弟不应，专函询之，尚发热，延医又不对，亦不敢荐，病重是真。学使给以三信，一胡保生，一刘笃烈，一罗长绮（乙未），未知有用否。每日洋烟七八钱，何事可为耶？此上，敬请积余仁兄大人秋祺。弟缪荃孙顿首。

性亦倔强(不守规矩,送出是大好事),革命党定可羼入。(名次三日前已知。院上送信,想尚走门路。)钟、李不去亦佳,均佳士,可望上进,何必应此无谓之科目乎?弟选五人均于东文极熟,现所取者并不重此。卢重庆东文尚好,何以外取?译员传译,恐亦非李生所能胜任。文胜于言,堂中止谈荔孙一人与小楼相仿,藤田学生也。黄玠夫去极好,考文笔必高列,避东洋甚得窍。

二五四

积余仁兄大人阁下:

诣谈未晤为歉。代钞碑目已得两册,近日事忙未能校雠,谨将新旧两册送呈,希察入为荷。此上,敬请升安。弟荃孙顿首。

二五五

积余仁兄大人阁下:

顷晤同人,病状犹昔,将兄之意述知,渠亦感激。只要化开,艾堂不必催,渠原可少安也。前日打架,为藩台请学生,其实此款应该领融销,实属无谓。丁衡甫信奉阅。此上,敬请台安。弟荃孙顿首。

二五六

昨谈甚洽。弟因江甘专人来,须写回信,不能候黄、郑二公也。胡观察信来,言已派礼卿,兄又须多处走动。弟却稍松,亦甚愿意。陈雨生言两县不出案,又诸事推却。可否请兄回总办,添府县汇办

（府经理府学，县经理县学），府县学堂，如有夫子闹事、窃案等件，应不至全然不管。兄以为何如？此请升安。弟荃孙顿首。

二五七

积余仁兄大人阁下：

光晟因兄认真，尚肯交仪器等项。敝堂七人，俟弟回堂均已兔脱。潘受培不在家，张老师往要，竟不遵教。弟又出外，无人作恶。现作总办口气函致吴鉴泉，开示价值（每人十七元），向各生出洋经费下扣回。如已鉴泉代陈始末，遵定章也。诸生如此见小，岂是有用之才？不胜可叹。夔生要改词序附呈。此上，敬请台安。弟荃孙顿首。初十日。

二五八

顷谈为快，弟晤青耜，正在用功，为讲解多处，大约已不甚十分隔阂，并言明日再与两生谈，二君合后，至弟处一谈，即可到派办处，届时先知会。孙姬瑞往拜不值，亦函嘱领一万，申明前说不符之故。禀帖想可即上，廿二三能发出否？示识即招来，有写件也。此上积余仁兄大人。弟荃孙顿首。

二五九

手示诵悉。明日当可领到，昨已告庥民先收拾大楼及楼下，以便委员住进，并商同办事。书局亦告聚卿，然官房为胡观察所住，何时让出尚未可定，余面谈。此上，敬请积余仁兄大人升安。弟荃孙顿首。

想领《集成》回，定打大架庋之，余可稍小，何如此赐书也。

二六〇

手书并讲义收到。此间月考，由教习照分数定，每门若干元（一定）。几分以上为及格，瓜分之或定，多者多奖，少者少奖，均指及格言。兄自有高见也。此复积余仁兄大人升安。荃孙顿首。

二六一

顷已嘱崔朝庆电询林晋霞矣，电文及费呈览。回电须三日后，如允或与函。请积余仁兄大人。荃孙顿首。

二六二

积余仁兄大人阁下：

书坊云集，精本仍不可得，学堂书不少，乞上宪速发五千金，容就近购买，省运脚也。又书架须打，管书司事须招至（湖北喻春峰，向管理八书，即能影写宋刻者，函去月半后到），每日拾金，比委员又省（将来必用委员）。弟处亦堆不下（大厅尚可暂庋，亦须架）。《王荆山[①]集》不精，再俟之。自来未有为荆公撰年谱者，弟勉为之。兄藏本摘录后即还也。此上，敬请升安。弟荃孙顿首。

---

① “山”疑为“公”。

二六三

积余仁兄大人阁下：

弟忽小病，未能到尊处，郁闷已极。玉山不肯做总教，以为不知如何为难。其实，功课排好，又有总办、提调，大家管事并不作难，亦有余暇也。石公嘱交词一首，又乙巳笺奉尘清玩。丁孟舆已来，其子无消息，能不来更妙。此请道安。弟荃孙顿首。

两篇文字试官取中否？

硕卿书可否令其全送头本一阅，似恳多购方得成行。穆总办即日函恳（四事相要）。大帅委定，或不下札亦可，各换不相干之人来办（英文不委），弟必告辞，不代人受过，亦不能终日诋諆，作难受罪也。此请升安。弟名心叩。①

二六四

顷扰盛馔，谢谢。回堂即起稿，三鼓毕，俟受之酌定即发写，或交受之带来最妙。如兄须弟到，乞请玉山同到（兄可另请方、陈及弟，并堂中庶务、斋务听议），庶几合式，否则似弟来有心寻衅也。此请积余仁兄大人。荃孙顿首。

二六五

顷又至白塔巷，看江阴试馆地基，实已动手，不能再迟，恳转致张

① 此为上信附片。

刺史速行出示，并嘱将送人收押，有基无基，可讯问。敝馆以纸为凭，房东顾姓，张刺史亦熟人也。再求局派差两名，常川弹压，口食敝馆发给，可行否？费神，不安之至。

二六六

原单查悉，是廿本，非廿一本也。积余仁兄大人。荃孙顿首。

二六七

积余仁兄大人升安：

库金二端墨四卷，看过甚好，连信送阅，乞包好往送同人处为荷。弟信及书先送去矣。弟缪荃孙顿首。

二六八

喻春峰怕关上又怕洋人，不愿带铜元，作为罢论。弟亦不寄钱，候老陶自来何如？积余仁兄大人。荃孙顿首。

二六九

外书二十本，洋十二元收讫，即交该铺。《经义模范》每部二角，希为代销为荷。此上积余仁兄大人。弟荃孙顿首。

二七〇

昨日甫归，惫甚，须歇息数日方出门也。嘱购之书止得两种，先呈览。又，粟香农书，淮兄所赠，亦察收。瞿氏书，去而未成，仅得宋刻《渭南集》、元刻《静修集》，明刻旧钞二三种，价极昂。聚兄石刻何不搬去？字画裱价乞定折扣。惠风晤否？饴亭得鄂岸督销。刘公补首府，能有益否？此上，敬请积余太守公祖大人升安。荃孙顿首。

二七一

丁孟舆十一回常，十月十五日共两个半月，乞致脩。明年从元旦起，月杪止，较易算也。带回里校。

二七二

积余仁兄大人阁下：

盛扰，谢谢。归来即病，尚未全愈，息公招，不得往，何吃运之差耶！菜自以醉沤为佳，小同春太板，则逊之矣。尊藏愈看愈佳，恐尚有更佳者在。丁先生函来，言《老子》《汉隽》亦将钞成矣。此请文安。荃孙顿首。

二七三

手字敬悉。丁已裁毛九一百五十张小叶去，新月杭州购来，亦非佳者。此复积余仁兄大人。荃孙顿首。

二七四

丁少裘补字已来，乞察收，余俟明年交。言日本纸不受写，仍换毛九去，但毛九须衬。兄如画阑，丁亦能之，候示。端仲纲信未奉到。积余仁兄大人。弟缪荃孙顿首。

二七五

香帅不实授，局面又变。学制折呈上，如能照办，人才自烝烝日上矣。此折可摆印否？积余仁兄大人。弟荃孙顿首。

二七六

积余仁兄大人：

章程二本，弟所签出者，乞酌为祷，兄亦可加签，将来由弟写帖，不言出月，尊意何如？弟荃孙顿首。

二七七

邵书目四册先呈。弟有所得尚须时询，乞兄代我翻示可也。积余仁兄大人。弟荃孙顿首。

二七八

积余仁兄大人阁下：

昨日公函已交去。一由科场期近，司道事忙，即便期会亦未必候；一由青士本不愿去，勉强再约亦难，又恐其当场说坌话贻人笑柄，至事之成与不成，亦听之而已。此堂无总办、无关防，下札由派办处，订合同由提调，如堂中小示亦须兄函名，然无印。可否往询可园，从前如何办理，（华洋）教习是否提调订合同，并合同式为要。弟询可园未必肯说也。金湝老初间来。此请升安。弟荃孙顿首。

钱集贰册奉赵□，谢谢。柳集二册转贻舒太尊为荷。

二七九

积余仁兄大人阁下：

顷谈和大事，弟回寓即招其股东康欣伯，询其原委。据云是扬州小商恨钱店盘剥太重，合力凑成十五万元，物色沪上钱店办事之人，得庄欣梓，又走盛宫保之路，来扬开银行。资本是属行中，执事皆股东，诸事省减，由淮扬道验赀，覆禀到院矣。现仍由淮南局照旧章，由运商、扬商出保结，可略存否？总之，扬城无论钱店、银行，司局不相通真不能做，务求兄与运司商妥，不在多少，须撑门面耳。《碧云集》及保结出名人单子附呈。此请文安。弟荃孙顿首。

二八〇

积余仁兄大人阁下：

昨求和大银行，恳兄及都转两处往来以维持门面，仰蒙允许，衔感无既。都转批局查局员，覆禀稿呈阅（一切照纸店例似无不准）。再恳兄转求都转批语，略比钱庄好看些，方为有益。又，兄可否作一函与扬城分局委员往来通融，交弟寄该行持往谒见为祷。费神，谢谢。此上，敬请台安。弟缪荃孙顿首。

和大银行股东虽小，尚殷实，开张一日，运司尚未交通，生意不能做，现将资本转存各家钱店，每处二三万不等。现在名誉尚好，如司局再与往来，可望发达。许东畲亦入股贰千矣，总求兄维持为荷。

二八一

积余仁兄大人阁下：

顷诵还云并书两种。三儿上街，俟明日作答。《子建集》即撰解题，惟朱注已归翰怡，容借归方能贯串。述之博雅，首列《曹集》多种。我们所得二十家《曹集》，朱则翻汪本，非真汪本，只计此一条矣。此复，敬请吟安。荃孙顿首。

钞书不可计日，计日则不写，计字则时时前为之地。借书亦是此意。顷见《续幽怪录札记》，已钞就。

二八二

罟里看书，岂特兄不能去，弟亦不愿去（传事甚忙）。适秉衡又有信来，嘱不必去，正中下怀。原函呈阅，第不对住秉衡，明日即复之。审言未出知单，联为一局，而庞、李、朱、王数人外，拟宗子戴及家子惠叔，均公熟人也。菜以百渝轩为佳，明日晤蘧庵，即约定。再布，此复积余仁兄大人。荃孙顿首。

黄、许两先生书亦未见。

二八三

积余仁兄大人阁下：

焦山兄行时本是狼狈，次早即与陶斋言之，亦深挂念。弟初四即往常熟，瞿氏巨富，保守之志甚坚，再三磋商，挑出世罕有者五十八种，录副呈送，再足以旧钞旧刻，共凑百种，只可如此销差。此间派人往校，纸张钞费供给，均归瞿氏报效。十四日回宁，闭户不出，后见蘧翁，方知兄清恙未愈。正拟函询，顷奉手书，知已来宁，想即日回差调理尤要。内人生辰，敬荷厚礼，谢谢。曾观察回函亦阅，小儿在此亦往见面矣，嘘植尤感。夔生得桐城分销，还要联书局一席，正与横山及弟起风潮。钱孰不爱，不顾身份，此君心术略见一斑矣。鲍紫翁代候，张督须迟日往见。此复，敬请台安。弟缪荃孙顿首。

二八四

积余仁兄大人阁下：

章程收到，容细读。乔比部已到，寓粮道署。尚须诣公谈也，天雨不成，奈何！此请升安。弟荃孙顿首。

斋房一层拟先收一百廿人。教习拟从师范。监生亦指定正途。如附监、廪贡之类，不收俊秀。乞酌。

书中学尚有，小学拟购数部(怡老随时添置)。西学书每种各办三分，惟调取各局书须开单粘附文后，即派人开送(二、四、六天有)。仪器候房屋选好，俟孙令蘐霭来，再开单。化学器具在内。调考可以行文，亦各府指定人数，可加倍调考，惟能给回去盘缠与否，又不能附课，与高等开时不同矣。此上，即请升安。弟荃孙顿首。①

二八五

积余仁兄有道：

两书及丛刻两包收入。弟廿二早即得匋斋急电，告师相薨逝，寝

---

① 第三段文字与第一四八通后半重复，存疑。

馈不宁者数日，上为天下恸，下以哭其私，情何能已！随于廿五日与樊山商榷，决计告辞，电函交发，大约邀免坐守。南馆荐式之、揆一自代矣。荣相，蜀中旧交，历陈衰病，梧生即可转正，名流如缓经、叔蕴均有要差，章、曹尚可派，惟片瓦寸椽尚无基础，南馆止剩门面未修。兄可钞书，弟当效力。节庵入都，礼卿未归，弟并入都不能也。拟明春到津，可谒南皮墓，道尚便。劳识云行二，即陶葆廉陆军部郎之室，书当代呈。下月开馆，[illegible]字不误。手覆，敬请台安。伏维珍摄，冬令尤当注意。荃孙顿首。廿九日。

二八六

积余仁兄大人阁下：

前奉手书，未能即复为歉。丁氏书目八巨册，因北行录副，兄如需阅，即专人来取。弟明日赴江阴，十日归来，或俟下月初十边尤善。家中庄房为盗劫，劫去六百余元，庄伙受伤二名，幸不致命。省中议员议裁书局（联名者皆求入局而不得之人），月损百金。运交劫财，无如之何！此上，敬请台安。弟荃孙顿首。

紫来兄均此。

二八七

积余仁兄大人阁下：

弟初七自江阴回，昨日始发一信寄十二圩，今日与枚庵晤面，方知兄已交卸回省，今专呈丁氏全目，乞察入。又《杨氏全书》新刻，乞留阅为幸。礼公何日回来，又可一叙矣。此上，敬请台安。弟缪荃孙顿首。

二八八

昨聆雅谈，又饫盛馔，此会久不逢矣，感谢，感谢。《苏集举讹》尚未付梓，封面签子均无，大约春间再印，省得年底垫款也。柯刻《丹丘集》暨新阳赵氏零种呈政。此上积余仁兄大人。荃孙顿首。

印书须寄四百金方敷用。

二八九

积余仁兄大人阁下：

《听雨录》一册送上，此书有正有副，此副本也，乞录出再还为荷。陶子霖信云，印书纸年内买较轻。弟与之约重皮宣二十部，单宣二十部，已需款三百余，能先垫二百两否？此上，敬请台安。弟缪荃孙顿首。

二九〇

积余仁兄大人阁下：

《听雨录》无所取，弟早知之矣。兹送《蟹录》《燕子春秋》《蜂衙小记》，可入录否？又硕卿手影《侨吴集》，写官不能续貂，将纸配起，业已有年，兹将存书三册奉阅。可令写官钞全，加跋以成完书何如？此上，即请台安。荃孙顿首。

馆书例不出借，与兄总可通融，乞秘之。即发钞亦在公馆中较妥，又及。

《元典章》公启呈阅，可留下。书老陶无复信，如有，交喻春峰带来。

二九一

积余仁兄大人：

曼仙病而狂，夔生不病而亦狂矣，奈何！词目甚妥，无须改也，所收词有稍差者。左锡璇、刘咏怀二家可收否？刘为芸初先生之女，沈子培之外祖母也，子培曾以手稿为弟选入《常州词》而未录。全稿共一卷，托苏堪函询即寄出也。《左夫人集》，容向其子索之。鞠裳信呈阅。是日大风雨，书案无不沾濡如此。荃孙顿首。

二九二

积余仁兄大人阁下：

顷三江师范学堂夏提调来商廿六日朝贺事，似乎应拜。师范学堂用龙牌，我们办不及，只可照望阙例，以一长桌系黄桌围在大厅上行礼何如？又，兄与希翁不便行礼，弟与张、吴两位率学生亦可，乞酌之。此上，敬请台安。弟缪荃孙顿首。

二九三

积余仁兄大人阁下：

前日得手书并萧蒲村书，藉悉一切，辰维春祺万福为颂。弟日内感寒，又复小病。勘书甚乐，惟刻工太少，诸事不能赶办，只好全送湖北陶子麟。信来，云生意尚好，今年挑足百人在省聚刻，妙在均陶姓也，闻陶姓学刻者有三百人。现刻宋元书为大理院之《元典章》，刘聚卿之《宋五代史记》《李翰林诗》，匋帅之《东坡七集》，弟之《入蜀记》。方字者洪幼琴之“四洪年谱”、聚卿之“四梦”、盛宫保之《名臣琬琰集》、弟之《曾公遗录》及《文续集》。南京瞠乎后矣！鲍紫来先生代请安。和诗呈上，亦见才情之短。此上，敬请台安。弟缪荃孙顿首。

致蒲村函乞代致。景况尚可支持否？拙文一篇呈政。

二九四

积余仁兄大人阁下：

诵悉手书，当即如约（三下钟）在馆恭候，阒生即往约之。惟已奉并入通志局管理，公事以后即属之张子虞矣。子虞得志局总办，弟为总纂。弟亦何敢当此重任，坚辞而已。此请台安。弟荃孙顿首。

二九五

积余仁兄大人阁下：

敬启者，和大银行前在扬州，承兄推爱照拂，感同身受。和大庄欣梓兄及宁惟超绩熙兄，诸事谨慎，今年如此风潮尚站得住。兄到金陵关，尚恳关垂，照旧往来为祷。留此代面，敬请台安。弟期缪荃孙顿首。

二九六

伻来，交到洋十三元贰角，书一箱。《浙江书局目》一册呈上，祈察入。书目即留，不必还也。《元典章》十部业已售完，容再向湖北索之。法部定价四十金，宣纸墨印，此则红印也。此复，敬请台安。积余仁兄大人。荃孙顿首。

二九七

积余仁兄大人：

顷闻驺从回省并仍须到差，匆忙极矣。甘卿、小余想已出省。季直议学忽改和平，务劝大府照此奏定，皖中诸君想无异议。议不定，事不办，贻误学生时日，殊为可惜。高等客籍向止十名，现要廿四名，照二成算，收学费最好主客轻重，亦可办以芜湖学为报施更近情理矣（凤楼与弟早呈此说，皖、苏各守疆界）。丁先生回籍，书先交八册，乞兄勘定。自十月十五日起，望送三个月脩即代寄常。前寄《饮膳正要》写本、《云仙杂录》刻本，兹又奉《刘光珊诗续编》，从旧箧搜得者，板与稿均付劫灰，无力再刻。又舍亲夏孙楷求位置一席，拜祷，拜祷。此上，敬请台安。荃孙顿首。

二九八

积余仁兄大人阁下：

萧志勉为之呈政，乞改定（并请友人誊真）再寄。精神不及上半年，即文字可见。丁孟舆覆佥将毕，尚有一册未补完，目录重订。孟舆又言，前呈体例未留稿，乞找出（改否?）发下，亦可付写，再将各底奉还。刘聚卿到鄂即回都，其侄为源元庄事上海电告陶帅，未知受累否。书板是否即交其带归。李儒懋进图书馆矣。此上，敬请台安。弟缪荃孙顿首。

二九九

昨谈甚洽。兄欲借钟会宴樊山，仍在徐君之园亦可，写官与之商量亦无不可，惟只有一人，兄再带一人方敷用。樊山处用度太大，一桌须三十元（赏钱，车饭在外），费矣，乞酌。此上积余仁兄大人。荃孙顿首。

三〇〇

取长编稿四，今早约友人会议，志事需阅也。徐大人。缪荃孙顿首。

三〇一

积余仁兄大人台安：

夔生嘱陪客，而曹选甫乃弟门人，坐次必定固让，互相谦逊，顶冠束带，岂不宾主俱困？兄去代达此意，以后如稍让即生，尚可奉陪一次，多亦不能，疏着怕衣冠也。此请。弟荃孙顿首。

三〇二

积余仁兄大人：

春间黄厨接湘厨手，有亏空八十元，帐房认半，黄厨认半，吾兄所知。弟虽未在场，亦知其事。今陈厨接黄厨手，黄厨意欲陈厨还彼，乞转谕寿培（及账房）调处，或全还，或减折，似不宜黄厨独认也。弟缪荃孙顿首。

三〇三

葛姓坚说付我阅者,遂尔拆开,非私拆人要信也,乞恕。今日信纸亦无,可矣。积余仁兄大人阁下。弟荃孙顿首。

三〇四

《书目偶钞》收入。赴苏之期又稍后,必由沪转也。臧氏两书呈览。此复积余仁兄大人。荃顿首。

三〇五

苦雨可厌,俟晴方能诣谈。丁善之来,送兄《杭州艺文志》四册代呈,乞察收。积余仁兄大人。荃孙顿首。

三〇六

积余仁兄大人升安:

今日上衙门否?顷闻李挺之病故,如失左右手,局事、学堂事交何人办理?弟拟以吴子光抵充(子光精警,想可胜任),乞兄言之当道,不及候耶,岂怕上司派人也?学堂监工,书局听差,李挺之身后又当何如?闷闷。此请。

三〇七

书收到,谢谢。印工不黑,如宋元板必黑,日本印亦黑也。信呈。书即影写明初本,此种纸须配,而喻先生不知能影否。再覆。此上积余仁兄大人文安。弟缪荃孙顿首。

三〇八

积余仁兄大人阁下：

途遇匆匆，不及多聚，殊以为歉。辰维接篆视事，措置裕如为颂。《毛诗》一部，家中收到，子霖又荷栽培，感谢，感谢。弟初四到京，十一销假，十五到学部，十六到图书馆，馆中职事人员均由堂派，济济多士，均未见书者，续请罗、蒋、董、柯、严、陈、张（君立）为名誉经理员，再请曹君直、章式之、王扞郑、震在亭（晤在亭，问其何时来）、陈立夫为纂修官（有薪水）。堂官允准先开姚、徐两家书，分类归架。近又开敦煌石室经卷归架，内阁之书俟下月去领，文津阁之书须明年四月运到。积水潭造屋已作罢论，以大学堂六科各归新建，而以旧屋改书馆，大约明年可望成立。江南仪员屠宽又以为陈编无用，请裁经费归学使、科员管理。不知学使费绌，科员事繁，两地窎远，如何兼顾？不废而废，恳兄与樊山设法保全为祷。《苏集》去年所议，今已有丁秉衡交楚。陈劭吾之书均交尊处，想已分致。皮宣极贵，所拟仅敷成本，湖北银价又低，板头二金之说实未加上，兄可与蒯、刘诸公言之，并不求加。弟自负体强，到京以来为车所困，时形劳乏，月给二百四十金，马车万坐不起，奈何！李贻和偷印《苏集》，匋斋大怒，已专人来提板矣。聚兄闻已回来，尚未见到。闻有延外省顾问官之议，兄必预焉（孙佩南、沈子培、叶鞠裳、柯逊庵、叶奂彬、罗榘亭、丁秉衡）。手笺，敬请台安，并贺任禧百益。弟期缪荃孙顿首。十一日，西城太仆寺街泐。

三〇九

积余仁兄大人阁下：

心海传言，端仲纲明春拨款刻《消夏录》，嘱为删并，乞检付十册为荷，删本全付。五卷以下未动手也。此上，敬请文安。荃孙顿首。

三一〇

手书谨悉。小儿现办小河渔分销，随时解款，未敢积压，李总办颇称许之。如留能去会办，则一年省下百金，可以接济弟家内（各分销俱无，以地方尚好，可以分利，现钱贱如此，非昔可比），否则求调樊城。缘弟入都，自顾已难，家中岂能分及？不比在此，薪水足赡也。诸费清神，容再晤谢。此请积余仁兄大人升安。弟荃孙顿首。

三一一

积余仁兄大人阁下：

昨日见尊斋名花，颇为欣慕。旋即移赠，感谢不可名言。所谓重皮宣纸、料半宣，此间之名与鄂省不同。送上《三国志》一册，封面一纸是重宣否？兄赐宽大之《随轩丛书》，是重宣抑料半也？示悉为幸。去冬定纸二百金，现须筹四百金去方能印。头批书（各位每人红书一部，此不多印）亦甫补好，《颐堂集》呈览，影写甚佳。此上，敬请台安。弟缪荃孙顿首。

上海友人购《随庵丛书》《积学斋丛书》，须示价。《足征录》乞假一阅。

三一二

积余仁兄大人阁下：

苏诗拟宣(重皮)纸十二两，单宣拾两，连泗六两，赛连五两，每部一两五在内，乞酌之。兄欲刻何等书，乞示意再商。此上，敬请台安。弟荃孙顿首。

《元典章》已问老陶匀得一部否？

三一三

手示谨悉。弟接连两日，颇觉甚累，不及四月间者，天热故也。惠赠两分竹纸者，为小女携去。今存白纸七集呈上，封面不一。七集无目，须重装。余面谈。此请积余仁兄大人台安。弟荃孙顿首。

三一四

适书目收到，书犹止得半，未跋各书尚未来也。节庵不藏书，脱手让人尚有之，事尤可笑者，七星岩全份拓本分送十余人。《欣赏编》当挪动，不许我占便宜耶。此请积余仁兄大人文安。荃孙顿首。

三一五

《揽镜图》是香箴题，此册忽作古松怪石，一老在磐石上玩古镜，怪奇之至。瞎书十九字，不足言诗，聊博一笑耳。徐先生笔记亦奉还。丁顺林、夏炳泉尚不来，盼望之至。积余仁兄大人。荃孙顿首。

三一六

《碑集传》两部、书目一册均交来使带归，款收入。此复积余仁兄大人。弟荃孙顿首。

三一七

积余仁兄大人阁下：

昨接雅谈，回读手简，谨聆一切。曾信即缮呈。蒯世兄事，僧保昨面见尔常，尔常以往教不如来学，一日授书可两三日读，有疑札之纸，先生就纸析疑，加之口授，受益较易。此中国之旧式，似乎可行。老年人怕奔驰也。七集宣纸初印，止存一朱（不是洋红）三墨，自留其一，止存三耳。如访渠要，愿以九折售，乞转致。又弟自过录姚、吴两先生批《五代史》，头二本恍惚是慧之借去，乞兄于闲中询之。记不真不完，殊可惜。四川大本补亦不易。聚卿借我《颐志斋》，失去一本，至今不全（即石经跋）。肯借人，弊亦甚多也。《傅集》极佳，补足奉还。此请文安大益。弟缪荃孙顿首。

三一八

积余仁兄大人：

今晚准五点钟，乞移玉金陵春一叙，请皖省大学堂提调韩季申太守。务望早临为盼。此上。弟荃顿首。

三一九

积余仁兄大人阁下：

前日盛扰，谢谢。《申报》尚未送来，不知何故。友人要捐一下场监生，该价几何？示知。今年即要观场，想可行也。聚卿八石可以携去否？去岁得《元龟》钞本，弟处尚有《御览》《英华》，皆明钞，可以配成三种大书，弟愿奉让，乞转询之。此上，敬请升安。荃孙顿首。

三二〇

随园弟子刘樊眷，松陵夙推嘉耦。护命名经，仙坛作记，名迹摹从颜柳。升平时候。数林下风姿，闺中益友。写韵楼空，猩红小印认双钮。　　酒阑重展佳构。停云余故瑁，墨华沈黝。绛帐传经，玉台集咏，仙侣齐辉前后。珍逾琼玖，愿玉匣牙签，清芬世守。积学轩开，试焚香永昼。（齐天乐）

三二一

手字诵悉。朱观察之言恰中今日情弊。论理营兵不能分防，惟江南群盗如毛，夜不安枕，藉防营为之声势，尚可以自顾恒业，否则阖境皆匪，岂防营能敌耶？恩八之罪，不胜诛矣，可叹！此上，敬请积余仁兄大人台安。荃孙顿首。信缴。

三二二

积余仁兄大人阁下：

自明州回，尚未致书，荒唐已极。安徐（九青）、成阳（贞悯）四像摹好，现摹顾亭林，闻兄将来，可面致也。昨督辕派天津文友堂伙计李兰甫覆估书价，闻要送京师，大有发动之意。《东海渔歌》止十数叶，许看不许借，伯希、廉生传派如是。子麟复信言范书太糟。求是堂弟有之（脩养堂亦有之），已代钞起。此复，敬请台安。弟荃孙顿首。

三二三

手字诵悉，并惠佳点，谢谢。陈观察所定书可否先收款？或俟书来再询之。陈必回南，似随后收较妥。小丛书目已阅，仍是兄从前丛书派，皆本朝书也，似此类当代留意。未刻两目缴，应借者已录出。此上，敬请积余仁兄大人升安。

三二四

手字诵悉，据此看来，湖北未必有重皮宣纸。通印料半，俟板提到金陵，再印重皮宣何如？乞兄检一重皮书一阅。兄前送《积学丛书》极宽大者，是非皮宣，想能记忆。《足征录》是分类文，不见原书，定编入地理类。现在志局人尚不定，子虞亦无主见，谣言四起，弟拿定主意不动，看督、藩两处何如，将来上报，一骂而止，则黔驴之技穷矣。此复积余仁兄大人。荃孙顿首。

三二五

夏炳泉未回，景钞尚未能发出。朱子涵之《尺牍学》大约无人肯印，望兄取归，仍交朱世兄，即日同南京住矣。此上积余仁兄大人文安。弟荃孙顿首。

近日有所见否？董谿嘴又来矣。

三二六

手示诵悉，费神之至。庄焘是弟前内侄，人尚靠得住，故愿帮忙。弟款承兄指教，求盛拨入煤铁厂，不愿在银行，何如？弟交盛非交庄也。十集已合尖，盛矣哉！弟尚有八集，再求二集转送金湝老何如？此谢，敬请积余二兄大人升安。弟荃孙顿首。

三二七

积余仁兄大人阁下：

弟明日未及行，须十七矣。聚兄处想已有回信（各石，十五六可来取），急思携此款以行也。保甲望即出示，昨又有人因界址索诈，送之分局，分局不收，愈难收拾。江宁已出差（寿卿云咨局出示），专候保甲示分局。分局何以不收送人，殊不可解。梦桢前日往拜亦未见，弟亦俟此事有眉目方能走。家人已来，似尚可用。诸费清神，容再晤谢。此请升安。弟荃孙顿首。

三二八

积余仁兄大人阁下：

报三册奉赵，摄影极佳。《许印林集》奉阅。弟专家人运出书籍已得十分之八，现将余物均庋大楼上，下留两家人看之，未知何日能归故土也。此请朔安。弟荃孙顿首。

三二九

积余仁兄大人阁下：

昨菊生之友孙莘如来言，六册《周礼》、八册《杜陵诗史》，菊生早还二百元，前途已售。菊生言宋板宋印《周礼》恐是明板，退去。自与我们谈，（闻说寄东洋，然不全，谁出重价？）又去物色，尚无回言。《坡门酬倡》四册全（恽毓鼎跋），聚卿说原书尚在，是新钞，可以不要（亦有疑辞，再切实问之，缘董绶经追索）；售者说是宋钞，价不可问。去年聚卿借弟明高楚芳刻《杜诗》，亦在彼手，亦已为宋板（索百元）。《周礼》如回，是全部。《杜陵诗史》不知几本，余在何处？兄可问聚卿为祷。再假《十二砚斋金石》一阅。此颂著福。荃孙顿首。

三三〇

曼仙病危，弟之《双红豆图》亦危矣！此事止可用杨凤柯索潘大空《庄子》法，行贿于其家人，检出之为妙（要请苏堪题）。弟处仆人与章仆均生，乞兄为我谋之，送一二元均可，拜托，拜托。（其弟不认得，亦昏人也。）

三三一

往还均未得晤。苏龛十一日即行。弟约明午，已辞矣，不便再约。新词换头尤佳。弟竟无一字，其难措词也。积余公祖大人。荃孙顿首。

后日曼仙处再谈。

三三二

积余仁兄大人阁下：

顷诵手示并顾信。金石日出固可喜，而翻刻伪造亦可虑，然翻刻究胜伪造者。忠敏亦两收之。前月来单，十三志（宋一纸，上）至宋为止，并无元志在内。单为公亲笔，亦还，乞再查之。弟可索不可私留，实未见此种也。此请文安。弟荃孙顿首。

曾信奉。

三三三

积余仁兄大人：

《传真谱》一册尚寻不出，须俟客人行后方可开箧，此书刻于湖北，即老陶所刻也。日本书以翻宋板不加东洋字于旁者皆可购，一一开列，须暇日为之。淞岑昨来，亦以夔事为诧异，不日尚有异事，兄试听之。荃孙白。

三三四

手字诵悉，费神之至。梓怡不往来，不知其处。匋斋至宝（随身两箱）十二件，三华，两石经，两刘熊，两稚子，一西楼帖，麓山寺碑，均为革党携至湖北，索万金无应之者。大约不久到沪，否则入东洋矣。聚兄事并不催，总以找价为主，可以救急。季直在此能付息否？念甚。此复积余仁兄大人。荃孙顿首。

三三五

今早话谈，王子展公馆不知号数，乞代填送邮。约节厂人日小饮兼看书画，屈兄作陪，止三人也。如节厂不来，即作罢论。此上积余仁兄大人。荃孙顿首。

三三六

积余仁兄大人阁下：

闻有清恙，想已大愈。《钝吟杂录》三册奉赵，缺字如欲补完，弟书尚可奉上。健之又得颂南藏《公羊》《考工》二册，真与蜀有缘也。心海亦病，得信否？《周礼》写至二十叶，尚未完。此上，敬请著安。荃孙顿首。

三三七

菊生今日晤面否？约十三日四点钟仍在寓候我们，看新收广东书。届期仍仝车而往何如？昨甚狼狈，今日始愈，甚矣吾衰。菊生兴高采烈，我辈万万不如，惟有艳羡而已。夏炳泉回扬州即病，云日内可来。夔生前日竟不到。聚卿书寻着跟迹，年内想可到手。此上，敬请积余仁兄大人著安。荃孙顿首。

三三八

积余仁兄大人阁下：

汪刻二十家，连白集（此蛇足）为廿一名家汇刻，所纪与弟藏不同，弟缺董仲舒、司马长卿、蔡中郎、曹子建（有音义者另一人刻）、阮嗣宗、鲍明远六种。又照汇刻无陶靖节、庾开府，而多昭明太子、颜延之。其实陶、庾集习见，不补亦可。兄所得何如？（乞示目）能钞配亦好。明人又有小字本，有圈点，曾见过。兄又见他书否？此颂著福。荃孙顿首。

张菊生所得意园，仝往看否？子培云种种皆佳。

三三九

明日菊生约午后四钟在家看书，原函呈阅。弟至兄处仝往何如？积余仁兄大人。荃孙顿首。廿三日。

三四〇

承假《有学集》，乞全部交下一核，止阙二卷。《蜀石经校记》亦望同来。丁顺翁来矣。此上积余仁兄大人。荃孙顿首。

三四一

《幼学集》《石经校记》乞交下为祷。积余仁兄大人。弟缪荃孙顿首。

三四二

积余仁兄大人：

《销夏录》五册、宋字书全份、《瑶华集》均收到。《阮集》大约不久即还。丁秉衡又有信来，云各书照钞矣。荃孙顿首。

三四三①

收到《有学》第一匣及《石经校记》。闻贵体又不适，似宜静养为祷。此复积余仁兄大人。弟缪荃孙顿首。

三四四

多日不晤，清恙想已全愈，念甚。袁受命逾月，毫无高见，都门兵变延及津、保，各省纷纷效尤，愈滋疑惧，奈何！此上积余仁兄大人。荃孙顿首。

节厂不晤，亦不通信，闻亦病。《蜀石经校记》廿余叶，因无人录稿，自写则迟，日内可呈政。

三四五

昨日盛扰，谢谢。顷奉手书，复假《宋元行格表》。此等异书竟未寓目，陋甚。汪、朱两目弟亦想起，总以无解题者为次。记行字自何小山始；兼记尺寸则亦自缪小山始矣，《藏书续记》、京师图书馆目如

---

① 朱玉麒教授增补。

此办；记板心自岛田始，总不如《留真谱》为愈。拙稿无指正，转怕新党笑。《古学》目初出，王祉展指一误，弟敬谢而改之，爱我也。近出新书，不寓目者太多，花甲以后，意兴萧疏矣。此复积余仁兄大人。荃孙顿首。

三四六

积余仁兄大人阁下：

今日病似大好，第起居格外加慎，非逢风日晴好不敢出门也。子培自禾中回。夏炳泉赴广东管店，节下即行。《庆湖遗老集》奉还，即察入。此上，敬颂台安。弟荃孙顿首。

三四七

积余仁兄大人阁下：

昨奉手书，承注谢谢。弟病已去，惟饮食未复原，足软不能下楼耳。《有学集》奉还，另呈《藕香零拾》全部，均察入。《零拾》十六年方刻起，今人佩鲍渌饮能刻如此之多，然所采实不减于鲍。《古学汇刊》昨日甫翻阅，殊患草率，弟所编辑，胡乱移改，不知分卷先后古人均有深意，沪肆胡足知之！秋枚要借《蜀石经》，石印一二叶订入，恳兄借之。健之以《穀梁》借彼，最好交弟，万无遗失，费神，再谢。弟处影宋好手丁君又来，恳借《吕氏乡约》影写，副本订好，便知影写之佳，务望允我，或即交炳泉代装何如？手笺，敬请著安。弟荃孙顿首。

心海已复谢，交邮去。

《有学》初刻初印，世间罕见。弟此本初刻非初印，目与文不符。

或吴伯成一控，即乱抽改板即毁去，尚存《后秋兴八首》，已为罕矣，稍事钞补缀订，然总非初面目也。（钤印：云自在堪。）

三四八

积余仁兄大人阁下：

承顾业已半月，并未添病，而软弱仍不能下楼。医家开扶脾养胃方，嘱耐心调理，不知何日方复原也。惟精神略好，可以看书消遣耳。《吕氏乡约》奉赵，《天山年谱》附阅。丁君影本纤悉相似，特少古茂之气，凡新钞皆如是。此上，敬请著安。弟缪荃孙顿首。

送《天山年谱》一本，亦奇书也。

三四九

《贺集》呈上，《河岳英灵》检出再呈。现书杂乱，无找处也。《千顷堂目》，敝藏、王宗炎藏止一半，前半钞配，朱君有爱好之目，恐未必看得上。价不敢求高，五十元最好（略减亦可）。书胜于方，装样不如方也。此上，敬请积余仁兄大人文安。荃孙顿首。金陵大雪。

三五〇

端忠愍公周年祭必到（十一钟去）。心海勒令人撰挽联，荃不能应，去年挽诗一首，书小笺与之。此事须一时兴会方有佳者，非比书启，瞎拟应酬也。兄嘱不可不撰，然颇靠不住，亦断不能佳。心海作事全是做作，令人讨嫌在此。昨《清真词》极佳，谢谢。此请刻安。名心叩。初五日。

三五一

顷心海送纸来，立刻要付，荃微有怒意。饭后忽得一联自用。与兄拟二联，书启不如，择用并改正可也。此上积余仁兄大人。荃孙顿首。

便衣前去何如？闻心海翎顶，似又不必，素服亦应拔翎。

图国事于阳九百六之秋，誓死如归，孤忠直似尧君素；

酹卮酒在地老天荒而后，有言必信，古谊终惭范臣卿。

（自拟。）

三五二

昨日负风而立，感受新寒，晚间大泻，今日尚形狼狈。心海言仲纲要收回《消夏录》，弟拟留宋字本，将未写本补写，乞兄先检前五卷底本宋字本（首册未写），交下一校为祷，余陆续还。兄留副本极佳，须细校耳。又尊藏《瑶华集》在此否？弟短廿一、廿二两卷，拟钞全。此上积余仁兄大人。荃孙顿首。

三五三

正欲奉书，藉便带遗。《瑶华集》弟所无，夔生有之，如欲借，能得否？蒋氏子孙欲传刻此集久矣。积余仁兄。名心叩。

三五四

积余仁兄大人：

吴印臣刻《薰习录》书甚佳，乞哂存。《咏怀堂》约即日还来。弟病又发，后日看书之约恐不克践，兄往看否？可借钱校本《鲍参军集》，过于汪本。弟无汪本也。弟近年为宗祠积余四千余元，专为贴补子弟之费（上学堂、来南京者多人，皆此费）。族中匪类眼红，设法簸弄，昨日接信气至一夜不能安枕。如大清国，尽可逐出族，交官管押。民国做不到，所以若辈损行，可叹！此上，敬请著安。弟荃孙顿首。

三五五

积余仁兄大人阁下：

昨爽约，幸病未发，今照常矣。前兄云刘氏一馆，弟已招舍甥邓傅若来，乞兄即往订定何日到馆为祷。傅若就聚卿校书馆未完之书，全行带来，而聚卿所失之书，即在傅若案头为家人窃去者，所以云踪迹可寻也。此上，敬请积余仁兄大人升安。荃孙顿首。

两款，足见恍惚。

张书佳者必多。

三五六

环云诵悉，弟以尊嘱必妥，故往催尃若来沪，并踪迹所失书，今馆既不成（他处有法想否），只好在书上想法，给其数十元回里何如？小

《周礼》另在一处(在书估手),九本《诗史》《坡门酬唱》、明板《杜诗》另在一处(未到书估手),大约可陆续收回,乞兄斟酌。寯若今日往见聚兄矣。带枣传奇多件,皆聚公书。积余仁兄大人。荃孙顿首。

三五七

《随庵图》尚未交卷。因日内舍甥暴殁,是鏖糟事,出钱不必说,其子女无所归,为难之至。《天真阁集》一部呈阅。好书常见不能得也。此复积余仁兄大人。荃孙顿首。

三五八

积余仁兄大人阁下:

弟十二、十三应酬两日。菊生钞本书全数看遍,佳者极多,景祐《汉书》亦寓目。精神尚好,似乎可望复原,知念附陈。邓傅若求荐馆,或教读,或书启,乞兄留意。又聚兄之书,傅若以四十元赎归,此项能还傅若作过年盘缠,幸甚。《周礼》议不妥(七十元尚不放),而张望屺之书,好者又为彼物色去,可赚大钱矣。此上,敬请台安。弟荃孙顿首。

三五九

积余仁兄大人阁下:

《续墨客挥犀》俟弟校出,可随后再钞。邓傅若往寻宋板书,尚未到手,求聚公可否仍留其校书,如无住处,并可带回无锡校好送来。聚公交弟书多无暇校,不如交傅若,乞兄吹嘘(脩随送,不敢执前例)。

又傅若愿钞书,《消夏录》未毕者,均可交彼续写。如可,交书与纸及前钞者来看式样。如荷候示。此请升安。荃孙顿首。

三六〇

手字诵悉。瞿钞尚佳,装劣。《荀子》通行本也。旧钞《于湖集》四十卷呈览,瞿信即寄。积余二兄大人。荃孙顿首。

三六一

秋湄转托兄送书画数种去,以增本社声价,能于明日交国光社掣收条最妥。季直近日不上报发息,恐五月亦靠不住,奈何!兄能一探否?积余仁兄大人。荃孙顿首。

三六二

积余仁兄大人:

《瑶华集》,无此书。昔年选常州词,假之李木斋也。报二册收入。题西园一律呈政,乞转送章刺史。园中可悬一诗榜,明日一集,得诗应不少矣。此复。荃孙顿首。

三六三

叶住老闸桥顺兴里第三号。承惠董集,谢谢。书梯收上。缘督已移新居,并未出门。弟今午先至尊处,再往叶处,同至何如?晚间尚有饭局。近日已应酬,特不敢磨夜耳。积余仁兄大人。弟缪荃孙顿首。

三六四

积余仁兄著席：

前日见书多而佳，然元刻止《周易》一种，可见其难也。明板好者多，钞本《元秘史》《挥麈录》为最。意园最心赏之物亦未见。兰泉昨来约早饭，弟答以饭后必来看书。今日如此大风，弟不敢出门，乞兄道歉代达鄙忱为荷。得见佳书乞录示，于常府人著作尤留意，可借录副否？此上，敬请著安。弟荃孙顿首。

《宾退录》清样来，先呈阅，刻得尚佳。

三六五

健之来谈，未能走答，因病误事，未晤，乞代致意。健之《蜀石经》能见视，拟以宋本校之。十行本、《校勘记》本，另宋本、明刻集本，均在此，无事藉作消遣。健之曾谈及也。

《玉简堂丛书》(叔缊刻)《振绮堂丛书》(让[①]卿印)《赵汝愚事辑》皆新书，兄如未见，示悉即送阅。冒刻多种未寻得也。积余仁兄大人。荃孙顿首。

三六六

新校《公羊》两叶乞正。如此经顶格，注低格，眉目较清也。《考工》亦廿二叶，烦难百倍，非十日不能完也。此上，敬请积余仁兄著

① “让”应作“穰”。

席。荃孙再拜。

补刻田侯善校讹，蜀唐庙讳渐消磨。廿篇北宋《公羊传》，我比河间见较多。（见《阅微草堂笔记》）

三六七

天骤冷，乞珍摄。《周礼校记》全数呈政。弟改校勘记式，小字又未全行双行，眉目不清。似仍复经文顶格，注低一格，小字通体单行或双行一律，较易看，兄以为何如？此请文安。荃孙顿首。

三六八

积余仁兄大人阁下：

今日送傅若所校书与聚公，并申前说，未奉回音，云不在家也。弟出门必须马车，后日一钟至尊处，乞少候为祷。鞠裳亦来，住天津路长鑫里，弟一家拟往候之，能同去否？昨日见景祐《汉书》，亦是杂配，钱天树跋，亦称为百衲《汉书》，许以五百，尚不售也。此请著安。弟荃孙顿首。

少日从容注礼书（郑君从扶风游，已为三礼学），暮年写定在精庐。集思广益人难及，采到乌程草木疏。（郑君没于建安五年，距孙吴建国二十六年。元恪之书或少年所撰，郑君及见之欤？）

襄二《春秋》一卷全，全编起讫想当年。不知毋氏家财刻，《文选》开雕孰后先。

补刻田侯善校讹，蜀唐讳字渐消磨。廿篇北宋《公羊传》，我比河间见较多。

残石犹存十九行，《穀梁》字体最飞扬。纸边廿四分明认，石数由来记更详。（《穀梁》行外存廿四二字，大约是记石数，各纸均有之，翦装时割弃耳。他跋均未言及。）

题蜀石经四绝，江阴缪荃孙。

三六九

《石经校记》送还，希察收。弟悉从阮式，然亦难找。前式误在单双行夹用，如校语全单行，则眉目更清，胜于阮氏。改良一字谈何容易，以此类推。积余仁兄大人。荃孙顿首。

宣城初三兵变，夔生遍体鳞伤，逃至上海。尚无住屋，损失可知。

三七〇

积余仁兄大人赐鉴：

日昨误将《古学汇刊》备稿投尊处，可见精神不继也。今专使奉上，祈察收。风色甚恶，珍摄殊难，吹固不可，闷则嫌热。息厂借我书画，藉作消遣，题跋殊不吃力，似心气已复，脚力未能耳。知注附闻。敬请著安。荃孙顿首。十八日。

三七一

丁绍裘影写书二册连底呈览。昨代付九元五角去矣。又董授经新印书四册，价三元，陶兰泉带回者，留否？此等又系缩小付之石印，一元已敷。弟不知珂罗版之好处，但知上日本人当而已。此上积余仁兄大人。弟荃孙顿首。

三七二

赵刻《玉台》、伯希所赠《于湖长短句》(张孝祥)似钞出,又似到沪亦见过,然兄需此,一时找不着。各书无不乱堆,走失即在此矣。黄裳亦不知其人。此复积余仁兄大人。荃孙顿首。

三七三

积余仁兄大人阁下:

两处陈列宝藏均极佳,两幢一像尤精致也。端阳已近,毫无佳况。夔生晤否?此请台安。弟荃孙顿首。

尊藏如有《青溪风雨录》《水天闲话》《石城咏花录》《秦淮花略》《青溪笑》《青溪赘笔》,乞假一阅。

三七四

夏初在府城,晤湝生面索之,湝生以秋间送考面交为言。现亦久不通信,必跧伏于乡间矣。弟自兵事起,不能握管作文,门人梁慕韩颇能为骈文,何不令其捉刀乎?亦公之熟人也。此复,敬请积余仁兄大人升安。弟荃孙顿首。

三七五

明日在寓拱候。九经七十元,不昂,印本稍次,清者值过百矣。两详。

三七六

《岱南阁》第二种即《春秋释例》三十卷，无此者不全也。（如《华阳国志》《盐铁论》皆单行，亦时印入其中。）《古今姓氏书辨证》亦署“岱南阁”，然未见此种汇入。友人云是洪殿撰筌所刊。此复积余仁兄大人。弟荃孙顿首。

三七七

昨示诵悉。健之顷来谈，意思正合。心海另复。《消夏录》四十卷附呈。宋字本，能一校否？积余仁兄大人。弟缪荃孙顿首。

三七八

手卷收入尚未题过，弟颇胆怯，何不先请樊山为之？《销夏录》五卷附呈。

积余仁兄大人。荃孙顿首。

三七九

天气寒暖太骤，不敢出门，终日校《鹤山集》，已四十卷矣。尊藏《鲍参军集》，乞假录副，再校菊生本。弟有《中散集》校本、《子建集》注本，汇交石铭刻之。积余仁兄大人。弟荃孙顿首。

三八〇

赐示祗悉，十元收到，费神，谢谢。朱、潘两公所著似有之。行有恒轩但有《古玉图》也。张君即购书者否？弟检出真宋元旧钞、明板多种，令夏炳泉去，先将目与价乞兄一核，价酌其平，不像老汤之想欺人也。弟并想购初印《明诗综》《禹贡锥指》等书，亦看不见。积余仁兄大人。弟荃孙顿首。

三八一

钟鼎两种，乞兄代售，价听兄定，未花本也。承兄再顾，谢谢。出门拟下月。积余仁兄大人。荃孙顿首。

三千卷可去，《守山阁》《抱经》不可去。

三八二

仲则年谱奉还，厉谱、王右军谱乞假一阅。此上积余仁兄大人。弟荃孙顿首。

黄谱与本集全合，却是两刻。

三八三

积余仁兄大人阁下：

弟日内患嗽疾，不敢出门。兄事尽人力为之，同乡必有公道语，不宜过于气闷。至售书一语不必出诸口。似健之之碑版亦不能至一万五千之多，只王文敏所藏数册，五千金所得，余《罗池庙》最出名（只此最可惜），帖则不知。闻古董客言不得价，恐未过手，大票难极矣。心海来函，似在曲阜。《分隶偶存》亦未藏，如不在家，可不必先复。即请著安。荃孙顿首。

三八四

两字均悉。《消夏录》原本讹字极多，加签不过褚德仪、余东屏之类毫无识见之人也。塾师只有书屏无所事，能讲解，改中学课本（西学未学过）。函去即来，人亦稳妥。节庵今日覆去一字，交新闸路仁和王寓，并问图书何以酬，约初二午后樊山处茶叙，今来字似答似非答，莫明其故。复字乞转致。两日售书及伪画与田中，遂得从容度岁，极可笑。积余仁兄。荃孙顿首。

三八五

文集呈正，昨失迓，弟并不知。写官在南市，改日专人并笔资送去家中。饶先生亦回鄂矣。此复积余仁兄大人。弟荃孙顿首。

三八六

傅大为杨心悟所动，《方言》《武侯传》《东坡和陶诗》三种出过二百元，弟愿出二百元留之，价不止此，未与陶算帐也。傅信已发，傅愿在京师刻，说陶刻贵而坏，云心悟之意。积余仁兄大人。荃孙顿首。

三八七

手谕及雪翁信均悉，刘信呈阅。昨日消寒又再三言之，两书允千金，而洪君又托人赴刘处，言雪老千金何时交去云云，弟实难于启齿，不如虚歇为妙。《郑堂读书记》，无用之书。《宋会要》广雅不刻，亦难刻矣。此复积余仁兄大人。名心叩。

刘函附呈，可见千金已属勉强，议价非弟所愿，承兄雅嘱，亦顾雪老，既不能成即作罢论。

三八八

昨奉手书，聆悉壹是。刘氏内容兄所未知，今分剖言之。刘氏极爱书，而不能别好丑，扣账房一成，家人五厘，掮客先与账房说通，便说好话，否则总不能成。我们送书去，账房不但不便索，我们亦不便送。终日谈诗文，酬酢好友，启齿必碰丁子，所以为难。家人五厘照给不妨，去年雪老代子封售书三百五十元，家人送价来，明说与之二十元，此雪老所知。数百元事账房尚可不问。而翰怡时来询书好丑，我必实言相告，破坏亦不少。去年到下半年，知此情节，止荐书客，不与议价，以避嫌也。雪老之事当锐意，欲刻时颇可相商。刘似不便问价，所以求借，既一波折，其气已馁。至唐前文，一说便不要，云蒋氏之底本在他处，止问《宋会要》及《郑堂日记》清本，回信送阅。非不出力，奈须重事磋商。（回信即账房所写，从未见亲笔。）昨函去，言前借书愿以刻千元书报之，并及赫诗云云，并未得复。两面凑则可成。此上，并请文安。两洋①。付丙。

三八九

积余仁兄大人阁下：

息尘书正在磋商，翰怡志在《会要》及《周郑堂日记》，或即《会要》

① 此字疑为“浑”或“详”。

一种而嫌价贵(或再请价)。翰怡人极好说话,宜于由书估掮客,若我辈直接,未必能行,盖中有主之者。《河南集》购程氏本即可。《五代春秋》,《读画斋》有之,十数叶。聘臣事弟意云然,然馆长仍用阔人所荐,有交易焉。我辈断荐不上,亦不必题。弟与式之、新梧共荐夏闰枝,仅得名誉纂修,从此不荐人。聘臣信奉缴。手复,并请著安。荃孙顿首。

三九〇

积余仁兄:

不晤又廿日矣,兄事有眉目否?秉衡信来,奉阅。良士运动民政长,与此事便隔一尘,明春想自往访之。弟眠食均复原,第不敢常出门耳。此请著安。荃孙顿首。

三九一

积余仁兄大人阁下:

书收入。钞二卷须寻常熟人,已取书去,嘱至尊处一行,不意其未来也。现无人来往,此处民局可寄,费亦不大。昨因不适,未敢出门。函约已辞,邮信想已到,谢谢。晤诸君,乞代致意。翰怡回里矣。可向蒿庵借,蒋氏有底本。此上,敬请文安。弟荃孙顿首。

三九二

《礼记》明板也,有五经,非南监。《吟窗杂录》,《提要》力诋之,又为扬州估人裱坏，在可买可不买之间。如贵，可送还也。此复积余仁兄大人。弟荃孙顿首。

三九三

《玉台新咏》，今早从乱书中找出，呈览。面上伯羲手迹。印本佳，惜四面裁完。兄见本何如？积余仁兄大人。弟荃孙顿首。

三九四

积余仁兄大人阁下：

子培因同人麇萃沪渎，拟开一会，萃各家珍品，品题入录，与草窗《云烟过眼》之例，分金石、书画、旧刻、旧钞校四类，亦大观也。乞兄预会，谅以为然。又弟于月内急需还帐，不便再催聚卿，恳代挪百元，指聚款归还何如？此上，敬请台安。弟荃孙顿首。

三九五

积余仁兄大人阁下：

《千顷堂书目》卷十六一册送上，刻未齐，亦未印。换书总易，须候印书耳。弟日来咳嗽未愈，不敢出门。闰枝即日挈眷北上。小女远别，亦颇怅怅。叔蕴《石室遗书》，罗子敬有零本可以拆售（弟处已无，亦结账），兄何不检之？弟亦只购五种，不必全部也。此请台安。弟荃孙顿首。

三九六

积余仁兄大人阁下：

审言明日二点钟到尊斋，弟亦来仝谈。《越绝书》已交去，《十段锦》寄来，弟留一部，兄留一部，雪澄一部，剩两部能送与方、朱否？五部销完，不再销矣。陶信附阅。此请升安。弟荃孙顿首。

三九七

积余仁兄大人：

明日十一点钟审言来谈，乞兄移至敝寓便饭，后仝往金陵刻书处一观，再拜李伯荪何如？此订，敬请文安。弟荃孙顿首。

三九八

《博古图》极佳，林注《左传》虽改行卷，全书无删节，亦好书。原来单失去，补开一纸。君直、敏夫均回苏，天一阁在食旧廛，至佳，宋本已归石铭，值甚廉也。僧保已回寓，说往锡车上之窘，可见总宜早去。洋收入（顷交去丁少裘）。此复积余仁兄大人。荃孙顿首。

三九九

积余仁兄大人阁下：

昨书收到，今日约吴福丞表弟仝诣尊处，再往大生一行（弟处亦恳转圜一商），务请候我。如无暇，明日亦可，候示。此请台安。弟荃孙顿首。

四〇〇

兰泉以《墨苑》印本一册呈政,《和陶诗跋》并阅。京师写手不佳,如欲与陶子麟争胜,难矣!票事无可如何,只可再候。此上积余仁兄大人。荃孙顿首。

四〇一

积余二兄大人阁下:

审言一包书并信乞收入。昨晤兰泉,言《墨苑》两本是一部,非重份,乞将一本发回,陶当另致一部。酷暑无可逃,奈何!此请台安。弟荃孙顿首。

四〇二

各书收到,弟以为贵极,罗君尚以为只收本钱。原信附阅,来五部均售出,不敢再请教矣。何以如是之贵?仍似上日本人之当。此书弟应酬一部。如《殷虚文字》《瓦当文》则谢之。还有《刘梦得集》石印本(缩尺寸),要四十元,更无人要也。积余仁兄大人。荃孙顿首。

四〇三

顷得手书并黄跋一篇,昔未见过,即寄式之,兄自往取。地翁亦自书感谢之至。《百宋一廛赋》中书,又见其一矣。夏炳泉前日在舍间一日,昨往芜湖,须半月方归。未能订好,歉仄之至。式之顷有信来,云作为题《四当斋校书图》,原信并校书附阅。海内同志几人?亦借题发挥耳。叔蕴日内到沪，可成一局畅叙也。积余仁兄大人。荃孙顿首。

四〇四

积余仁兄大人阁下：

改《随庵勘书图》极是，使人易于着笔也。弟另作《随庵记》呈政而不书于卷，卷中或七绝或五古，当录稿先呈。罗叔蕴寄来《殷墟书契》，成本太重，托售。先将此书送阅，并信。此上，敬请著安。弟荃孙顿首。

四〇五

《鲍集》一册奉还，菊生书真精，朱刻原本已佳，斧季以宋本校过，钩勒行款，改正笔画，宋本面目宛然如见，方知古人校勘之精。叔蕴托售《殷墟书契》，送上一部，实价廿八元，成本廿六元，加邮费并日币折阅二元，乞兄代售为荷。此上积余仁兄大人。荃孙顿首。

四〇六

前日诣谈，未晤为歉。近患咳嗽，不能出门。息尘兄寿诞，公份已送，似是二十九日。兄房子看定否？皖中中兴将帅事迹战功，乞代搜罗，周子昂、陈少梧并乞转致，已定交桐城姚仲实、叔绩、马通伯三君拟传，湘中将帅亦派定湘人矣。此上，敬请积余仁兄大人文安。荃孙顿首。

四〇七

积余仁兄大人阁下：

清恙想已大愈，移寓庋置亦复不易，幸弗劳顿。方大在此否？想借其《毛诗》过批。《五代春秋》，字数无多，已发钞矣。世德堂，明苏州顾春，乞补入跋语。此上，敬请文安。弟荃孙顿首。

四〇八

积余仁兄大人阁下：

昨来《侨吴集拾遗》，仍乞丁少裘钞，已成一律。《四门集》无宋刻，弘治本甚可宝，乞校一校。敝藏是徐兴公本，只八卷。又王氏刻本又翻徐本，更不足道，校过便知佳处。此上，敬请台安。荃孙顿首。

朱世兄已来，人颇漂亮。刘五好否？刘谢函未封口，即装入内。为书门牌号数。

四〇九

手示悉。书暂留，饭后送还。钞明本耳，然跋是真。余面议。积余仁兄大人。荃孙顿首。

四一〇

积余仁兄大人阁下：

正欲函询，尊函已到，费神，谢谢。今晚周湘舲局到否？夔生商务馆又失去，奈何？可恶又可怜也。古微已来，今晚亦同局。此请文安。弟荃孙顿首。

四一一

适奉手书并十元。正值汪子渊在坐，即询之，渠曰已送人矣。弟不止一部，一时找不到。而此次重病，颇甚狼狈，杜医投药亦不如前之立应，或命止此耶？旧钞《文苑》（内毛病甚多）以二百元售之真张星矣。此上，敬请积余仁兄大人道安。荃孙顿首。初三日。

四一二

手字诵悉，潘书在手边，朱书找不着（大约在箱子里）。吴《古玉图》极精，均呈上。（如小丛书，售七元，要否?）又有陈寿卿《瓦当》（二册），叶兰台精刻五种路数，皆刻，不知要否？兄售与假张星，炳泉以弟书送与真张星，说人极和气，书亦在行，留十三种，有宋十行经书四种、明钞《文苑》、元刻《韵府群玉》，不知能成否。书须明日送上。先复，敬颂积余仁兄著福。荃孙顿首。

弟九行本上半欠末册，有借钞处否？

四一三

不睹本书，遥断必靠不住，仍盼送阅为祷。积余仁兄。荃顿首。

四一四

词收入，谢谢。前所赠在李贻和处，即刻取回奉上。此请积余仁兄大人升安。弟荃孙顿首。

四一五

积余仁兄大人：

书一本仍送阅。阮盦处两词，往索，连回信俱无，仍以十年前旧脾气也。葛未与之接，恐亦不行。日日巴结子晴，以满洲词歆动之，子晴易为所欺耳。终不免满其欲壑，亦不得不保交情也。弟荃孙顿首。

四一六

手教诵悉，书即交语石。吴信阅，弟是为公，既不愿亦不强，有钱人过于疑人，何必再问。尊藏《沧州金石》，弟拟录副，明午走取。公如有事，交谦老可也。此请积余仁兄大人文安。荃孙顿首。

四一七

积余仁兄大人阁下：

书均收到，《从政录》谢谢。当钞配再缴沅叔，如来再付之。《方言》清样亦寄到。今日弟不出门，乞弗候，因书上有事，尚须在家理料也。此复，敬请著安。荃孙顿首。

洋十二元收入。

四一八

积余仁兄大人阁下：

庞蘧翁带上《棋谱》一册，信四件，乞察阅。似秉衡如此费心，必须一往，以偿宿愿。第蘧庵未知何日回去，能同去更妙。蘧翁须请，约在何日，乞示知。弟于初五已约李审言，余日无不可。（或与庞作一局何如？）此上，敬请刻安。弟荃孙顿首。

四一九

积余仁兄大人阁下：

昨至石潜处，方知夔生误服泻药，十分系念，到尊斋闻管家言无碍，为之稍安。庞中丞已请初五午饭，乞兄早临作主，审言亦往订矣。垦牧分田如何办法，兄知其详否？丁秉衡信已覆，沅叔亦通知矣。此上，敬请台安。荃孙顿首。

四二〇

积余仁兄大人阁下：

昨交《从政录》一部，想察入。此部完全，装订互有颠倒耳。弟亦仿谦甫兄，先写一目，然后互点。另部缺两篇，照钞矣，谢谢。吴印臣一字奉阅。夔生病何如？即吃烟亦非易事。此上，敬请文安。荃孙顿首。

四二一

积余仁兄大人阁下：

初三日因子敬之约，扶病而往，不敢饮，不敢多啖，回寓腹已大痛，至次日延王屏珊布政治之，服温通之药方略止，至今日尚未复原，孱弱如此。现丁先生书已钞完，乞借元《云林集》（贡奎）二册为荷，供其暂写，俟弟再借他书，以免他适。丁先生影钞书似胜于瞿钞，如有应钞之件亦可发下。饶先生允钞《尚书》及《史记》，亦不能他及。此请升安。弟荃孙顿首。

四二二

昨日天晴，至子培处一谈，下半日似又受凉，身子亦单弱极矣。《樊山集》诗全份兄必有之，在手边，乞假阅，弟于此等新书尚在南京也。今年樊山七十，倩夔生填四首词以报前年作序之惠，聊以资助夔生，而索此集一阅。此上，敬请积余仁兄大人文安。荃孙顿首。

四二三

手书诵悉。嫂夫人何疾？内人病利甚重，延曹南生治之，今日略转头。廿一之局因蒋梦平䜣然，不便中止，座有刘翰怡，大约不能早也(大约四点钟入席)。恳兄拨冗一谈为荷。梦平、夏丙泉在苏州告之。此复，敬请积余仁兄大人文安。

四二四

积余仁兄大人阁下：

颐志师《左传集解补正》四册奉还，书经谦甫订正矣。前交校本，拟如何清理，乞示知。牧地，昨翰怡言，聚卿每亩索四十元，每股应分廿三亩(连后计)，一票(百金)零九千三百元似乎太多；又说叶揆初已并与彼一票加二十金，又似乎太少。兄知其详否？此上，敬请台安。荃孙顿首。

四二五

午刻，常熟金玉书持丁秉衡函索弟刻书陈图书馆，检有印本者悉与之。另致兄兰雪堂《繁露》四册，乞察入，爱极。晦老遽逝，闻之神魂俱丧。弟病尚未愈，平一公所亦不能去，幸同人咸知弟病孱弱如此，亦可危也。积余仁兄大人。荃孙顿首。

四二六

委勘各书略一翻阅。《补汉兵志》已交僧保编校记，《酒经》《鬼遗方异同叙》入跋语，覆勘误字，须饬役改定（不复入）。汪刻二十家，弟将配全，只缺庾子山后数卷，乞借庾集钞配付装，内嵇中散、鲍明远、谢宣城、陶贞白、昭明太子集均以旧刻校过也。手笺，敬请积余仁兄大人箸安。荃孙顿首。

四二七

积余仁兄大人阁下：

奉还《庾集》二册，乞察收。弟书配全，杂凑带钞，可笑之至。惟谢、鲍、小谢、摇、陶、昭明，均借旧本校过，亦属乙等佳书。此上，敬请台安。弟荃孙顿首。

四二八

积余仁兄大人阁下：

《曹集》四册，楝亭刻一函，乞察入。钞本即后集之一二卷，兄所有也，柯逊庵有前后集四十卷，闻已归兄，确否？《子建集》，朱述之注，甚佳，弟有钞本，闻蒋家要刻，便让与翰怡（翰怡欲之），今须借归重校。前胪列各本载有音释本，与汪本为二，我们以之补汪刻本，无人知也。冯中丞尊重理学，以此等书不足重，大约阁置。此复，敬请文安。荃孙顿首。

四二九

手字诵悉，赠书谢谢。弟尚畏风未下楼，嗽晚间较甚。弟不知子节在合肥，因在金陵谈宴，知其留心故也。尚有何人，兄必知之，如聂、马诸名将，一字俱无，史馆之传，履历而已，秉笔者将如何？此上，敬请积余仁兄大安。荃孙顿首。

四三〇

积余仁兄大人阁下：

昨奉手书并云史来信，知张君馆地已妥，谢谢。乱事一动，金融顿阻，殊觉可危。报上造弟谣言，忽而“单独上表”，忽而“电聘评议”，哪有此事！并画王壬老扶周妈入新华门图（龙钟可笑，其实壬老步履如飞，决不扶杖），将来又不知画我什么图。近乡难居，颇想移津居住。南京亦难，似乎北边气象好些。杨信仍缴。此上，敬请文安。弟荃孙顿首。

报馆来索诗文，援樊山例。弟不应之故。

四三一

手书悉，八元一角收回。《河内集》廿七卷、《五代春秋》均有之。

《玉井樵唱》，翰怡有之。《和靖公言行录》未闻。至《尹翁归诗文集》，更所不知是何朝人矣。此复积余仁兄大人。荃孙顿首。

四三二

石经阁文三册未见，阅后再呈。杨氏《中州金石记》已寻出，藉便呈览。严、魏两书迟日送呈。积余仁兄大人。名心叩。

四三三

积余仁兄大人阁下：

《云林集》二册奉还。前见此本式样尚旧，而丁少裘无书写，即以畀之。后旧书内，本有郁泰峰藏书一部，相校方知同出文澜，错讹不可胜数，不知何处有旧本，方可订正旧误。蒋孟平已来。垦牧事已委托公司否？此上，敬请升安百益。弟荃孙顿首。

四三四

积余仁兄大人阁下：

连日不适，初三一局未能到。弟年年二月中照例要病，借此赶办清史，三月拟赴馆一行再回。初九酒叙，谢谢。《先哲遗书》代印一部（赛连十七元，白纸廿五元），俟天晴来取，价阅陶信便知。订错许多，无人照应之故，弟不任咎。端忠愍藏石（八百余种，大洋七十五元）亦是巨观。授经约股信亦呈阅。弟与石铭、湘舲得三分，拟先寄三百元去。慧之得碑再讨亦不迟，第须准定耳。此上，敬请升安。荃孙顿首。

《千顷堂》单印五部，为费景翁、李贻和手取去，未到弟手。何不购全书一份？

四三五

积余仁兄大人阁下：

张先生因聘书不来，屡来问讯，惟恐明年失馆。能费神派人专取？如效尤，弟亦对不住张先生也。此请升安。名心叩。

四三六

积余仁兄大人阁下：

奉手书则大惊。张以馆为命，而敝处九月定馆，过则无从觅食。仍乞兄息怒，仍婉催云史，言明不便回覆之意告之。想渠公事忙也，否则，须在沪觅馆，大是难事。此上，敬请文安。荃孙顿首。

四三七

积余仁兄大人阁下：

连日应酬，未能诣谈，歉甚。张尔常馆事承荐成，谢谢。惟张君现在恽处，今年必须终局，能明正到馆最妥。其副席王君（亦有小孩，张另延助理）与尊馆恰合，惟亦须明年到馆耳。乞再酌，余面谈。此请台安。荃孙顿首。

四三八

积余仁兄大人阁下：

手卷奉到，惠题，敬谢，敬谢。大笔书味盎然，胜江湖派万万。后日石铭约消寒，或可到再谈。云史处无人可荐，殊对不住。恽处仅二百四十元，尚有小孩，特以三年，实主其辞也。因赴徐，既不赴徐，又坚留，只可仍之。审言亦留君直之馆，确否？今日询聚卿。此复，敬请文安。弟荃孙顿首。

四三九

昨借到陆奇晋之妾沈虹屏《春雨楼词》两卷，兄已刻否？乞示知。扬[①]云史以后应知请先生当早，下关书否？张先生如接关，恽氏亦不能留矣。积余仁兄大人。荃孙顿首。

四四〇

积余仁兄著席：

前日惠临，又承赠新书，谢谢。傅集新刻尚未寻出，须开翰怡索矣。另一部是否寄秉衡？现瞿良士为议员，家中书不能钞。弟只望后三唐人刻起耳。荃孙顿首。

四四一

积余仁兄大人阁下：

前单书已略次稿呈政。此次书多，兄再送书来，顺便带归可也。《国语》宋刻，元、明修，明印，内宋本甚少，绝少考证。弟藏不合。《国策》较佳。此请升安。弟荃孙顿首。

---

① “扬”疑为“杨”。

四四二

积余仁兄大人阁下：

书廿二种收入。《博古图》，京师图书馆有至大年号者，与此刻正同，所以断其元本。孙本有嘉靖序，异同不可知也。《赵氏春秋》以洪武本为最，无元本，元时刻始，洪武时毕工，嘉靖又翻刻。弟尚未看，看过再定。此请刻安。荃孙顿首。

四四三

书乙百十九本，乞收入，拟解题呈正。僧保回沪约在月底矣。叔蕴廿日赴东。地山亦往来，所藏《百泉》出色，《舆地广记》亦佳。此上积余仁兄大人。弟荃孙顿首。

四四四

积余仁兄大人阁下：

书三十二种呈上，拟跋同呈，务乞改削。内五七言诗批点极佳，借录再过。《酒经》先还。少裘为浙运司约去，原示奉阅。夏炳泉、饶辛舫尚未来。此上敬请台安。弟荃孙顿首。

四四五

积余仁兄大人阁下：

书十六种奉赵，解题呈政，余面谈。即请台安。弟荃孙顿首。

四四六

手书并两卷、一轴均收到，赐款谢谢。伯荪在京极熟，二十年不晤矣。小儿承过奖，此道似尚可学，但懒耳。余面谈。积余仁兄大人。荃孙顿首。

四四七

鞠裳兄来，晤面否？书缴还，解题呈政。《岳阳风土记》借钞，钞毕再还。此上积余仁兄大人。荃孙顿首。

四四八

手示诵悉。汪书颇愿配全，惟十二种能示一目否？陆士衡无重份。又弟票事至今未妥，明早拟至尊处一商（十一钟），乞少候为荷。《风土记》一册奉还。此复积余仁兄大人。荃孙顿首。

四四九

禀稿已阅，酌改数字，原稿奉还。一条乞查示。此复积余仁兄大人。弟荃孙顿首。

四五〇

积余仁兄大人阁下：

书一百〇三册缴上，乞察收。拟记呈政。崔府君《神异录》是嘉庆翻刻明本，是否入录，候示。现尚未拟。此上，敬颂年禧，并请著安百益。弟荃孙顿首。僧保随叩。

四五一

积余仁兄大人阁下：

昨谈为快，今晨谦翁过我，论校书得同意。弟又检得从前编诗时一纸，乞转交谦翁一核，并无须还。此书付梓，弟心始慰，从前本欲自刻，今不能矣。朱祥甫专人送碑志来，尚是官话，少精神，奈何！桂氏未来，止幼琴尚知有益三人合传（洪、桂、朱）。礼卿归盐务，与俞（德渊）、童（石塘）合传何如？此上，敬请文安。弟荃孙顿首。

四五二

积余仁兄大人阁下：

书四种请择送，《古玉图》极佳（想十元），余随定。雨连绵而不止，于农事有损，奈何！弟病退已一月，方拟今日出门，昨晚又大吐大泻，扰扰一夜，又须调理。甚矣病体之衰也！此上，敬请著安。荃孙顿首。

书贾不上门，又不能往看，闷甚。

四五三

正集廿八卷，外集五卷（有否?），真元刻也（字形），《天禄琳琅》即谓之宋刻。如明刻，皆编成卅六卷。须赶紧趁潮时揭开，再干则损纸矣。积余仁兄大人。荃孙顿首。

荃有明刻，即卅六卷。

四五四

昨日受之在此，何不过我一谈，看元版《象山集》证据乎？瞿目董缺嘴以兔字代之。

四五五

明日之局既大半相同，可以先至弟处。吴园必花局，张灯观美人，更妙也。《大唐诏令》百元亦不能要。《唐书》附去一册，残缺钞配均有也。积余仁兄大人。荃顿首。

四五六

向来校书皆书屏，非子林，子林不能校书。《壶中吟》乞检收。书屏舍侄即回里，吾兄自理为祷。弟事见不及顾矣。此请积余仁兄大人升安。荃孙顿首。

四五七

石窟寺甚佳。弟近日为碑所困，权且先还，俟清理后再购可也。《牡丹亭》索十六元，如何还价？积余仁兄大人。荃孙顿首。

四五八

积余仁兄大人阁下：

弟即日赴京，恕不走辞。刘君翰怡想延谦甫校书，月俸三十元住馆（不兼馆），是否可行，乞兄一探。弟与吴止俯同荐，因礼堂不专心亦不到馆故也。弟约四五十日回，恐误事，兄或自与止脩一谈亦可，如嫌菲，酌加亦可。第延殷亦平代办各书，不外送。僧保书目乞教，勿客气为荷。此请台安。荃孙顿首。十一日晚。

四五九

昨晤教甚快。江阴兵变，炮台被占，城内绅士与之接洽，尚无大损。通州闻已入民军之手，未知季直何如，大生何如，尚接洽否？兄有所闻，乞示知。弟《抱经堂》书短叶，乞借首册，《仪礼》详校末册，《文集》末册补足。《欧阳集》一册奉还，希察入为荷。此上，敬请积余仁兄大人文安。荃孙顿首。

四六〇

《抱经堂集》奉还，其实只缺一叶（文集卅第十二叶），外总序及目录三叶，余完。每卷完必加一余叶，否则以为短尾。大局能定，恐未免不有龃龉处，新人何从位置，亦难题也。此复积余仁兄大人。荃孙顿首。

四六一

积余仁兄大人阁下：

泾县一元碑乞察收。又吴印臣刻《景元明词》极佳（样本红印），宣纸香墨印，卅元一部。托古微与弟在沪招股买纸，交陶兰泉运京。兄留否？并盼代招数股，古微招得八股矣。此上，敬请升安。荃孙顿首。

四六二

昨示诵悉。温叟晤谈后数日即取到阎谱清样，寄两份并函寄到渔沟小学转呈，据温叟留字开地名，何以未到？刘氏未印书，今将弟存一册转呈。温叟在京住何处？亦拟通信。十家年谱至今未成。此复积余仁兄大人。荃孙顿首。

四六三

积余仁兄大人阁下：

秋暑甚酷，弟又受病，颇累。阎谱取到，乞兄代寄京城为荷。弟前已并信寄两册（渔沟小学），何以未曾收到，嘱温叟可以一查，另一册留阅。此上，敬请文安。荃孙顿首。

闻健之已移居图南里，确否？

四六四

积余仁兄大人阁下：

荷花大会兄未曾到，弟勉力一赴，归即病困，至今未出门，夏日之不可乱走乱吃也如是。沈寿改九月，拟送一幛，款"沈母钮太宜人"，下款"侍生"，未知可否。来书极佳。此上，敬请文安。弟荃孙顿首。

四六五

手示敬悉，醉愚回里未来，弟亦未送。拟送幛。《中和集》，恐印臣未必能刻，或交沤尹刻之。印臣自离铁路，窘至不堪，中秋嫁女过节，画册藏墨均押出去，一时难于理料，有钱即掸霍，下铁路时尚有亏空也，即此可知。此复，积余仁兄大人。弟荃孙顿首。十五日。

《中和集》拜经楼著录，似即此一书。温叟索《阁古古年谱》，如昨送《查东山》，又借，乞掷还。（现在恍惚不堪，日内更甚，奈何？）

四六六

积余仁兄大人阁下：

《丑奴志跋》呈政。大生纱厂举兄董事，恳为股东维持，实因无官者、无馆者，指此息过活者不少也。又清史馆停修（六月以后），枵腹从公，无以为继。恳兄与聚卿合写与季直信，请其创议重修通志，浙江、湖北、广东、福建各省均已举行，江苏旧稿业已不少，并未散佚，每年得二万金便可举办，钱粮附加税可拨，季公与军省一言，事必可成。弟倘分一门，亦可少得资助，惟碍于自言，须季公之大力不可。浙江钞黄跋，能否实行，均恳与聚兄商之。又闻物色蒙师，现有浙江人顾先生，品学兼优，向在吴福丞处坐馆，吴全家入都，顾先生不能北去。因知之的确，故敢引荐，吴处每月廿元。乞酌。此上，敬请文安。弟缪荃孙顿首。

四六七[①]

积余仁兄大人阁下：

前接手书并少室拓本，弟所藏皆有之，不足重也。陈雨生年八

① 前有一函，内容与原四三九函重复，故删去。

十，住红土桥，来诗不能贺，另送诗四首，祝敬二十元，光景不佳。又卢殿虎之父讣寄呈。傅沅叔回沪，即日回京。天又骤寒，诸希珍摄。此上，敬请著安百益。弟缪荃孙顿首。

四六八

张尔常既留而君直无馆，何不荐之？常熟好书友人甚多，亦有趣也。积余仁兄大人。荃孙顿首。

四六九

石铭书目、荛圃书录二册奉阅。郁氏目为印丞借去，宋元摘本在此亦无多也。杨、瞿两家最结实，陆目靠不住，丁稍逊，总未得及皕存斋，以明刻《百川》为百种，贻祸至石铭，郘亭盲说亦多，诸君有佳处亦有至不佳，不可泥也，阁下想以为然。此上积余仁兄大人。荃孙顿首。

四七〇

书收到。连日应酬，尚不觉苦，似乎可望全愈。翌日再诣谈。积余仁兄大人。缪荃孙顿首。

菊生得景祐《汉书》，亦百衲本矣。

四七一

手字及宋刻《乡约》奉到，目录中讹字再检。积余仁兄大人。弟缪荃孙顿首。初七。

四七二

积余仁兄大人阁下：

昨托炳泉达意，兄以为可，乞即出单（准廿四日），定座（番菜）。添孟平极好，古微不来，可不必请。即日走约，乞将时刻、馆名示知，以便同来做主。偏劳，再谢。此请文安。弟荃孙顿首。

四七三

积余仁兄大人阁下：

明日之集，兄所得佳画出其一，作题最好且易，社体题似此者最多。沈虹屏事见《藏书纪事诗》，诗上无传。此上，敬请升安。荃孙顿首。

四七四

又有私意，乞兄代达。聚兄托代校《宋书》，允馈百元，今已交卷，共分六卷。昔年向屺怀借校，不肯携回南京，又不能留苏两月，遂中止。今如愿相偿矣，允馈敬谢。弟之《五代史记》，聚兄已刻，可否容我赎归与《新唐书》作耦，仍奉还三百两何如？能与不能，候回信。聚兄宋版书多，不在此一书也。付丙。

四七五

积余仁兄大人阁下：

弟初四赴江阴议修志事，昨晚即归。委办序文，照办不误。忽奉杨氏讣文，领帖之期已过，可否将《天香云文居诗钞》四卷、《词》一卷入之《清·艺文志》以为报，何如？此事办极严，单有名无书者一概不录，不钞各省志书，所采者并存一小履历。至于莘伯，虽无专传，亦屡见其行事矣。此上，敬请文安。弟荃孙顿首。

四七六

积余仁兄大人阁下

又接顾鼎梅信否？寄一“马”字，中岳庙前石人顶上，分一呈阅。大约已有，弟亦有黄小松拓本也。黄再同交吴严李（有拓本否?），则两隋石最出名，现在卖石，兄可得否？或问慧之。加一唐记共索千外，可还价，俟事稍定再搬石，再付价。今日接小儿信（十八惊荒起），竟事报纸一例，张宣告辞职，敛兵候东海。秩序尚未乱，然十室九空矣。时当乱世，奈何！子培家抛两炸弹，打倒楼梯及裁缝，可怕！（弟处日日有人送信、送诗、要钱。复辟固不许，民国人才又如此，连两人均苦求去。）此请文安。荃孙顿首。

四七七

《抱经堂文集》，弟无是书，乞兄代找。杨名亡，字简在，《杂净序》（或曰书后），抱经之妇翁。其书钞得，刻入《常州先哲遗书》。忆有是序拟补入。萧孝廉肯刻书，明末萧士玮《春浮园集》有之否？想必其同族，故用之。其人负大名，刻最精，弟处有其全稿也。钱牧斋与往来。

感君厚意为我集资，近编文二百余篇，即以此资刻之，亦订四册，皆君赐也，谢谢，但文笔疲苶不称耳。积学主人览。荃孙顿首。

四七八

委僧保代编书目，兹已拟就呈正，未知有用否。书二十种、卅一册，恳收，示复为荷。兄传二人书，刘君有志古文，近之绝学。弟拟作一书充扩其识量。邵君太胡涂，不脱留学生习气，先人书改去馆阁样，忘其令祖手书于《简明目录》上耶？后刻再加入（可另编，不可加入），又仍是坊间所传莫子偲本，何胡涂至此！大约刻不成，与刘君天壤矣。此上积余道兄，敬请著安。

四七九

适奉还云，知书已收讫。僧保所编，均依傍旧目，少有心得，总望增改。乃蒙奖借并赐厚润，敬谢，敬谢。新正无事，如续发，随便交来可也。此敂积余仁兄大人年禧。荃孙顿首。

四八〇

积余仁兄大人阁下：

顷奉手书并承赠佳品，再拜以谢。汪先生书有刻本甚佳，再以鄙制报答，此人想在家，如何寄去？书目序一篇呈政，可否改为藏书记？因有解题，非尽书目也。十九日必早临，墨表一册乞哂存为荷。印臣石印，弟不愿刻，黄诗亦不愿刻，刻藏书跋、刻书跋耳。此请文安。荃孙顿首。

四八一

积余仁兄大人阁下：

一会成立，既不吟诗，又不看古董，真是吃会，一笑。诗老之画，尚不交卷，以致一山之款止交一半，禄保盼之甚急也。杨刻《杜牧之集》（杨心吾经手代刻）、王叔和《脉经》《文馆词林》三种，索千元卖版，有人要否？通州垦牧此月分息否？去年记似二月中间，乞代探并问纱息分否。此上，敬请文安。弟荃孙顿首。

四八二

积余仁兄大人阁下：

即刻往傅沅叔处看书，兄能来否？能来，同往悦宾楼小聚何如？沅叔住惠中旅馆四十乙号。此上，即请文安。弟荃孙顿首。十八辰刻。

四八三

积余仁兄大人阁下：

弟昨自京回，丁秉衡信及书三册代送，乞察入。丁芝生住新重庆路咸益里七百一号。弟须歇乏数日方敢出门。清史暂停，弟又须另谋生计。新赋得黄莘田诗《暮齿仍求食》一律呈政，便知鄙意。此请文安。荃孙顿首。

惠之新得图，似一满人，能续《熙朝雅颂集》否？

四八四

积余仁兄大人阁下：

弟日渐调理，略有起色，复原不知何时耳，承注附闻。所有分地金石目，择完善者交丁先生写，乞给格纸。又《滂喜斋藏书记》可否先钞一份，只数元耳。兄所必要，但不可流布，因式之谆嘱《敏求记》之誓言也。此上，敬请文安。弟缪荃孙顿首。

聚卿回来否？审言到否？

四八五

积余仁兄大人阁下：

明日之局，兄如作主，仅来五客，乞转邀谦甫兄，如秉衡来亦只九人，圆桌尚坐得下。费神代约为荷。凌氏《传经堂丛书》(内有《郑氏始末注》)，兄有否？拟借阅。此请台安百益。荃孙顿首。

谦翁均此。

四八六

积余仁兄大人阁下：

审言为人控告，奇甚。兄知其事否？《续江宁府志》一册缴。又翁师一册，式样如此，兄印连泗十部，朱印一部，是否此数？此请文安。不宣。弟缪荃孙顿首。

四八七

积余仁兄大人阁下：

病甚，几于不起，承询，感激之至。现医治得手，尚须十日半月方能复原也。兄近得何佳帙，能见视一二种以当《七发》乎？此谢，敬颂著福。弟荃孙顿首。

四八八[①]

《南齐书》即书估所谓南监板也，源出蜀本，挖口皆明补也，可留。第二等好。弟《唐书》源出大德，不甚同。南监史书非一板也，南雍本具载之。此上积余仁兄大人。荃孙顿首。

书附缴。

四八九[②]

积余仁兄大人阁[③]：

顷由邮政寄上一槭，恐尚未到，而傅若已来，取到《诗史》八册、《坡门酬唱集》全部（费四十余元，傅若言不必还，只小《周礼》入苏估，非八十元不能得）、明板《杜诗》（荃孙物，即留下）。今将《诗史》《酬唱集》送上，乞兄转送聚兄处，傅若前在聚兄处校书，十二元一日，可以接续否？如可，即将处，荃孙未校书交彼校好送来，何如？又兄钞《消

① 朱玉麒教授增补。

② 朱万章：《校书与藏书：缪荃孙致徐乃昌信札辑佚》，《书法》2022 年第 6 期，释文据原函略有修正。

③ 原稿如此，疑缺“下”字。

夏录》，如未钞完，乞将纸及书并格式送五本来处，傅若钞可也。候覆。聚兄处原可直接，奈王升回家催租，新家人不认得，故请费心。此请台安。弟荃孙顿首。

四九〇[①]

积余仁兄大人阁下：

昨奉手书并《皕宋书缘起》《读画图》一轴，费神，谢谢。推许尤不敢当。丁孟舆已回，明年仍可蝉联。据云《前汉》全毕，丝格本不厌详载，无论何人，照丝格本可校割补，尚欠三本未竟。范书明年再动割补处，姜文卿刻手找人，住在高等厨房，带饭时时。问丁孟舆，比在补手较易，然所费不资。今将姜文卿帐及厨房帐呈上，内有与兄莫逆者，漫无界限，乞兄闻之。此上即请台安。（并谢鲍先生。）弟缪荃孙顿首。汪子渊又往俯，无回信。

四九一[②]

积余仁兄大人阁下：

沅叔来否？全账呈阅，从政信乞交下补写。子培交到《欧阳集》半部，是慎独斋本，是弘治、正德及慎独有三刻，何兴公尚不知（十卷本）耶？明日午后拟至尊斋一谈，僧保要《续幽怪录》，拟校完。此上，敬请文安。荃孙顿首。

---

① 开拍2021秋拍，朝访残碑夕勘书："蠹鱼"徐乃昌和他的朋友圈。

② 广东崇正2023年春季拍卖会，可居室藏信札钱币。

倪嗣冲致徐乃昌

（一通）[①]

积余先生大鉴：

皖省连遭水灾兵患，居民受累已深。本年春夏之交，雨水过多，山洪暴发，江潮陡涨，淹灌民田，不计其数。迨水势稍退，力图补种，犹冀收效桑榆。不意六月以来，天久放晴，百余日未得一雨，农田龟坼，禾黍悉皆枯萎，蝗蝻继生，收获全无。饥民四出觅食，饿殍相望于道。现在仍未得雨，二麦未得播种，明岁春荒，更不知呈何惨象。嗣冲目睹灾状，寝馈难安，已呈蒙大总统发帑十万元，汇皖振抚，但灾重地广，需款浩繁，不敷甚巨。乡人等发起举办义赈，以补官帑之不足。兹于省垣设立振抚局，由嗣冲督饬官绅妥为筹备，并经会列台衔，刷印捐册，分投劝募，以期众擎易举。先生热心桑梓，见义勇为，久所佩仰，所有上海分布捐册、收解捐款各事，宜敢请先生慨为主任。谢筠亭、夏玉峰两君久在商界，对于梓里公益亦极关心，并经函请，出为襄助。寄呈捐册一百本，并附致谢、夏两君函册，统祈察入，分别饬送为荷。专此奉恳，敬颂善祺，诸惟亮照。倪嗣冲谨启。

---

① 《安徽倪都督请徐积余谢筠亭夏玉峰君驻沪分劝义赈收解捐款函》，《神州日报》1913年11月19日。

任绳祖致徐乃昌

（一通）[1]

积老大人钧鉴：

日前奉谕，拟致梅老函稿，遵拟大意附呈，仍乞钧酌。总之院费向恃沪款，现在沪款将罄，院址又在金陵，筹募亦殊不易，此后维持，全赖宁方。今次集会，想魏梅老[2]、王幼老[3]自亦注意及之。肃此，恭叩福安。任绳祖叩上。三月廿七日。

---

① 韦力：《著砚楼清人书札题记笺释》，第84页。

② 引文注：魏家骅，字梅荪。

③ 引文注：王典章，字幼农。

沙元炳致徐乃昌

（一通）[1]

积余词兄太守大人阁下：

前奉赐书并惠词集，因仆人吴勤赴省，草答奉谢。复奉教言，似前书尚未达听，亦不省其何以稽迟也。译书会为目前最要之举，承示《地学讲义》《宪法典法两义解》二书，乞先寄十部，尚可代销，续有译印，尽可续寄。风气既开，推行必广，与其分饬州县，不若遍属同志。盖事一经官人，多视为具文，反易隔阂也。《译书会章程》便求见示。通海苦潦，棉豆俱无，吾邑濒江，淹没俱尽，秋成尚难得半，此则眉睫之忧耳。率答，藉候箸安不庄。愚弟沙元炳顿首。十六日。

① 开拍2021秋拍，朝访残碑夕勘书："蠹鱼"徐乃昌和他的朋友圈。

邵章致徐乃昌

（一通）[1]

昨承假莫目校之，讹敚颇多，大约须十日可毕（与元书同者十之八），约缪之期，即以是为准。少延住址已探得否（纬辰亦可）？乞示。此请积公姊丈大人早安。弟章顿首。七日。

① 青岛中艺2016年五周年艺术品拍卖会，鱼雁留痕—信札手稿专场。

沈曾植致徐乃昌

（六通）

一①

书三册，缴还邺架。《访碑图》并缴，率题四绝，惟大雅教之。此请积余仁兄大人台安。植。十六日。（1901 年）

二

随庵以余旧影索题，是癸卯岁南昌所摄，甲辰在沪相遇所赠也。俯仰十年，感怀题句。

似曾相识是何年？露电光中万变迁。梵志宁知前世我，阳休或是古时贤。影谘罔两都无对，化等虫沙已渺然。寄附钱王金塔畔，长恩还作守书仙。寐叟植。（1914 年）

三②

《读碑图》题就奉览，乞查入，付收条。前日书来，方困卧，竟不能

---

① 第一至四通录自沈曾植著，许全胜整理：《沈曾植书信集》，中华书局，2021 年，第 400—402 页，时间一并转录。

② 原函见《近代名人翰墨（黄氏忆江南馆藏）》，第 69 页。

作答也。《乡约》奉到,谢谢。此请随庵仁兄大人晨安。植顿首。十六日。(1921年6月21日)

四①

《广武碑》奉到,谢谢。《大乘次第章》一册,相宗要典,聊以伴缄,匪云报也。《佩觿》万玉、《袖珍》麻沙,如不能得,似不可不记其崖略。覆请积畲仁兄姻大人年安。期植顿首。(1922年1月25日)

五②

昨奉教言,快抒积愫,佳刻拜登,谢谢!《访碑卷》容细读泐复,即请积畲仁兄大人台安。植顿首。

六

镜铭拓本拜赐,谢谢!弟日内回禾祭扫,约作十日行,图册归后缴卷。覆请积余仁兄姻大人台安!弟植顿首。

---

① 原函见开拍2021秋拍,朝访残碑夕勘书:"蠹鱼"徐乃昌和他的朋友圈。

② 第五至六通,广东精诚所至2021秋季拍卖会,云锦天章—金石文献墨迹专场。

苏曼殊致徐乃昌

（一通）[1]

随盦观察大人台下：

沪上一别，已历经年，久暌大教，怀想殊胜。曼往来南洋，孤舟孑影，久有归心，已定于近日返国至沪，因念昔在尊斋及贵池刘氏处得见前人词集多种，皆凡间未有之品，曼于逆旅，孤蓬听雨，剪烛怀人，于此数品，犹美人仙草，每欲品之入口、揽之入梦而后快。惜每如缘水求月、因镜求花，恨情根之未断，尘缘之未清也。为之奈何，奈何。未暗此番至沪，有缘重亲旧梦否？专此奉恳，顺颂著安。寒僧曼殊再拜。

① 开拍2021秋拍，朝访残碑夕勘书："蠹鱼"徐乃昌和他的朋友圈。

孙雄致徐乃昌

（一通）[①]

积余同年老兄大人左右：

前日盼尊刻不至，曾发一笺相促。昨晚由邮局交到挂号壹件，计《宋元科举三录》四册、《永嘉四灵诗》二册，琳瑯佳籍，谨当什袭珍藏。《科举三录》关系尤重。敞友张季易惟骧曾辑《明清巍科姓氏录》，下走为作弁言，印入《禹斋文存》（在《诗史阁丛刊》内），亦于兹事三致意焉。草草复谢，敬叩颐绥。年愚移雄顿首。旧九月十七日。

① 广东精诚所至 2021 秋季拍卖会，云锦天章—金石文献墨迹专场。

孙毓修致徐乃昌

（三通）

一[①]

奉书并《随庵校书图》，谨已收悉。拙题容写出呈政。缪书数种已谈妥，深荷鼎力，感甚！此系弟所自购，与涵芬楼无涉也。祈为秘之。辛酉正月十二日（1921年2月19日）。

北河南路图南里。

二

罗纹纸五刀已悉。此纸绝佳，不知何处可得，乞示。新雕《骑省集》拟以此纸拓一部，未知可否石印？书以高廿二英寸、宽廿五英寸为合度，此纸有过之无不及也。缪子受兄处有《小辨斋偶存》《顾双溪集》二种，皆无锡人遗著，子受早许归我，迄未送来。公晤时祈言之。此二书在新开账上，未开价码，乞为酌定。命题《校书图》，已拟成长歌，兹录出呈政。李拔可太守已为窜改数字矣。天寒尚祈珍重。（辛

① 第一、二两通录自柳和城：《孙毓修评传》，上海人民出版社，2011年，第438—439页。

酉)正月廿三日(1921年3月2日)

三①

昨晚伻来,弟适外出,未能裁答为罪。所示各节,均是熟人,本不敢固执,类于市道,惟《青邱》《史记》昔亦以重价购致,宗、甘两君所拟之价,尚未能如命。《史记》开一百五十元,比市价已低,今甘君尚以为贵,弟再减十元何如?《国语补音》三十元、《艺文类聚》七十元,均可遵约,兹将全书送上,祈即转致为荷。台驾赴通在即,未知今日尚来得及分致否?屡渎,不安之至。敬上积余先生大人记室。毓修顿首。三月朔晨。

(信封)北河南路图南里徐大人积余台启。孙缄。附书两部十八本。

① 原函见《孙毓修友朋手札》,第113—114页。

孙壮致徐乃昌

（一通）[①]

积翁先生阁下：

昨奉十二日赐覆，拜悉。承惠汉画像砖拓一纸拜领，至谢。《周公彝》蒙慨允得拓拓本，即为景寄，尤感。兹奉《熹平石经》，闻《周易》原为陶北溟所藏，今归白坚甫矣。《鲁诗》一石尚在汴中张氏，闻罗雪堂亦得一《鲁诗》石，未见打本，不知是一是二。后记原为壮购定，北平图书馆求让，即归之。此刻石尚在洛阳，闻汴当局有禁运出境之说，将来得拓本再奉寄。前于海王邨得一小鼎，拓呈审定。器小字大，闻出洛阳小屯附近也。此上敬颂道安。孙壮顿首。十月廿日。

① 广东精诚所至2021秋季拍卖会，云锦天章—金石文献墨迹专场。

谭嗣同致徐乃昌

（三通）[1]

一

测高表甚精，惜显微镜上两个螺丝均坏，并螺眼亦坏，不易修理。若另钻眼，恐于本体有伤，又修不及原来之件之牢固。故仍以送还，乞转交。此致积公仁兄大人大安。谭嗣同。二十一日。

二[2]

积余仁仲大人左右：

自别芝仪，弥切驰仰，诸承青睐，感不可言。伏维行道有福，著书等身，为祝无量。兄于二月朔得戾长沙，回忆薄宦年余，于学无益，于道有退，仅以身免，如脱拘挛，良为厚幸。惟不得与弟共学，时收他山之助，又以怃然耳。长沙开南学会，适逢其盛，抗颜而讲，自省多惭，坚辞未获，亦只得日作老生常谈。顷以事暂还浏阳，仍即赴省。时事奇艰，所怀万绪，咫进之效，云胡可期？惟弟时有以教之。兹检出史

---

① 谭嗣同著，何执编：《谭嗣同集》，岳麓书社，2012 年，第 564—566 页。

② 原函见《谭嗣同真迹》，上海古籍出版社，1998 年，第 154—157 页。

忠正墨迹对联一副，《辋川图》一手卷，墨玉印章三枚，于阗玉根印章二枚，郑板桥画兰石四帧，聊以伴函，伏乞哂纳。又寄赠刘聚卿弟钱献之篆屏六幅，古铜镜大小九具，汉铙一具，汉弩机一具，新莽钱范一具，所谓投其所好，伏希转交。聚卿计已入都，兄暂不作专函与之，请便中代达下怀，毋任恳祷。此颂道安。如胞兄谭嗣同顿首。二月十七。

三

积公先生赐鉴：

顷奉惠笺，得诵清词丽句，楚楚动人，风调高奇，不在北宋以下。惜嗣同于词学全未究心，既不作，亦不读，但能吟咏低回，爱不忍释，知其绝好而已，不能名其为某家某派也。粗陋可笑如此。此后如更有佳什，尤望不遂鄙其愚，而时时示以教之，则茅心庶有顿开之日，幸甚幸甚！

日来殊有深念，端居无事，颇以小诗写之，录上斧削，非敢云报。跛者不忘履，眇者不忘视，布鼓雷门，所不遑恤，惟容众矜不能之贤者哀怜之可耳。

吴淞半江水，湘中一尺天。年来都翦得，持人秣陵烟。

云外钟声暮，人间晚照多。江南盛文物，孤感动山河。

裘带文章灿，壶歌礼乐娴。何如抛节钺，来看六朝山。

山远自苍翠，山势亦嵚崎。山外已如此，山中知有谁。

尔为诗太奇诞，至不敢以示人，此故矫之，以力趋昌和，然其讽刺可于言外得之。又去年有《江上闻笛诗》，差平易近人，其诗曰：

亡命向江海，柯亭十六椽。世无马南郡，黄鹤自翛然。夜久风嬉水，天寒月吊烟。身为厨下爨，太息累名贤。

并以呈政。通眉生谭嗣同顿首。

汤寿潜致徐乃昌

（一通）[1]

日昨侍谈，畅聆教言，顿开茅塞，感甚。管韩两书，度承审定竣事，便求即交去价为祷，余面罄。敬请积余姻丈大人台安。侄潜顿首。廿九。

① 来源网络。

王国维致徐乃昌

（九通）[①]

一[②]

积余先生大人执事：

久未奉教，敬维起居多祉为颂。敬启者，顷有日本友人富冈君㧑（名谦藏，日本京都大学讲师），游历来沪，夙闻收藏之富，拟诣前一观。富冈君于古镜甚有研究，所收藏亦不少，拟尽览尊藏古镜，其余金石古籍亦所笃嗜，亦请检示便于检寻者若干件。叔言参事有示介绍，附呈左右。如蒙允诺，请示一日期，当偕富冈君造谒。专肃，敬请道安不一。王国维再拜。廿七日。

再，刘聚翁已未归沪？请见示，因富冈君欲访聚翁故也。又申。回示请寄大通路吴兴里三百九十二号。

（1917 年 3 月 20 日）

① 此九通录自房鑫亮整理：《王国维书信日记》，浙江教育出版社，2015 年，第 472—476 页，系日均一并转录。

② 原函见虞坤林编：《王国维书札墨迹》，山西古籍出版社，2008 年，第 62 页。

二①

积余先生大人有道：

昨日诣谈，深慰积愫。晚蒙枉顾，又赐尊刊《积学斋丛书》，祗领，谢谢。钱氏《方言笺疏》略读一过。近校读《方言》，于戴、卢二家外，颇有小得，中为钱氏所已举正者亦多有之。承惠此书，深济其需用，专肃鸣谢。祗请道安不具。国维再拜。正月初八日。

（1918 年 2 月 18 日）

三②

久不作诗，笔意枯涩，《勘书图》草草题就，第一绝欲反苏堪诗意，而语意未能明了，甚不慊于心，有污尊卷，且恐且惭。兹将原图呈上，祈察收为荷。专肃，敬请积余先生大人道安。国维再拜。

新岁忘易甲子，图中仍题丁巳，殊堪笑也。又申。

（1918 年 2 月中旬）

四③

手教拜悉。叔言于初四日抵沪，初七晨坐早车赴天津。定于月杪归来，届时当有十日句留也。专此奉复，敬请积余先生大人撰安。国维再拜。初九日。

（1918 年 4 月 19 日）

---

① 原函见虞坤林编：《王国维书札墨迹》，第 61 页。

② 原函见虞坤林编：《王国维书札墨迹》，第 60 页。

③ 原函见虞坤林编：《王国维书札墨迹》，第 65 页。

五①

随庵先生大人执事：

昨蒙颁赐尊藏彝器拓本，急读一过。赏鉴之精，为今日藏家之最，钦佩无似。近数年思集金文拓本，所得无多，一旦得此多珍，遂如贫儿暴富，何幸如之，敬谢敬谢。尊撰《吉金图》共分几卷，冠以何名，附释文否？均请见示。昨晚兴发，已将序文草就，尚待润色，书名、卷数均需叙入也。维本不善书，而尤畏宣纸，如需录稿，拟以日本皮纸书之，何如？付印时或请他人另书尤善。耑肃，敬请撰安不一。国维再拜。廿七日早。

尊藏卫骑将军一器，观其形制不类师比，似与千金氏上方故冶诸器同一种类，真奇品也。请教之。

（1918年11月30日）

六②

前日奉诣，适值公出为怅。《建康志》并尊藏龟甲拓本册，想已察入。册中裱倒者几百余片，尊册本非剜裱，似尚可揭去重装，不甚费事也。尊藏龟甲拓本顷始见之，尊函言“前以雪堂选余之半”赠维者，殆误忆也。雪堂近得一楚钟，形在句镠与铎之间，其铭半泐，可读者作四字韵语，颇为新出诸器中所仅见。近见有佳品否？石铭藏器拓本，如晤时乞一催之，渎神，至感。专肃，敬请随庵先生大人撰安。国

① 原函见虞坤林编：《王国维书札墨迹》，第59页。
② 原函见虞坤林编：《王国维书札墨迹》，第63页。

维再拜。七月廿九。

(1920年9月11日)

七[①]

新年往谒,彼此相左,甚怅。顷奉手教,并赐《随庵四种》并《徐公文集》,拜谢拜谢。

《昆沙门天王象》再奉上三纸,又《切韵》印本一册,请转交刘世兄。此书系北京大学友人属印,维处仅有五十本,已分送垂尽,此非卖品,恐将来不易得也。专此奉谢,再图良晤。敬请积余先生大人道安。国维再拜。

(1922年1月下旬)

八[②]

前日属题秦公敦拓本,正欲濡豪,苦无下笔之处。因此拓付装时,文字必作三层分列,全形拓本之上方已不能容。若分装两幅,以文字为一幅,器形为一幅,则器之上方正可题字,然此装法却不甚合宜。最好付装后再题,则器形之下,尽有题字之余地也。尊意如何?乞示。专肃,敬请随庵先生大人撰安。国维顿首。廿二日。

(1923年3月9日)

---

① 原函见虞坤林编:《王国维书札墨迹》,第58页。

② 原函见虞坤林编:《王国维书札墨迹》,第64页。

九[1]

随庵先生大人有道：

濒行既荷盛饯，又蒙躬送，感谢无既。维别后于十三日抵津，十六日入都，二十日谢恩到差讫，现暂寓司法部街东华银行。现在不必每日入直，须俟四人再定入直办法也。初到，忙于酬应，惟不甚有见闻。所知者，洛阳新出魏石经甚多，除三大块外，尚有小块无数。又出一字石经（《论语》）一小块，尚有相似者数块，亦似汉石经。此近来一最快意事也。专肃鸣谢，余俟续陈。敬请道安不一。国维再拜。廿四日。

（1923年6月8日）

① 原函见虞坤林编：《王国维书札墨迹》，第66页。

王仁俊致徐乃昌

（一通）[①]

积翁仁兄大人阁下：

师许室中，两瞻芝宇，无任葭慕，前日竱拜，藉图盥诵元作，适逢公出，何缘之悭邪？揭晓在通，敬为预贺。尊刊《积学斋丛书》，壬辰春夏已在建老处借读一过，取择之精，校勘之细，近日所刊，惟木斋先生《木犀轩丛书》足相伯仲，钦佩之至。可否赐我一部，俾得细读，是所心祝。附呈家刻金石二种、拙著《尔疋疑义》一种、乡会卷二册，乞莞存，进而教之则幸甚。手此，敬请元安。乡愚弟仁俊顿首。廿九。

① 王贵忱、王大文编：《可居室藏清代民国名人信札》，第268—269页。

王欣夫致徐乃昌

(一通)[①]

积老姻丈大人赐鉴:

久思趋候,为课事所牵,殊深罪歉。前承谕,有荛翁题跋可钞赐,甚荷甚荷,敬请并千里、仲鱼、枚庵三家跋语一同见惠为感。(千里跋约得二百种,年内拟即付梓。)又元人欧阳玄《圭斋集》集外佚文亦辑得不少,闻邺架新得《当涂县志》中有《普明禅庵记》一篇,亦敬求录赐补佚。钞润若干,当奉缴也。清儒经小学考据书未刊稿本,素钦搜藏甚富,如许惠借一二种录副,尤感。专此奉恳,祇请道安。姻愚侄王制大隆顿首。十月廿三日。

① 韦力:《著砚楼清人书札题记笺释》,第268—269页。

王震致徐乃昌

（一通）[①]

积余先生大鉴：

日前辱承驾顾，失迓为歉。顷奉大教敬悉，并蒙捐助孤儿院洋十元，照收，附上收条，祈台阅。代孤儿叩谢。此上敬请大安。弟王震顿首。四月二九。

① 韦力：《著砚楼清人书札题记笺释》，第72页。

吴昌硕致徐乃昌

(四通)[1]

一

剧单领到,准九下到。烟壶附去,乞装少许。此上积余先生。

吴昌硕顿首。

贵大人升。

二

惠精拓,心感靡,容足平再行趋谢。

徐大人。

弟吴昌硕顿首。

三

今日足楚如裂,明午恐不能趋陪,心领致谢。

节贻先生。

---

① 许全胜整理:《缶庐遗翰》,《历史文献》第4辑,上海科学技术文献出版社,2001年,第155—156页。据整理者按语:"此四札皆书于吴昌硕名片纸上。"

弟吴昌硕。

徐大人升。

四

承助夔老四拾佛，已代收，容转交。此复徐积余先生。

朱沤尹、吴昌硕顿首。

贵上大人。

吴鸣麒致徐乃昌

(一通)[①]

积公先生钧鉴:

盥诵环章,允借卧榻,以沪上人海之地,酬答鲜暇,犹以琐屑,致劳手毂,欣歉交至。尤可歉者,黄浦之云方来,白沙之灰已冷,盖先半月,圩中大火,敝寓毁焉,床亦同尽。谚云城门失火,殃及池鱼,敝寓为直接殃及,床为间接殃及,岂其有数存耶?抑物以人重,他人固不容酣睡耶?惟按之心理,不安实甚。昔渊明乞食誓之冥报,麒援例改冥报为生偿,今趁幼南兄行便,奉上龙饼二十,伏乞俯存,以为代价,至祷至敬。其余当世之士手札咏答及拙稿均付焚,如惠赐《怀豳杂俎》,独以爱置栈中无恙,又深引为幸也。春余夏初,寒燠互易,惟珍摄千万。顺请大安不备。旧部民鸣麒敬上。

① 种芸山馆拍卖。

夏承焘致徐乃昌

（一通）[1]

……先生向往甚勤，欲藉此求通于侍者，倘承鉴其下悃，不斥为狂妄欤？再，承焘曩为《白石歌曲考证》，姜词版本见知数十种，泰半苦未目验。先生，今之绛云、荛圃，《石帚》一集，定多珍本，兹另纸写目乞教。倘荷不靳开示，俾过沪抠谒时，得快所未见，尤感祷无既矣。翘企江云，不尽一一，敬颂道安。晚生夏承焘再拜。七月廿二日。

① 韦力：《著砚楼清人书札题记笺释》，第164—165页。

徐行可致徐乃昌

（一通）[1]

积余先生大鉴：

罗子经丈转到赐书。恕前以建安镜为赣，出自中诚，去春侂王君福庵代呈此镜，其乡人社友某斤斤论直，以示张叔驯，非恕本意，以其出此，遂贬价待沽，叔驯亦未购存，以此知求友之难，鉴古之不易。乃恳虞老仍申前请，竟蒙惠许，感荷已深。此镜虽非燋铸，而文字不精，微物不足以答雅谊，故仍侂虞老代上，伏乞鉴留。钱警石两《汉书》识语，嘉业传钞之本一时未能迻录完歉，它日拟假尊本勘正，敬请缓寄。《凌次仲遗书》已为重印，胡墨庄撰箸惟《毛诗后笺》《仪礼疑义》有覆刻本，其《尔雅古义》《小雅义证》《求是堂集》似宜为之传布。恕廑有其诗文集，倘清闷无此集，当以奉借。手上，敬叩近安。徐恕顿首再拜。三月十一日。

（1924 年 4 月 14 日）

---

① 马志立：《徐行可先生年谱》，崇文书局，2022 年，第 196 页。

许承尧致徐乃昌

（一通）[①]

走谒不遇为怅，《礼塔图卷》已题就奉还。此上随庵先生。承尧顿首。

① 广东精诚所至2021年秋季拍卖会，云锦天章—金石文献墨迹专场。

许幻园致徐乃昌

（一通）[1]

积余先生阁下：

前趋聆晤教，并荷惠《闺秀词》巨集，感谢不尽。晚旧箧中检得华若汀先生之夫人《纫余小草》一册，送呈，他日可刻入大集补遗也。肃此鸣谢，敬劬钧安。晚许幻园顿首。午月十四日。

① 孔网拍卖。

叶昌炽致徐乃昌

（十九通）

一①

《紫琅访碑图》奉缴，乞恕涂鸦为幸。姚存拓本行箧如尚有存者，可否分惠一通，感何如之。手此，敬请积余仁兄大公祖大人箸安。弟昌炽顿首。二月朔。

二

积余仁兄大公祖大人执事：

昨谈为快。一瓻之乞，感承面允。《梁》《陈书》各一部、《隋书·地理志》暨首尾二册，敬祈检付小价，至迟旬日必奉缴。李审翁过采謏闻，赠诗奖借，愧不克当，昨得和章一首，附呈方家一粲，并乞转呈审翁，感甚。拙稿《藏书纪事诗》行笥尚有印本，审翁如未得，当以一部就正，亦希询之（《语石》暂罄，须续印）。敬颂箸安。弟昌炽顿首。十八。

① 第一至十八通录自夏颖整理：《缘督庐遗札》（下），《历史文献》第十九辑，上海古籍出版社，2015年，第131—136页。

三

日昨惠顾，尚未趋诣，甚歉甚歉。皖词拜贶，敬谢敬谢。《访碑图》容涂就奉缴。天祚题名尚未收得，艺风老人有拓本，当往假观也。手复，敬颂积余仁兄大公祖大人箸安。弟昌炽顿首。

四

长途畏暑，尚未趋诣，歉何如之。属撰《丛书》序匆匆涂缴，但述旧游，无关宏恉，愧不足附册尾，幸方雅有以教之。手此，敬颂积余仁兄先生著祺。弟昌炽顿首。廿八。

五

顷诵手教，敬悉。尊刻《随庵丛书续编》白纸一部敬领。屡承嘉贶，感何如之。委题《常丑奴志》，衰病侵寻，尚未下笔，莫名抱歉，统俟贱恙稍痊，即当报命。手此复谢，敬颂积余仁兄大公祖大人著安。弟昌炽顿首。冬至后二日。

六

积余仁兄大公祖大人执事：

委题《常志》，久未报命，昨始脱稿，过于冗长，愧芜蔑之不治，方家幸教正之。内侧注一"滐"字误（实无此字），本拟挖补，填一"据"字，似尚不十分凿枘。未敢专辄，先以质诸左右，如以为然，即乞付潢匠补好，掷下再写可也（听之似亦无妨）。手此，敬颂著安。弟昌炽顿首。十七。

七

积余仁兄先生史席：

昨拜精椠之赐，匆复一椷，未罄所怀。及开函展对，触手古香，蓝印本尤可爱。但承另贻补阙一册，前日面求及尊札皆言《吴越春秋》，而此书却不在内，重出《金石例》一分，想是典签者偶误。兹仍将《金石例》缴上，希检入。既又得全部，《吴越》一种亦在可有可无之列，从缓掷下可也。手此，敬颂道安。弟昌炽顿首。二十。

八

积余仁兄先生有道：

《丛书》署检初未留意，昨诵复示，恍然悟"二集"二字应作"续编"，拙稿中汇为四集，都十种为一集，两"集"字均乞改为"编"字，"二集"即易"续编"。费神，心感之至。手布，再颂著安。弟昌炽顿首。三十。

九

积余仁兄大公祖大人执事：

复谢寸笺，亮蒙鉴入。尊刻《丛书》拙序杜台卿《玉烛宝典》"杜"字讹为"赵"字，经葱石校出，由益庵转告，自是弟之疏略，既愧且歉。敬求即告梓人将原板刊正，印成之本或以朱笔旁改如何。种种偏劳，感甚。手此，敬颂著安。弟昌炽顿首。十二。

一〇

积余仁兄大公祖大人执事：

林皋伏处，棨戟遥瞻，展诵瑶华，并颁珍椠。《闺秀词钞》搜罗美富，《怀豳杂俎》最录精严，嗣响《然脂》，漱芳集腋。敬拜嘉贶，签架生辉，感何如之。弟老病支离，杜门养拙，日来风鹤频惊，讹言不靖，宁、苏密迩，同此戒严，自惟惸独余年，本无有生之乐，一切皆听之天命，露钞雪纂，不废故业。拙稿甫经刊竣，正在装订，愧藏拙之未能，愿就正于有道，敬呈一部，即祈赏收。葱石参议前有属题之件，早经脱稿，因其驻节无定，尚未付邮，应寄何地为妥，尊处可转达否，并求赐示为荷。专复鸣谢，敬请勋安。治愚弟叶昌炽顿首。九月初六日。

一一

手散并墨拓两通领到。《高延福志》弟旧有一本，拓不甚精，《张希古志》则访求数年而未得者。良友之贶，得广眼福，幸甚感甚。属录《天玺纪功碑跋》，旧稿不知存否，如已付酱瓿，当缮他作呈教。手此，敬请积余仁兄有道箸安。小弟昌炽顿首。即刻。

小儿渐向愈。承注，感感。

一二

委录碑跋，不敢藏拙，敬呈方家正其纰缪，幸甚幸甚。手此奉布，容再驰晤。敬请积余仁兄大公祖箸安。弟昌炽顿首。十六日。

一三

积余仁兄大公祖大人执事：

春杪骀从北来，获奉谈麈。韶毕如驶，眴届长嬴，敬维兴居纳福，凡百罄宜。白下为冠盖所经，荆州负厨及之望，执事英才踔厉，揽辔澄清，惟冀旌麾早临吴下，弟虽黯陋，尚能为贤太守作中和乐职也。尊寓见在何地？艺风、礼卿两公皋比余暇，定期过从，季真[①]亦在宁否？《丛书》剞劂约增几种？弟人海键关，如逃空谷，长夏无事，惟以故纸为清遣计。尊藏张通妻陶贵及戚、高两石，蒙许以拓本见惠，日望墨宝之来。艺风前辈闻又访得钟山题名及句容绍圣刻经，此间同好风流云散，厂肆拓工至以饥而徙业，弟一人之力又不足以招徕之，故所见稀如星凤。道希闻欲游鄂，绪常通信否？如遇秣陵，乞为致声。专肃布臆，敬请箸安，不一。弟叶昌炽顿首。五月廿七日。

一四

积余尊兄太守大人执事：

展诵惠椾，并颁到隋张通妻陶志一通、唐石六通，丹墨纷纶，不啻百朋之锡，珠船什袭，感何如之。弟近得唐善业泥造象两龛，刘燕庭方伯在长安访得，笔法遒丽，雅似褚登善，稍缓即当拓呈清赏。命录拙箸，敬缮一通呈教，疏舛不足上石，惟通夫妇以一富商，千余年后犹得从故纸中考其本末，不可谓非文字因缘。篇幅较冗，字之大小须视

① “真”疑为“直”。

阴侧之广狭，倘可删定付镌，即请在南中求一善书者挥翰，撰、书两款不妨并列，或可藉妙迹以掩其丑也。并希转请筱珊、礼卿两公正之。弟人海键关，如逃空谷，小儿病瘇半年未愈，日与药裹为缘，即厂肆亦尠涉足，懒可知已。执事英才命世，覃精好古，又处金陵冠盖之地，江山文酒皆足增益标胜，艳羡艳羡。专泐布谢，临颖不尽欲言，敬请箸安，诸惟惠察不宣。小弟昌炽顿首。中秋前二日。

一五

奉到手简，并承赐《丛书》一部，精椠悦目，毋任感谢之至。拙箸稍暇即当属稿呈教。敬复积余先生有道。弟昌炽顿首。

大稿先行附缴，乞察入为荷。

敬使二千。

一六

日前失迓为歉。连日为人作嫁，致未趋答。泥深没辙，想明日行旌未能遄发，改期何日，即请示知，容再趋前话别。敬请积余先生有道撰安。弟昌炽顿首。

一七

手示敬悉。礼卿前辈书籍向未通假，不知其允否，容俟晤时询明，再行奉复。此布，敬颂积余先生有道。弟昌炽顿首。

一八

昨归奉手毕，并承赐彝器精拓，拜嘉，感谢之至。所需拙箸不贤识小，本不足存，执事嗜痂之癖至欲录副，愧何如之。昨已属筱公代觅写官，钞资大约在六金左右，乞径交筱公可也。大箸采辑精审，钦佩无极，属撰弁言，当于节后报命。原稿如须带南，乞示及，当先缴上。盍识方欢，骊歌遽唱，惘然惘然。初三、四日有东城之行，当造尊斋话别也。手此，敬复积余先生大人。弟昌炽顿首。廿八日。

一九①

积余仁兄大公祖大人执事：

作奉惠简，承赐《丛刻》续编，敬领珍藏，小文荒陋，得附精椠，曷胜愧幸。贱体自到沪后，时有小极，稍愈容再驰谒。先此布谢，敬颂道安。弟昌炽顿首。九月朔。

① 《书法》2010年第1期。

叶恭绰致徐乃昌

（四通）

一[①]

积余先生大人执事：

日昨获奉光尘，至慰积慕。病蹇，久缺酬应，未克趋谒奉教，曷禁怅然。奉呈家刻二种，敬祈察收。余请勋安，不儩。恭绰谨上。廿日。

二

积余先生道席：

兹着车来取各书，祈交带回为荷。附上词数种，请汇选是倖。余颂大安。恭绰上。十九。

三[②]

月之二十号（阳历）下午七时，奉约惠临觉林晚饭，同座楚卿、叔

① 第一、二通录自《遐菴书札》，《历史文献》第11辑，上海古籍出版社，2007年，第151页。

② 北京诚轩2014年春季拍卖会，中国书画（一）。

雍诸君，皆熟人，千乞勿却为幸。此上积余先生。恭绰上。二月十七。

四[1]

积老尊座：

昨得侍教为快。月之十八号（阳历）午十二时，奉乞驾临舍间便饭，并畅观裴氏藏物。座皆雅流，千祈勿却为荷！余颂道安！恭绰谨上。十二。

① 广东精诚所至2021年秋季拍卖会，云锦天章—金石文献墨迹专场。

易顺鼎致徐乃昌

(一通)[①]

厚扰为谢,承惠赐大箸丛书,感泐无似。家刻未携以出门,仅得二三残帙,检以奉览,余容回湘后寄呈也。此请积余仁兄大人台安。弟易顺鼎顿首。十八。

《渊雅合璧图卷》容题就送缴。

① 《书法》2010年第1期。

于右任致徐乃昌

（一通）[1]

积余先生：

前日得闻高论，无任钦服。今送上《百子简明目录》，请先生删改，并请即批注原文之下，隔一二日，弟当亲趣前承教也。此肃，即颂大安。于右任上言。

① 北京诚轩2014年春季拍卖会，中国书画（一）。

余诚格致徐乃昌

（一通）[1]

明日午间十二钟，请驾临式式轩便酌，座惟季直昆仲，幸勿迟勿却。此请积余仁兄大人台安。弟格顿首。三十日。

① 《书法》2010年第2期。原札有一跋语："余诚格，字寿屏，安徽抚台，望江人，由翰林擢御史，工书法擅词章。"

袁金铠致徐乃昌

（一通）[①]

积翁大公祖赐鉴：

建霞太守所摹国朝名人园林笺纸，铠与二家兄所得均随手散尽矣。当作书与舍亲陈伯严父子，属为觅之，于明正奉上也。前遣至泰州仆人尚未回，知念并及。肃此，敬叩勋安。铠顿首谨覆。

① 种芸山馆拍卖。

张謇致徐乃昌

（四十九通）

一①

昨游狼山，承询山在平陆几何年。比以元、明之代对，无据之言也。退而不安，舟中冥思，忆州志刘弇《游狼山记》是北宋元丰年间，其时似已成陆。至书院落索志观之，记有僧语：今之山趾，前五十载海也。其深盖碇丝千寻，莫能测。时则元丰四年。由元丰而上求所谓五十载者，至仁宗明道元年，然则真宗乾兴、仁宗天圣之间，犹是海中无疑；由天圣至杨吴天祚，九十五六年，宜须舣舟题名矣。天祚二年至今已亥，九百七十一年，拙诗不待千龄，而非漫语耳。又山所有宋元题名未尽见拓本，欲求公余一一按志觅得之，命工洗拓分惠数分，以一分存山，一分寄都门公馆，一分收藏。公许之乎？积兄大公祖左右。謇顿首。十七日。

---

① 李明勋、尤世玮主编：《张謇全集》2 函电（上），上海辞书出版社，2012 年，第 101 页，时间为光绪二十五年九月十七日（1899 年 10 月 21 日）。

二①

积兄都转足下：

医臂未见大效，草草而归。合肥虽北，时势正不可知。厂中陈纱将次销完，花价大平，安得一二十万金，为长袖之舞耶？若小小结构，三五万金亦好，能为设法否？作存款半年期亦大好。捐照中是否尚有海门秦驾鳌之照（敬夫贡教照外）？祈赐代查检出，交去足赍回。去足在省有四五日留也。敬夫并属道谢。如查照略须给费，祈为酌给。秦君亦海门宿儒也。专托。敬请大安。

病寒热未愈，草草，不具。

弟謇顿首。八月廿六日。

三②

鄂城五日，三见广雅，谈论颇不局促。此老新政极著精神，唯近来新书少见，所言尚不无隔膜之处。此老如此，他人可知。鄂中译书事亦托筱公矣。若何章程，尚未议定。极叹新言容纳之量为不可及（指廿七条未改即奏）。亦赞藩台，以为肯办事便难得，湖北无此人云。细察语气，所谓查办之说，果不确矣。聚卿亦略及之。筱公有事，初五日启行，初七日必到宁。筱公处有真工部营造尺式，祈取出

① 李明勋、尤世玮主编：《张謇全集》2 函电（上），第 110 页，时间为光绪二十六年八月廿六日（1900 年 9 月 19 日）。

② 李明勋、尤世玮主编：《张謇全集》2 函电（上），第 116 页，时间为光绪二十七年六月初五日（1901 年 7 月 20 日）。

交江知源等精意摹造二枝，另造高表尺一二枝，竹篁长五丈者二枝。至托，至托。垦股若何？晓老有讯否？舟中遇大风、雷雨，泊小姑上半夜，故到宁迟半日。弟謇顿首。六月五日。

四[①]

淮安可做事不少，目前要务无过查垦荒滩荡地。爱苍亦有志，能相与成之否？如皋陈子璹广文，国璋少时角逐名场之友，蹉跌不遇，重撄家难，颓然翁矣。笔札修雅条畅，曾为卞颂臣、陆伯葵幕客，今闻居无事，爱苍到任时曾属留意，都无下落，不得已权就浙江青田之馆，道远而僻，非其愿也，窃欲累公，一为位置。或与爱苍商定，或在淮安，或在属县，或记室，或书院，都不至辱荐人也。此外尚有二人：一徐廉本，绍兴人，祖居淮安，其父与有雅故，临死以妻子为托，前曾为荐于幼彦，幼彦以八番一月畜之。此子能司笔札、帐房，惟不及陈子璹。子璹究是老辈，此次幼彦去，携之与俱否，不可知。若不俱去，必来坚求荐馆，公知弟于省城更有何人可托耶？又一泾县秀才吴朋三（名似国光），亦故人之子，亦能办笔墨，前求荐馆，未有以应。此二生者，并乞留意，代为安顿。不必在府署内也。必无可图，亦不敢强，此视二生之命运矣。

三兄调东乡，又是办一难事（百姓抗粮），并非好运，顷复有人劝捐升道员（三班）或云郎中员外。据云道员若买，票不过二千，然否，请指教。并请速答，以何为长，候答而定。謇再顿首。六月廿八日。

---

① 李明勋、尤世玮主编：《张謇全集》2 函电（上），第 117 页，时间为光绪二十七年六月廿八日（1901 年 8 月 12 日）。

五[1]

积余仁兄鉴：

比与方君伦叔谈，为儿子择妇，方君极称陈劭吾之女，贤而才，惟不能确记其年齿，但云似二十以外，儿子今年裁十六，若妇长二三岁者（四岁至多）犹宜，过长则不适于旧俗。公与陈稔，希为探询。方君又言方履中女，履中为人不甚平实，虑其家政亦非旧法，故稍踟蹰。苏堪似尚有女，近儿子与苏堪子同学，颇能延阿翁之世好，若相当则至善。年龄性行，公能并为探之否？弟自先室即世，颇不免于内顾，儿子生母所能经纪者，守先室壶以内之遗则，若收租计产，兼及门外，为弟之助，则力有不逮。故择妇之标准：欲合旧道德、新知识于家政，但能文艺，非我所须，更无论怪诞之学说矣。恃爱故琐琐及之。幸为留意。敬请大安。张謇。五月廿八日。

前定林访碑图诗，“沪梁老羁旅”，沪字似误写，乞公注改。

六

积余仁兄鉴：

承答至感。比亦有言金伯平之妹者，但年长五岁耳。以齿论：劭吾二女相当，不知二女中孰贤？通俗须求八字，近例多求相片，皆须互换。若陈宅可许者，儿子八字、相片亦可寄奉。希善致意询之。敬托。即颂大安。謇白。六月八日。

---

① 第五至九通录自李明勋、尤世玮主编：《张謇全集》2 函电（上），第 386—388 页，时间均为民国二年（1913 年）。

七

积余先生鉴：

承爱为儿子作伐，至荷。兹先寄儿子本年岛校寄来相片，以备互换之用。专请大安。謇言。六月十三日。

八

积余先生惠鉴：

治堂旋通，复承为儿子作伐之盛意，儿子生时昨专讯家中取寄。兹谨书寄，请交劭翁，以便彼此推合。弟亦属精星命家言者推算，此亦风俗惯例。然居家以礼，合宜则亦不可少之手续也。祗请大安。台从能偕聚卿惠临否？盼盼。弟张謇再拜。六月廿二日。

九

积余先生惠鉴：

昨寄上儿子庚造，度已转致陈宅。兹属汪君尚荣推合，甚吉。此亦旧俗，顾为家人言，不厌其详也。闻单治堂君已有讯通告。劭翁当亦注意及此，通俗聘礼在婚娶时行之。先行住口，即问名纳采礼也。不知皖俗若何？敬烦致意，以便卜期。合婚单抄呈。祗请大安。张謇。六月廿八日。

一〇[①]

治堂、积余先生鉴：

昨夜偕希瑗往沪，至港闻沪战而返。陈宅姻事拟阳历八月一日（即阴历七月二日）行纳采礼，应用礼式如皖俗，已函属大生帐房吴季诚晤治翁商办，或请治翁先一回通，届时之先或走去沪行之。或否再定，先行奉白。敬请大安并希见教。张謇。七月廿四日。

一一[②]

今以实业求钩稽考核之精详，一枢纽纲维之统系，设总管理处，中赅纺织、盐垦、各工厂及实业轮步栈四项。除纺织管理处经董事会议决先成立，特延主任外，实业轮步栈目前亟待有人清厘察核，合先延聘主任，兼综其事。徐君积余，冲宁廉悫，见信于友朋，文理密察，足敷于匡直。兹特聘为实业轮步栈管理处主任。管理处设备未完以前，先就实业原办事处办事，佐愚兄弟考虑所不及，待董事会通过而非迟。所有章程，随后拟订。惟祈鉴诺，以副微忱。

一二[③]

剑气忽动，虽新宁之电，亦公一激之力，惟仍无大益。奈何？抉

---

① 李明勋、尤世玮主编：《张謇全集》2 函电（上），第 390—391 页，时间为民国二年（1913 年）7 月 24 日。治堂为单治堂。

② 李明勋、尤世玮主编：《张謇全集》3 函电（下），第 1038—1039 页，时间为民国十一年（1922 年 3 月 24 日）。

③ 第十二至四十五通录自李明勋、尤世玮主编：《张謇全集》3 函电（下），第 1632—1646 页。

云三千，许前月必到，幸更致意。晤近，不具。

积余公祖仁兄足下。謇顿首。十二月五日。

一三

积余仁兄大公祖大人惠鉴：

伫候台旌之莅，几两月矣。久久寂然，复闻沈观察以太翁之病回苏，计必淹滞。乃荷陶帅改委何观察与公同来，又派章静轩君，章与公皆当时履勘测量之人，前后七年，地固未尝变易，一经复勘，不难确定。弟自十一月初被公推为苏路北线主任，坚辞不获。乃许以十二月望后去清江，先立事务所。既久候公不至，而许、段诸君与他绅咸以二十、二十一两日约会于清江，订期在前，未便爽约。顷得章君电知，即莅通，仍未得公与何观察何日来通之讯。今晨复电王绍延观察，托为询问。弟今晚赴沪，十九日至镇，廿日赴浦，家叔兄在通拱候接待。同至垦牧，为弟代表，客来而主去，中甚不安，其不得已而致此不安之疚，亦恃我公与何观察皆明达君子也。千万鉴亮。至鄙意所欲陈之事谨具略如左：

一请按前测图复勘地亩，有无坍缺之变易。

一请查询安荡地一亩产草丰歉多寡之确数。决平均之确数。前案平均为每亩五石。

一请查吕垣每年之草是否有余。

一请将东蘧涂原案所谓暂不开垦之地，即作为留于盐业蓄草。饬场每年春秋亲临查禁私垦两次，以弟所闻所知，东蘧涂每年实产草八万石，樵户报荡户为六万石。

一连年春夏雨多、卤淡、场湿,故产短。曾与余东公议,拟运山东岛滩粒盐数千引,化卤重淋,此亦增产之一法,须请主持。

一请兼勘余西、石港、掘港三场荡户之草是否历年陈积有余。止须辛苦一二日,即可穷览真际。鄙意如掘港额盐十三万桶,即加两倍留草,亦止七十八万石。余西、石港例此。多则听转售于草乏之场,若余东、丰利。或为酌定转售之数,或不定数,由乏草之场每次请官给照往返。再多应听荡户卖于民间供炊,若犹虑影漏,即令荡户按盐包足,煎丁所需之草亦可如此,则可省民灶无穷之争,而亦可免盐草相须之缺。

以上说盐与草之关系。

一请按嘉庆、道光通海原分界图勘定通、海界,以便建立界石,免将来民事、刑事诉讼之纠葛。

一请勘垦牧公司界内已垦、未垦各若干;已熟、未熟各若干。已属垦牧监督,分色制图,加按说明。

一请定缴价方法。

一请决明垦、盐两公司是否妨碍。

以上说垦。

垦牧监督江郎中知源、盐业经理许生小若、又前经理周府经健甫,皆于所任之事,各有甘苦,已属随同指引,陈明鄙意。具前十条乞赐省察。留请大安。治愚弟期张謇顿首。十二月十七日。

何、章两观察均鉴。

一四

积余大公祖仁兄大人阁下：

奉正月廿六日手书，承注爱极感。聚卿在都，闻颇趑趄，不知近来如何？能得参议否？朋友久离，趣向不同，便易违异，走与聚卿出处路分，绝无违犯，虽有人言，固知其无他也。走所历多矣，岂于聚卿不能释然？仪、泰筑小轨可否？已为据请于部，商苟能办，有何不可。不独走不间，他人亦岂乐为人牛马。至于通、泰，恐尚需时，商力、商智皆不及格，设邗商有兼营之志，岂非大善。日跂望之，复请大安。弟謇顿首。二月十日。

南田终不可解释，久必连天水，听之而已。顾全不了许多，恃公知爱，故聊及之。

一五

积余大公祖仁兄大人惠鉴：

闻公行受代入都，积念无已。体中近当康复。久香所营宿迁耀徐玻璃公司，研求数年，近日平片乃著良效，此亦实业之庆。惟经济困乏，筹调为难，目前须用十万，已为筹有其半，所缺半数拟请公为筹划，息可七厘至八厘，弟可担保，期可五六月，明春平片大出，则转运自灵。幸公有以扶掖之，久香亦旧交也。祇恳。敬请大安。鹄候回复。治弟张謇顿首。九月廿五日。

一六

积余大公祖仁兄大人左右：

使至，奉书，吕盐积困，荷公轸恤维持，此不独商业之幸，下走之感荷亦百倍寻常也。目前之六百余引既发其端，吕垣现又拟请尽产配销，亦以请于滇生都转，设新任来时，仍祈鼎力为吕纾困，无任祷企！公受代后，闻寓扬州，北上既缓，正可作病后之调息矣。复谢。敬请大安。治弟张謇顿首。九月廿九日。

一七

积余大公祖仁兄大人阁下：

惠答承为安排至详，曷胜佩慰。弟此次东渡，主意在农工中之人工，及市町村小学，其大学非所亟，故拟大扰使馆。弟本乡人，亦不以其礼遇与否介意。我之士大夫往者被其礼遇，而回又济得甚事耶？为之一叹！聚卿讼事颇闻不利，不能知其详，公与希瑗宜为之地。生事当至彼度之。敬请大安。附谢，不具。弟謇顿首。四月廿二日。

一八

辱使远来，礼意稠叠，不敢当，不敢当。通州为公旧游地，又方提调学务，所赠之松当以栽于师范学校，以志嘉树之惠。京靴是弟托买，仍请问价，余仍附使赍还。小极不多白李图不知何时出，殆不能速。

积余大公祖仁兄大安。弟謇顿首。五月廿四日。

一九

积余大公祖仁兄大人足下：

淮安之行，何日旋省？尊夫人病已愈否？前惠之松，在厂未见，闻正干之梢已折损，乃知散木多寿，太守殊不善处此木也。学堂如成，此松尚在，终当移植，以记嘉树之谊耳。师范学校公呈已批行否？待此方好动工作也。今令家丁宗裕诣宁购木为油纱厂用。附缴磁器、衣料祈察入。京靴竟拜大赐。敬请大安。弟謇顿首。六月初七日。

二〇

淮安之行何日始旋？省中学务之奏，似高等师范四字分读，而非连读，不知以此敷演，政府抑果如此也。刘一山前有递派办处一禀请立小学堂（弟曾讯告郭五先生），不知已批行否？弟顷与五属联名请私立寻常师范草，由健庵寄递新宁。日内当已到，是否交派办处批，抑径批答也？刘一山初办时，黄阶平云是赚钱事，不知实是赔钱，防有阻挠，不得不禀，所谓小人不乐成人之美也。比苦顾翁乃不似张季之易侮矣。鬼神祸盈，理则如此。师范禀有批或有所闻，幸速示！并拟立一女子师范，不知能成否耳？敬请积余仁兄大公祖大安。謇顿首。端午。

二一

积余大公祖仁兄大人阁下：

廿二日灯后始得十六日惠告，并总局公牍。适筱珊以是晨与聚卿往沪，公牍俾其家丁于今晨送投，极荷盛意。无可裨赞。商为农工兵之枢纽，义应力图保护，以冀振兴。至区区通州一厂，不过江北之嚆矢，方欲从贤大夫后效鞭弭之周旋也。一切须面谈。日内俟恽丈来定章程后，即当至通、至沪。先此复请台安。（禀稿附缴）治小弟张謇顿首。八月廿三日。剑丈、仲翁均致感忱。

二二

积余大公祖仁兄大人阁下：

顷至吕四，改良盐色，愈出愈佳。盐田卤亦加浓。而前此所销改良盐岸销情形如何？能否加价若干，绝无消息。是使本重物美之制品，遏抑不彰，不特无以鼓励将来，亦岂所以维持公道？运商不足论，督销之官、都转之官，亦漠不动心，如此安得不令人寒心。沪上洋人屡托人索取样盐，不知何意？若久无销行之路，亦唯有停辍而已。安能日受亏损耶？聚煎盐亦过于旧法（色味：聚煎色白而活，旧法色微青而滞），已积二百数十引，顷请重一百四十引样盐，不久呈鉴也（按吕盐四月出，旧例）。敬请大安。治愚弟张謇顿首。六月廿八日。

二三

积余太守仁兄足下：

过江宁时曾属叶玉昆面致一一，晓珊前月杪已至仪、泰，今尚未来，不知留滞何所？关防至今未见送到，岂有他故耶？祈速催！催成专送通厂。留候晓来，通海大水，棉大减收。海边水亦奇大，乡民报灾者辄扼于吏胥，圣事老农言，水比道光三十年大一尺，报灾迟迟不准，亦非道光故事也。兴居自玉。叔兄已调东乡，东乡亦被水，终思归耳。謇顿首。六月十四日。

二四

白蒲之行遂已，旋里岁事大难，未知所厝也。厂款多少，姑听之而已。人事扰扰，殊不足论。花衣奉还。献岁晤罄不一。

积余仁兄大公祖足下。

謇顿首。十八日舟中。

二五

金仆承为安顿，可不饿死矣。徐生有佣书处否？弟处独乏位置，曾为师爷大爷之事时时累公，亦殊不安。垦牧又届应缴三成之期，公启曾达览否？月朔狂飓，新堤颇有损伤，此亦需款，意外事也（自咸丰六年后未见，或云过之）。复谢。敬请积余大公祖仁兄大安。謇顿首。八月廿日。

二六

积余公祖仁兄足下：

总局认捐票，闻尚未发下，而通厂即须于通海境内购运棉花，沿途凭何查验，敬夫请即以大生厂发货单为凭。沿途照验，待认捐票到时补照填开，权宜之计，似亦止合如此。足下素以恤商为志，当蒙鉴许。承与剑丈合集之款，祈赐早交，须用购花也。小病及旬，北渡少迟。先此奉请台安，剑丈均安。治小弟謇顿首。九月十三日。

二七

惠毕均承一一。祝讯之说，犹是专恃壅涂，而丁荡筑堤、种草，仍用宕笔，商人之没出息如此。为目前计，亦不必争，止须盐院照会禀批行(定案)，便是骊珠在颔。料理民纷之事亦须俟批定，行场方能得势。最好一面行匀，一面先行电饬，便可挪早两月(行否祈先示知)，祈为理公言之。批户事亦渐就绪，看来不难。留三补北边不堤不渠足容若辈藏匿矣(谓筹户、灶头)。鄂中频促，月内止好一行。能至宁否未可定。公至省闻见如何？祈示。敬请积余仁兄大公祖大安。弟謇顿首。四月十八日。

二八

积余仁兄大公祖惠鉴：

辱损书，荷公拳拳之爱，至可感。恽丈一时意气，无碍前好。开会本下走之志，不因恽丈有言，唯初意欲俟明正，今特提早耳。范蠡三致千金三散之，走尝以证，决非载西子而去之人，以为男子当如此。走即无似，岂无思齐之愿乎？顷在分厂料理，月杪至垦牧、盐业。七月初旬方得至通，查帐员将至矣。虑不能去扬，幸为于天水都转前道感谢之忱。敬请大安。治弟张謇顿首。六月十三日。

二九

章使来，承手教。希瑗事颇难著笔，动用有案，何至道揭，揭而已，奉督批如何？仍苦道以反汗耶？解铃系铃，搏雪散雪，又不得不借道之力，止有空洞著笔之一法。公谓何如？惠教不及，百股二成之说未得盛旨，殆已汇寄上海。晓公行后，弟亦拟去沪。垦股至迟重九截数也。（十三日函意即为二成事，尚未奉到。）

积公大公祖大安。

弟謇顿首。八月廿三日。

三〇

积公仁兄大公祖足下：

电在吕四接到。局讯后一日亦到，晓珊极感盛意，明晨亦旋省销差矣。省电亦发致铜井巷，以意度之，殆可有成。淮阳三十里，其占德星聚乎。跂望，跂望。公司基址今日已兴工填筑。孙斌能做粗事，不欲累公。陈君、徐生均已得主，亦不致烦公筹划。惟有孙生孟詹，远来草荡之中，殊难位置，谨以此生与孙斌对调，此亦相累之事，唯公谅之而已。叔蕴与弟约在先，有公牍可证。爱公留办，同志之事，亦弟所愿，但不得专据为己有耳。此却须与订明。弟不日去沪，亦与叔蕴面言之。此讯付孙生赍投，公可即遣孙斌来吕。专此敬请大安。

（晓珊未便言谢，属转达。）弟张謇顿首。八月廿四日。

三一

承示，荷爱极。至前见王禀，即举其疵。王亦省悟，始盖欲以证实为必得之券也，可谓太笨。惟事既不能不办，舍此款又无可措手，如何，如何！另于穆丈一函，祈阅后代送（另饬人送）。祈赞成之，地方幸甚。鄙意所犹惓惓者，款实艰难，而事或敷衍，非特负穆丈之意，亦非下走绸缪乡里之初心耳。小山已归，王以为事小不好相烦云。其信然耶？司局小轮公事已转否？乞托人在司幕一询，早行为恳。从书序已寄到否？

积兄大公祖足下。

謇顿首。七月朔日。

三二

惠复极感。今日抄赵函白湮阳，拟另咨呈袁京兆，许为言于赵及黎邱之鬼，不知云何？湮阳若游移徇赵，当开股东会公议办法，若股东愿碎吕垣以彰赵专制之压力，走亦不辞当矢之的也。

积余仁兄大公祖。

且勿宣言，或见京兆更商策划，以福吕垣。

謇顿首。九月廿一日。

三三

积余大公祖仁兄大人惠鉴：

使至辱问，承爱注极感。都转所虑，弟早料到。唯皆有说以答。改良用东法，唯吕四所独。他场必无第二笨人，非东法即不得援引，且每年至多不过两票，可以限制他人，更何苦为之。认缴两票之说，陶帅亦言之，有为设法代筹之说，弟意何苦累人。据湖南师润生君言，可以此盐归运司收，作为运司公盐。以盐价论，鄂岸除廿六文一斤外，可略余一二三文，所余亦归运司，即二文一斤，亦可得一千六百千文。改良盐运栈交斤止收成本，廿六文较之呆阁亏折为胜。师君所筹之言如此，顷亦为陶帅言之矣。至昨布一函，配销之说，乃袁京兆、唐观察所代筹，师君来研究，亦虑运商不愿，转有为难。今请勿提，作罢可也。改良盐不得出路，终不可已，上天下地，终必求之。似此困难，望人实业改良，殆却行而求前，必无望矣。愿更为都转商恳，即停办，已掷之资有人贴还否？可痛也。支店当自言，本有准案。复请大安。

（明晨回沪，有讯祈寄沪帐房。）

治愚弟张謇顿首。九月七日。

三四

承十二日惠告，爱注至周，岂胜感荷（昨寄去玻璃集股章程，计达）。俊卿廉访曾于沪上有一面之识，固于时局开通无障者也。分厂、玻璃、电灯集股章程，先行寄往，乞转致。垦牧中两营核出尚有五十余股，亦可为言之，但勿复为有忮心人道也。渔业章程在上海印，寄来即寄。盐业则须试验分明，确有把鼻，续招新股；彼淮商疑下走夺彼之利，不知下走正欲去其害以全其利。疑下走所行不足恃，不知下走正亦不得不审慎、且或审慎过于若曹也。轮步公司章程一并寄上，均望代为集股。比又与久香营一笔铅公司，盖亦夺之于外人之手者也。不知者必以走为唯利是图，可一叹也！复请积公大公祖仁兄大安。弟謇顿首。九月廿一日。

三五

承惠湘中竹器二种，极荷纫注。惭无以报，弥用不安。盐城人请留县官，具见公道在人，亦足为吾党生色，欣喜，欣喜。非为吾友能多收一下忙也。沪商务局仆人金贵，故苏北旧仆，自江宁来求事为活，此间岂有事图？公或需人奔走，抑或朋好中可以转荐，谨付一函奉叩，乞为留意。俾该仆有以活其母，亦功德也。比乞艺风前辈为致曲阜林庙孔子像石拓本，并淮安丁氏礼器，不知如何？盼其回答。

积余大公祖仁兄大安。

弟謇顿首。八月八日。

三六

严世兄贺衣之计甚亟，祈属前途即于明日到院看估为荷。书件附缴。即颂积余大公祖仁兄大人大安。治小弟期謇顿首。

三七

知公时游古玩铺，奉上另纸，祈为物色之。鄙意欲使人识古器之形，因而识字，不必如陶斋所求，但得制作尺寸合度，赝亦不妨。琐琐之请，亦佐公闻中消遣。

积余先生左右。

謇白。十一月廿四日。

三八

积余仁兄大公祖惠鉴：

得告慢然，孙第一面耳（又似见过两面），不能知其已往之行，兄既稔之，幸留意。知人甚难，官场人尤不易知也。前于孙去后，已属人切诫之，却不知其淮北所为。礼卿调船去海州，而通海盗大炽，顾臂乃刖足，近事往往如此。一叹！复请大安。弟謇顿首。四月十二日。

三九

积兄大①守足下：

书问往复，具承近状。闻晓老言，公行改省，茫茫六合，何处亨衢？走一家不如守一家；愿毋以鼠肝虫臂自损雅抱也。王、彭是非，下走从未羼入，上袒彭而下直王，殊难置喙。不日至省再谈。敬请大安，并贺节喜。（顷荐冯长班与礼卿，此人可用，见礼公并望言之。）弟謇顿首。五月三日。

四〇

积余仁兄大公祖阁下：

昨高知事往投爱苍，付一缄奉问。孙斌系桐城海岑先生之疏族，贫而愿，不识字，亦不多事，以佣役糊口。前曾荐吕润生同年处，其材略与垦牧相近，惟公司未立，无从安顿，暂荐贵衙门混饭半年，明春二三月调回。若公以为朴素无他而留之，亦无不可。专请大安。

（公司工程拟开办矣。）

弟謇顿首。八月六日。

① “大”疑为“太”。

四一

《丛书》序，谫劣不足言，何堪当誉。北警言人人殊，究不知乘舆西来，扈跸何人？留守何人？报叔午不知何从？鹿中途病退然耶？西园政声何似？省事云何？便中略示。唯积兄大公祖珍卫千万。謇顿首。七月卅日。

四二

积余仁兄大公祖左右：

别来近事复如何？通州绅富捐已动，未曾来说，殆以下走为穷人也。下走亦真穷，然心中又似要出几文方安（照上届是五百番），却又无可筹措。且捐在通州，人不来说，我又何必向人说，意又欲捐在省局，总算是山长，就近在省捐的，或由兄便中一告通州之官，不看色相最好。捐必有奖，奖侍讲读衔与四品衔孰廉（在亦约略言之，不知前名色，应款若干也）？侍讲读衔之奖，有此例否？请先为筹应，捐与否、应捐须核奖例，何从为善？此项捐款必须兄为代措，明年奉还也。兄力能及之否？若可不捐，或兄力不能代措，则作罢论而已。雨中独坐，偶念及之。专此奉问，希即见答。敬请大安。弟謇顿首。十二月一日。

聚卿代筹之款有下落否？

四三

另二纸聘臣属请转致伯彦者：一系铜板，一系石印也。昨《法令大全》拜赐。感荷，感荷。比赐馔之惠多矣。

积公大公祖。

謇顿首。

四四

积余先生鉴：

十二辰中猪最难觅，虽得王小某所画，然王画本不甚高，殊未慊心。马有徐铁山之八骏（顷在江宁见赵子昂一马，疑其赝，故未收），绢本损裂矣。钱南园瘦马不易得，欲得姜福清者，亦降而求其次之意矣。有可物色否？鼠得钱舜举者极佳，然是卷子（幸不长），若改裱为直幅，须更求一横者偶之最好。得一松鼠小幅（即扇面亦好，不论团扇、折扇），亦可以类从也。乞公为留意。即请大安。謇白。二月廿九日（祈并托聚卿）。

四五

天不甚寒，无雪意。尊体动止如何？和局定，权已失半。衮衮诸公稍觉小痛耶？两月以来，通州盗案叠见，迄不报不办也。民真不堪矣，奈何！厂不恶。

积余大公祖仁兄执事。謇顿首。

四六[①]

积余大公祖仁兄大人大鉴：

闻公有赴引之说，陶帅肯听公行否？下走极愿公之多留数年也。辛苦待之，安知不都转使耶？改良盐鄂销情形，迄不能得，现王翰甫世兄去，或可得其应蕴，援例请运鄂自销，咨文承教备上，乞即商之天水。（是否可行，祈随时见告。）即能行，费事已不少，不行则受亏殊巨。何怪中国人皆习于老成持重，事事守旧为安。大生股东会二日而竟，赖此明心迹而轻疑节。报南田，五年四万二千余圆矣，止买得谣言一场，党魁二字耳。公谓可以数语释之，何其浅测此公也。敬请大安。议案不日奉上。弟謇顿首。八月七日。

四七[②]

积余仁兄大公祖大人大鉴：

李选青来，荷公注爱无量。当日即拟电司，以适当节日，故十六日早始发。一面送稿去吕，令照改缮，别与天水一函，云是专送。祈公阅后仍交李选青，即为送司。兹事尚拟抄稿寄院，以为之地，乞公与天水熟商，以玉成之。庶吕垣有收回折本之望，将来或尚有强勉改良之人。公于实业界之赐甚大，不止下走一人所营而已。吕四栈地为人干没，现托选青密查，拟为追理，俟查原契勘核，亦须烦公维护也。宣青侍公归依，得所可幸可幸。祇请大安。治弟謇顿首。八月

① 种芸山馆拍卖。

② 王贵忱、王大文编：《可居室藏清代民国名人信札》，第209—210页。

十七日。

四八[①]

讯至，承惠李洪凌二名志，存之馆库，足以增重，感谢不可言。黄刻之打本，审其刀法，自优于顷工，俟石磨竣，当罗致之，谨谢。即请积余先生著安。謇白。七月六日。

四九[②]

万昌福解饷人已到否？尚有八百，拟汇公裕可否？实缺知县捐升同知、直隶州、知府、道员（候选）捐数若[③]？买票若干？加离任若干？（何处即有部照，何处咨部，可速。）并祈查明赐鉴，感荷感荷。謇顿首。

徐大人。

《日知录》奉缴。

---

① 开拍2021秋拍，朝访残碑夕勘书："蠹鱼"徐乃昌和他的朋友圈。

② 韦力：《著砚楼清人书札题记笺释》，第282—284页。

③ 引文注：疑缺"干"字。

张元济致徐乃昌

（一通）[①]

积余仁兄大人阁下：

奉示祗悉，掷还《诗风初集》八册、《三台诗录》十二册、《瓣香集》六册，均如数收到。其余各种尽请留阅，不必亟亟见还也。即颂台安。弟张元济顿首。五月四日。

① 张树年、张人凤编：《张元济书札》（增订本）下，商务印书馆，1997年，第904页。

张祖翼致徐乃昌

(一通)[1]

积余太守大人阁下：

敬肃者。六月初六日由邮局寄呈一椷，谅达左右矣。辰维潭福多佳，勋祺卓著为颂。祖翼奉职无状，致遭天谴，两次被水，颠沛流离，一言难尽。加以钓船陆续空幽，上江又禁米出口，捐款日减一日，当十八日大潮之后至二十一日，分文无收，刻将被水情形并减色实迹详细上禀，想已早邀钧鉴。惟现在收拾晒亮诸物不全，阖局人等病者四五，本月报销，拟恳转求局宪宽限数日，俟水净屋干，能以住人，各归原所，方能办事。不然，仓猝慌迫，恐有舛误也。叩祷叩祷。一切情形，均详禀中，兹不再述。专肃，恭请钧安，伏惟垂鉴。祖翼顿首顿首上言。六月廿六日肃于荷花池舟中。

---

① 中国嘉德2023年春季拍卖会，可居室名人书翰。

章梫致徐乃昌

（一通）[①]

积余社长兄大人鉴：

谢节母承大诗阐扬。昨又奉贺年信，感谢，感谢。敝县先正《逊志斋集》重刻成化本，顷始告成，敬以杭连纸初印一部，呈请留阅，复贺新禧。祇请著安。弟期梫顿首。旧正月十一日。

① 广东精诚所至2021秋季拍卖会，云锦天章—金石文献墨迹专场。

赵尊岳致徐乃昌

（二十四通）[①]

一

积丈惠鉴：

日前偕彊、夔两公晋谒左右，拟一观尊藏《东坡词》注本，未晤为怅。《词汇》八册奉缴，以夔公见及，假观数日，故稽迟至今也。卓氏珂月《词统》与此书先后同出，大约明词所收较夥。倘能于便中一检，尚乞假观为祷。尊藏词山曲海，李中麓不能专美于前，想必有此书。容日趋敂。媵此先谢，敬颂道祉。世侄尊岳顿首。十七日。

（1923 年 1 月 3 日）

二

积丈侍右：

鸥波手卷遵命题奉，芜陋不足辱教也。迩来搜辑明词，已得百数十种，而待访未见者犹夥，特将目录呈教。久仰籛阁收藏宏富，倘有

① 南江涛：《赵尊岳致徐乃昌书札考释》，《图书馆杂志》2023 年 6 月 28 日网络刊发，信札时间均据此文考证转录。

可补者，乞写示一二，以补缺漏。待访目中如能惠假数种，尤感盛意。属胥摘写，不日即可缴还也。明词固不能媲美宋元，而一朝文献，听其散逸，亦复可惜。宋元善本叠经诸家梓行，差无罣失；则明词之阐隐发幽，亦似不可处缓。区区之忱，谅荷赞许。稍凉当走罄。一一。溥肃，敬颂杖履百益。世侄赵尊岳顿首。七月朔日。

(1923 年 8 月 12 日)

三

积丈先生侍右：

久疏趋谒，弥切驰思。秋暑正殷，辰维兴居曼福，式苻下颂。蕙师《词话》雕板经年，讫工甫告，敬检呈奉，乞征同赏。又日昨偶检敝簏所藏尊刊《闺秀词》，但有八集八十家，想非足本。侧闻近得百家，别增外集，金荃盛业，吾丈实振其宏绪。乌丝丽制，尊岳尤快睹厥成。敢乞自九集以下并其它选刊词集，卒拜嘉惠，藉涉全豹。祝豚载车，买菜求益，微尚不情，惟长者谅之。少凉，当专诣谢。肃此，敬请道安。世侄尊岳顿首。双莲节。

(1925 年 8 月 25 日)

四

积丈侍下：

昨辱瑶章，并拜厚贶，感甚。词林掌故日就淹没，《三录》彰潜悳、导盛美，以征考据、觇人文均为不可忽者，况其尧[①]翁秘笈重靓天壤、

① “尧”疑为“荛”，荛翁指黄丕烈。

星凤罕俦耶！已掇数语，揭之报章，愿与世人共赏之。特无当大雅，徒资贻笑，深自惭歉。拙词不足存，得就教正，弥深欣幸。诸容诣整。专此道谢，顺叩杖祺。世侄尊岳敬上。初七日。

（1926 年 6 月 16 日）

五

积丈侍右：

乍承赐简，并拜惠《四霷仌》，琳琅披检与发绛云旧秘于玉楼碧落，何幸如之。专肃鸣谢，顺敂杖祉。尊岳谨肃。十三日。

（1927 年 4 月 14 日）

六

积丈尊右：

前此晤教，殊慰。顷检拙藏《四明近体乐府》，颇有缺失。知尊处有之，希便中检掷申报馆，俾得钞补，旬日即缴还不误。专此奉读①，敬请道安。世侄尊岳顿首。廿五。

（1929 年 11 月 25 日）

七

积丈侍下：

日前晤教，快慰。《诗余广选》已承小宋兄交到，查缺弟三、四卷，

① “读”疑为“渎”。

想尊藏必可检配。倘能赐掷一观，殊纫雅意矣。又《词总集叙录》现已着手纂述，惜拙藏不备，务希以邮函见示，俾资津逮。无论何书，旬日即检还不误。《白山词介》《三百词谱》并乞先掷申报馆，另笺有数端求赐启迪，请便中批掷，庶可辑存，实深欣幸。肃此，敬敂道祺。世侄尊岳顿首。二十日。

一、请示剑川赵藩之氏族爵里及有何著述（词集何名。因辑《滇词丛录》，故拟一考。《丛录》成于晚近，想吾丈必备详其人之仕履也）。

二、请示陈伯雨之氏族爵里及有何著述（词集何名。因辑《金陵词钞》之故）。秦际唐之号及爵里著作（因《金陵词钞》由其作序）。

三、请示乾隆间洪振珂之略历（因其购入汲古阁《词苑英华》板修补发行）。

四、请示冯金伯之名氏爵里（及有何著述、词集之名）。又拙藏《海曲词钞》，序已脱佚，请检尊藏，将序跋写掷（冯即辑《海曲词钞》者）。

五、请示康熙间张渊懿之爵里著述（词集何名），因其辑《词坛妙品》也。

六、请示近人王官寿（濯莽）之爵里著述（词集何名），因其辑《宋词钞》也。

七、请示卓人月、徐士俊之爵里著述，因其辑《词统》也。

以上数则，希随时赐教训迪，感幸。（江易园谦，休宁人）。

（1929年12月20日）

八

积丈赐鉴：

奉示至仞感。《三百》《白山》均已详读，兹敬缴还，希察入。《诗余广选》顷详检，所缺仅三、四两卷，即钞配亦极易易。候尊暇检掷是耳，惟承赐殊不敢当。《词选提要》不限朝代，疏注板本，尤极不易。若荷，随时指示，欣快何似。专此，敬敂道安。尊岳肃上。廿五日。

（1929年12月25日）

九

积丈侍右：

昨奉颁《广选》二册及赐示冯墨香略历，感悉。顷得《北京图书馆目》，有《词规》《词轨》等，裒然巨帙，恨不即得一观，方知求全之未易。吾丈所藏词总集当多罕见之本，清暇能检示一目否？《诗余广选》与《词统》同板异名，倘获前人考证之作，并希见示，至幸。专叩道祺。世侄尊岳顿首。六日。

（1930年1月6日）

一〇

积丈侍下：

前此奉缴《近词》及《簪花谱》，自荷察收。比盥诵《闺秀词钞》，知长者辑书时采用朱和羲《玉琼集》、周之标《兰咳集》、顾贞①观《今词

---

① 引文注：原误作"性"。

初集》甚夥，想邺架必有三书。希予假读，俾得辑入《提要》，良深欣感，随时惠掷申报可也。琐渎主臣，顺叩道祉。尊岳顿首。朔日。

（1930年2月28日）

一一

积丈侍右：

昨承赐训并惠假《玉琼集》六册，感幸。挑灯批读，省其精慎为选家之正规，已将卷目、序言辑入提要。窃思佚存之书，词学为多，单行僻见尤珍秘，倘长者能设法为之传播，以惠艺林，则岂仅存佚之功而已！朱氏仕籍恨不能知，并希见示。邺架富拥百城，关于选本，尚恳便中检出，俾资采摭，以免挂漏，欣伫何似。专此，敬叩道安。尊岳顿首。初四日。

（1930年3月3日）

一二

积丈大鉴：

昨承教为慰。兹检呈《淮海集》影本一部，希赐存为祷。《注坡词》亟欲快读，倘荷惠掷申报，不胜感幸。少暇当再走謦。专此，肃请道安。尊岳顿首。三十。

（1930年3月29日）

一三

积丈侍右：

日前得接清芬，正深快慰。又荷惠赐縹缃，拜嘉感幸。《注坡词》

一俟迻钞，即行奉缴不误。《词籍考》第一册少有头绪，现为沤丈取阅，俟掷回再呈教正，请加辑补。专此，敬请大安。世侄尊岳顿首。初三日。

（1930年4月1日）

一四

积丈侍右：

承惠《容庵弟子记》，家严属道谢。《诗余醉》授经所藏但十二卷，惟为万历原刻，此似康熙覆刻之本耳。谨以奉缴《白石词》，价并呈，乞转掷，至荷。专请道安。侄尊岳顿首。廿五日。

（1930年5月23日）

一五

积丈侍右：

违教旬日，儒慕已毁。兹恳者，前承尊假《玉琼集》，得备著录，感幸无似。近兹文公达兄为介一写官，暂无所事，颇拟仍恳惠假，俾录一副本。将来或有机会可以授梓，亦流布之微意也。敢乞仍予惠掷，俟钞斁即行奉缴不误。又《绝妙近词》亦在欲钞之列，不拘长者先以何种见假均可。或就近送公达兄处，更便利矣。希裁夺是幸。专此，敬请道安。侄尊岳顿首。十一日。

或仍掷报馆，侄收亦甚妥善。

（1930年7月6日）

一六

积丈侍右：

昨辱瑶章，并承赐钞啸山《杂记》一则。溽暑逼人，不废兹事，长者之嘉惠深矣。《提要》纂录最得二百余种，犹未求备，容俟秋凉，再图孟晋，届时当以呈政。《玉琼集》已付写官，初意钞斁之后，再钞《绝妙近词》。乃写官已有他事，称暂只能钞《玉琼》一集而已。又闻叶玉甫来谈，林子有辑《闽词钞》，将假《近词》一读。敝处既无所需，大可先由玉甫等翻阅。子有与长者必敦世谊，每相晤及，辄欲奉教。倘荷得便，足成其书，亦叶氏而还一巨著也，惟有以教之。专肃，敬请道安。世侄尊岳顿首。

（1930 年 7 月 8 日）

一七

积丈侍右：

奉教敬承。顷林君已持原书缴来，一并转呈。渠称倘于它集见有闽人著作，切盼长者开示，俾得纂述为幸。溽暑，诸希珍卫，暇当趋罄。专肃，敬请道安。侄尊岳顿首。十五。

（1930 年 7 月 10 日）

一八

积丈侍右：

连日欣接清尘，承假佳籍，尤感快也。兹将《笔花楼词谱》《绝妙近词》二册一并检还，希察。如邺架别有罕见选本，更乞赐示。专叩道安。尊岳顿首。廿三。

（1930 年 7 月 18 日）

一九

积丈大鉴：

病中辱承枉注，感幸感幸！顷虽小瘳，然不能构思治事。乘隙尚拟出门习静，俾遵医嘱，少图修养也。陈君事慰甚，报馆职务枯冗，殊非以礼学者之盛心。兹得掌教，同深为慰。《玉琼集》已钞近三之二，候斁事缴上不误。专此，敬敂道安。世侄尊岳顿首。廿九。

（1930 年 9 月 21 日）

二〇

积丈侍右：

前承属假《玉琼集》，顷问钞胥，知第五、六册尚在缮写，不日可竣。至前四册业已过录，兹特先行捡呈察收。愆误已久，诸希鉴。原五、六册一俟钞完，当即专呈不误。顺叩杖祺。愚侄赵尊岳顿首。二月二日。

（1931 年 2 月 2 日）

二一

兹专呈《玉琼集》二本（前送四本），希感出假，歉甚。专上积丈履祉。侄尊岳上。廿五日。

（1931 年 2 月 12 日）

二二

积老侍右：

日者承教为快。兹以《彊邨遗书》全部送乞清览，即希察收。余容续罄。专请道安。尊岳肃上。十八日。

（1934年1月18日）

二三

积丈道右：

北游三阅月，昨始归来，疏候为歉。前假《钟山献》，谨以奉缴，至希察存。友人见者，至愿以番佛百尊易得之，岳不敢不以布闻。倘吾丈愿割爱者，即请赐示，当为代办，俟款到再行领书也。候示遵循。专此，敬请道安。尊岳谨上。十五日。

家嫂词稿新印成者，送呈一部。

（1935年5月14日）

二四

积丈侍右：

久稽趋敂，弥以为歉。兹有恳者，昨有人见告，尊处有陶续《词综》在蟫隐庐寄售，价十六元，云此书为拙藏所未备，极拟得之。惟书价似稍昂，可否承情赐减？当凭尊缄，即往罗子翁处取书。叨在知爱，当不以为区区而见哂也。专此，敬请崇安。世侄赵尊岳顿首。廿六日。

郑孝胥致徐乃昌

（三通）

一[①]

惠贻《郑道忠志》，欣赏不已，鼎梅主政著书三种，幸得细读，伫候临访面谢。即请积余先生箸安。孝胥再拜。十二月十六日。

二[②]

积余仁兄大人阁下：

自戊戌岁暮来鄂，疲于所役，不能自脱。虽才年余，而朋好睽阔，有若数年之隔者，惘然。得惠书，披读数四，知尊况清晏，雅兴依然，甚以为慰。从簏中检出《定林访碑图卷》，诵卷中诸诗，更增悽叹，辄拨案牍，漫书一律，诗不能工，姑以志旧怀、追逋景而已。谨并书衣，交申昌寄呈。见贻《闺秀词》，想尚存沪寓舍弟处，此间所谓"坐受尘土堆胸肠"者，远不如在江宁日之犹得自逸也。铁路自戊戌十一月开办，借比利时款，造路之权，亦在比人。仆所职者，即与地方交涉之务

---

① 种芸山馆拍卖。

② 开拍2021秋拍，朝访残碑夕勘书："蠹鱼"徐乃昌和他的朋友圈。

耳。洋员偃蹇跋扈，无以止之，而不能不为之保护。幸目下已开工者，自汉口抵信阳州四百余里，略有头绪，已开车可运料者五十余里，并无所谓章程。所用洋工程司九十余人，分段监工，处处滋事，防不胜防，即有章程，亦不能守，惟有随起随应，察其情形，以为措置。值洋员礼拜日，辄渡江至武昌，以所办事就商广雅，余日皆不能离局也。节庵、雪澄亦不常见，季直尤少通信，纱厂尚可支柱，其力瘁矣。见新宁奏牍，为一段结束，甚是。虽资本不敷，姑先自存，以图渐振可也。聚卿所办商务，有何权柄？能有条理，极可喜。所须学堂、各厂章程，容觅得再奉。敬候台祉，惟动履慎卫。孝胥顿首。二月二十日。

三①

尊恙想已勿药，惟珍摄为望。《六朝墓志菁华》遂蒙推爱检赐，矑谢同之。敬请积余先生台安。孝胥顿首。十三日。

① 谢鸿轩收藏。

周达致徐乃昌

(一通)[①]

辱赐景宋棋谱与明刻《仙机武库》,日本刻仿宋本《元元棋经》,互有详略,诚艺林之秘笈也。援《梅花喜神》之例,可径署忘忧清乐馆矣。肃谢,并呈俚句奉和元均:

敛手曾看切后綦,纷论成败亦何痴。忍翻天水凄凉局,烟柳斜阳有怨词。

右请积余姻叔大人郢正。

侄达初稿。

---

① 中国嘉德第 36 期网络拍卖会,"清代学人与藏书家书札墨迹专场"。潘景郑、郑逸梅递藏,郑氏侧注:"周达,字梅泉,号今觉,有《今觉盦诗》。"此函信息,亦可参见徐润周:《围棋纪事诗》,岳麓书社,1998 年,第 169 页。

朱祖谋致徐乃昌

(一通)[①]

前求题图卷,如已落墨,希付去手捧回,否亦未敢促迫也。敬颂随莽我兄大人台安。弟祖谋顿首。望日。

① 开拍2021秋拍,朝访残碑夕勘书:"蠹鱼"徐乃昌和他的朋友圈。

附　录

徐积余暨妻马氏赴告附哀启[①]

讣　闻[②]

丧居上海巨籁达路大兴里八号本宅，幕设上海爱文义路四七六号西园寺。

不孝崇等罪孽深重，不自殒灭，祸延显考、继妣清授资政大夫二品衔江南盐法道分巡江宁兼管水利事务金陵关监督淮安府知府光绪癸巳恩科举人优廪贡生积余府君、封夫人马太夫人，恸于夏历癸未、辛巳年正、四月廿八、初六日申、巳时寿终正寝。距生于同治七、三年戊辰十二、甲子七月十一、廿七日酉、丑时，享寿七十六、八岁。不孝崇等随侍在侧，亲视含殓，遵礼成服，叨在乡、世、寅、年、友、戚谊哀。此讣。谨择于甲申年阳历二月二十一日（阴历正月二十八日）领帖成主。

孤哀子徐崇（子高）、永（子久）、靖（子安）泣血稽颡

孤哀女蕊珠（适李）、筱淑（适蒯）、姮（适张）、馥（适翁）、嫫（适

① 上海图书馆编：《上海图书馆藏赴闻集成》37，凤凰出版社，2018 年，第 341—357 页。

② 文中下划线为整理者所加，为马夫人讣闻信息。

刘)、婀泣稽颡

齐衰期服孙守经、义、仁、信泣稽首

齐衰期服孙女沪生、守德泣稽首

功服姪世翔、凤、麟抆泪顿首

缌服侄孙秉彝、守怡、守恕抆泪顿首

哀　启

哀启者。先严秉赋素厚,居常少有疾病。辛亥以后,侨寓沪滨,杜门却客,日以校雠经典,刊行旧籍为事。惟遇有灾荒义赈,辄出奔走呼吁,不辞劳苦。晚年笃信佛法,尝问净土于印光法师,深契微旨,晨夕持经礼佛弗辍。间与陈庸庵太老师、李拔可、李耆卿、朱象甫、刘翰怡、袁伯夔、狄楚青、俞濠观、姚虞琴、夏剑丞、任心白、费范九、刘锡之、冒鹤亭、程演生诸世丈时相往还,读碑题画,商讨故书、古物,年已七十而精神不衰。乃戊寅六月间,血压忽高,左偏手足,屈伸不良。初延中医鲍承良君诊视,复请西医吴旭丹君疗治,饮食顿减,每餐仅啜粥一瓯,舌光如镜,大便祕结。续服中医王仲奇君所处滋阴补气之方,至七月初,病状略减,肢体渐可自由,惟终未大愈。八月中又延黄鸿芳、方慎庵两君医治,亦未奏效。先是先慈得类似中风之证,缠绵床褥已逾一载,医家皆谓高年气衰,不易治理。先严忧思寡欢,亦为致疾之因。迁延数月,至翌年春初,尚未平服。但是时虽步履维艰,不能出户,而友朋过访,往往坐谈移晷,不觉疲惫。中间犹亲自写定《镜影楼钩影》,付商务印书馆石印,而神观如恒。辛巳四月,先慈久病体亏，卒致不起。先严不胜摧伤，由是疾益加剧，夜不成寐，转侧需人，饮食愈少，更以奉佛素食，营养日薄，即服药滋补，亦属无裨。去年九月，以久不行动，气血停滞，左踝间忽患外症，先后请丁果、高恩养、赵启华、顾渭川中西医士诊治，并施手术兼进补针强心剂，益其体力，痛苦虽甚，犹能勉强支持。未儿，脓净肌生，至今年正月，疮口遂合。不孝等私心窃慰，以为先严春秋虽高，体气尚充，爱日方长，不虞昊天不吊，祸之猝发也。盖外症虽愈，气血已竭，中心有时恍惚，竟夜不能安眠。二十八日申时，与不孝等闲话往事，言笑间忽噤不能语，始觉有异，家人围呼不应，亟觅医来诊，已不及治，未一刻竟弃不孝等长逝矣。呜呼，痛哉！不孝等平时既不能先意承欢，侍奉有方，病时又不能尽心调护，早日就痊，大故猝临，仓皇罔救，抢地呼天，百身莫赎，只以先严、慈窀穸未安，不得不苟延残喘，以襄大事。谨泣血缕陈病状，苫块昏迷，语无伦次，伏乞矜鉴。

棘人徐崇、永、靖泣血稽颡。

行　述

清授资政大夫江南盐法道金陵关监督南陵徐公行状

曾祖考讳志幹，诰封资政大夫，妣氏沈，诰封夫人。

祖考讳兴羔，诰封资政大夫，妣氏盛、氏刘，皆诰封夫人。

考讳文选，字华棠，诰封资政大夫，妣氏秦，诰封夫人。

公姓徐氏，讳乃昌，字积余，晚号随盦老人，安徽南陵人。系出东海，其先居歙县，为右族。元季有讳胜一者，徙家南陵，占籍焉。代有潜德，十八传至公世父，讳文达，同光间历官两淮盐运使、护理漕运总督、福建按察使。考华棠公由军功积资官河南，尽先补用知县，为人恬退，不乐仕进，以孝友称。生子二，公其长也。以优廪贡生于光绪十九年癸巳恩科江南乡试中式举人，援例叙候补知府，到部引见，分发江苏，才堪繁剧，为大府推重，屡膺要职。二十七年夏，署理淮安府知府，未尽三月，以丁太夫人忧去任。历办江宁通省积谷局、通州花布厘捐局、金陵厘捐局、金陵洋务局、淮徐海等属赈捐局，督查清丈通海垦务事宜，考察日本学务，提调江南高中小学堂事务，江南高等学堂总办，三江师范学堂监督，南洋劝业会协理。累加监运使衔、二品衔，遇缺尽先补用道，督办淮海盐总栈兼沙漫洲缉私，会办淮南盐务公所。先后经两江总督刘坤一、端方，直隶总督陈夔龙，外务部左侍郎徐寿朋奏保吏治、学务、盐务、关道、使才，均交军机处存记。宣统二年，督办盐政大臣载泽，电调咨询盐务事件，枢府察公器识优长，于是年八月请特旨补授江南盐法道，分巡江宁，兼管水利事务，监督金陵关，管理商埠局兼下关掣验卡总办，江宁自治局局长。公服官江南十余载，所至以贤能称，治事精勤，持躬谨饬。在江宁、通州等处，整顿厘务，洁己奉公。办理教育，务循驾宝，训士以诚，学风丕变。叠绾盐政，剔除积弊，引税激增，大举缉私，奸宄匿迹。于十二圩地方，兴学校，立保甲，设义冢、义渡，闾阎攸赖尤深，惠爱民到，于今颂德不衰。至借南场盐救济北场，复在淮北添铺盐池，推广产额，维持引岸，规定出场卤耗，分别河海运费，遂纾商困，久食其利，胥皆出于公之荩筹也。当时公负誉望甚重，中外大臣争相列疏荐引于朝，既领江南盐巡之任，骎骎大用矣。乃未期年，遭值国变，公遽退休，人多惜公之不得竟其设施，俾有大造于国家云。公秉资清粹，襟度醇雅，言动有则，容止可观。少取乙科，来游京邑，常熟翁尚书同稣负人伦鉴，一见嘉叹曰："翩翩佳公子也。"樊布政增祥亦有"天半朱霞，云中白鹤"之比。平生交游皆海内名辈，接人温恭无崖岸，尤好诱掖后进。初喜为倚声，与桂林王鹏运、况周颐，宗室盛昱，满洲志锐，汉军郑文焯，成都胡延，武陵陈锐，归安朱祖谋，金坛冯煦相赓和，有《同声集》之辑。戊戌以后，一意朴学，专攻考校，精究名物，旁通篆籀。从政之暇，不废素业，俸给所入，悉以易金石书籍，与吴县吴大澂、嘉兴沈曾植、瑞安孙诒让、福山王懿荣、江阴缪荃孙、长洲叶昌炽、元和江标、上虞罗振玉相师友。辛亥，国步既改，辟地海滨，除与冯梦华、盛杏生、王一亭诸公举办义赈，拯救各地灾荒，间出奔走劝募，率闭门却客，校雠吉金秘籍，剞劂不易见之书，以遣岁月。其所蓄三代彝器、甲骨及秦汉以来古镜、带钩极富，皆世间殊绝之品。而金文石刻拓片达三万余通，多足资经学、史学之决择。尤嗜书，无所不窥，宋元刻本，旧钞旧校，源流真赝，了如指掌，世谓钱遵王、黄丕烈不是过也。藏书近百万卷，旧典遗册，鸿文巨著，灿然美备，三数十年来，隐为东南文献之宗。江苏、安徽两省开通志馆，咸延公编纂。《安徽丛书》之刻，详为规划，尽出珍本，以资参校，致力甚夥。公自校订刊行之旧籍，计有《积学斋丛书》《鄦斋丛书》《随盦丛书》《南陵先哲遗书》《怀豳杂俎》及《说文篆韵谱》《宋元科举三录》《徐公文集》《断肠集》《玉台新咏》，其他零星单行者，不悉指数。表彰先儒，嘉惠后学，厥功伟矣。又自撰著暨纂辑之书，已刊行者有《续方言又补》《续汉书儒林传补遗》《南陵县志》《南陵建置沿革表》《安徽通志金石古物考稿》《小檀栾室百家闺秀词》《闺秀词钞》《小檀栾室镜影》《镜影楼钩影》《皖词纪胜》。未刻者有《积学斋藏书记》《随盦所藏书画记》《随盦所藏金石目》《随盦吉金图》《安徽金石目录》《钱警石》《两汉书校文》《安徽诗征》《安徽词征》《嘉荫簃遗文》及《夨弦词》，藏于家。公生于同治七年十二月十一日酉时，卒于共和癸未年正月二十八日申时，享年七十有六。聘许氏，两淮余西临兴场盐大使德清许善登女，未嫔而卒；配刘氏，广东巡抚贵池刘瑞芬女；继配马氏，江苏即补道怀宁马声焕女，皆封夫人。赵氏、吴氏皆例赠孺人，皆先公卒。子三：崇、永、靖，吴氏出。女十：长蕊珠，适合肥甘肃兵备道李鹤章孙、分省补用道天钺子国芬，刘氏出；次筱淑，适合肥江苏淮扬海兵备道蒯光典子授堂，马氏出；次姮，适南通江西补用道张謇子立祖；次馥，适翁少卿；次媖，适刘亶椿；次娴，待字，吴氏出，余均殇。孙四：守经、守义、守仁、守信。孙女二。孤崇以行状来请，演生卧疾，久又不文，谊不获辞，爰据所具事略，并向所知者，粗为诠次如右，以备当代能文之士，与公夙敦缟纻者甄采焉。乡后学怀宁程演生谨状。

诰授资政大夫二品衔江南盐巡道金陵关监督徐君墓表[①]

桐城叶玉麟(代贵阳陈夔龙作)

故江南盐巡道徐君,余向在北洋奏保盐务人才登荐者也。始闻撰箸精赡,谓儒人尔。既审厥吏能,而刘忠诚、端忠敏、徐侍郎寿朋交荐。泽公召询盐政,器之,遂有补授江南盐巡道之命,宣统二年八月也。

徐氏南陵世胄,君考文选,河南知县。世父文达,两淮运使,护理漕督,官福建臬司。君娶贵池刘芝田中丞女。少从宦淮扬,慕儒先著述流风。若仪真阮氏、高邮王氏、江都焦理堂、汪容甫诸先哲,心焉向之。而中丞令子聚卿,为君外兄弟,藏弆精镌书史、金石、文翰至富,足以长养雅材。而江南人物所汇归,贵介子用道员来者数十人,独君与聚卿以搜刊经籍、交游名宿为皖世家望。盖服官三十年,未尝一日废书,丹铅古刻汇集百数十种。

又未尝不通晓时务,当时以新学、使才、盐务负声誉,不虚也。惜

① 杨成凯:《南陵徐乃昌的墓表和墓志铭——略及人物生卒的查考》,《文献》2006 年第 3 期。

初权淮安府，旋丁母忧。任盐道期年，国变。故畀布政事者，仅督办淮盐总栈，沙漫洲缉私，会办淮南盐务公所，扶蠹增收，借南场济北，添盐池，广产额，以维引岸，规卤耗，分别河海运输，于是商困苏甦，已足徵其干济矣。盐政为中国痼弊最深之一端，梳剔视他事为尤难。而君所措施如此，固由家世见闻，亦其才敏实有过人者。而兴学、理财、外交，皆若夙具焉。其沈详好书，揽接贤俊，以资学诣，则天资近道也。故一时鸿博则沈乙庵①、缪艺风、江建霞，小学训诂则王文敏、吴清卿，词家则王幼霞、朱古微②、况蕙风，海内胜流几无不识者。皆以气类相浃翕，故所裒集初词刊，次经史子诸集，次鼎彝碑碣拓片。有《积学斋丛书》《鄦斋丛书》《随庵丛书》，一时与刘氏聚学轩所刻并媺。其他罗辑名家宋元精镌善本，未可悉数。盖君术业之精媾，承传有自，得力于师友者尤多也。

当官盐道时，年四十余耳。逊国后，遂不复出。居海澨，掇拾皖乡文献，过逢诸老，会日贞元。而余亦得与君深契，自诩能知人于前日，共持晚节于残年。又伤耆旧星稀，且以平生登荐君才者，今乃为之表墓也。

君讳乃昌，字积余，安徽南陵人。光绪癸巳举人，援例以知府分发江苏。累加盐运使衔、二品衔、遇缺尽先补用道，遂至今职。③ 配刘夫人，早卒。继室马夫人，佐君校勘闺秀词者也，先一年即世。侧室二，皆先卒。君至是益懭悢不自憀，寻病废。以癸未年正月廿八日

---

① 引文注：一作沈文诚，文诚是沈曾植（乙庵）的谥号。
② 引文注：一作朱文直，文直是朱孝臧（古微）的谥号。
③ 引文注：一有"聘室许夫人"五字。

终于沪，年七十有六。长君崇为谋传状，具详其学行功绩矣。窃叹世难兴，而雅化凋疏，乾嘉老宿之风邈矣！士生读书经世，求如明时清宴、游优艺苑、从政毋荒，可得邪？然则表君志节，以为盛朝风会结束之一人焉可也！

江南盐巡道金陵关监督南陵徐公墓志铭[①]

吴县曹元弼

惟昭代稽古右文，通儒蔚起。公辅岳牧，若朱文正、阮文达、曾文正诸公，学问、文章、政绩彪炳宇宙间；而卿贰监司，如惠半农学士、卢雅雨都转、孙薇隐方伯、胡墨庄观察等，皆博极群书，施于有政，宏奖大雅，矜式儒林。洎乎光绪、宣统之间，文公儒师，讦谟硕德，挽救时弊，保存国粹，尚不乏人。不幸运厄阳九，崇极而圮，天地闭，贤人隐。而王泽未竭，耇长耆寿，以及四方怀忠履洁有道仁人，抱孔壁《诗》《书》，守汉家礼器制度，非祖龙天凤所能累。

余杜门绝世，往往于风雨如晦，蒙气四塞中，跂望其人，心焉数之。若南陵徐公，其一也。岁在丙子，余年七十，公惠临，以新刊《宋元科举三录》寿余。邂逅相遇，纵论学术源流，古今得失之林，甚欢。而不意嘉会未久，遽叹永逝。人之云亡，又弱一个，不能不为斯世斯文惜也。

公讳乃昌，字积余，晚号随盦老人，安徽南陵人。世有潜德，父文

---

① 杨成凯：《南陵徐乃昌的墓表和墓志铭——略及人物生卒的查考》，《文献》2006年第3期。

选，由军功积资，官河南知县，不乐仕进，以孝友称。世父文达，官两淮盐运使，护理漕督，福建按察使。公从宦淮扬，闻高邮王氏、仪征阮氏、江都焦氏、汪氏遗风，瞻仰景行，笃志古学。又，刘聚卿参议为公婚姻兄弟，藏故书雅记至多，资公昕夕校勘，学大进。好表章古书，与聚卿观察①同以网罗放失、微显阐幽为已任。光绪癸巳，以优贡举于乡。友贤乐善，当世英儒赡闻之士，洪笔丽藻之客，金石篆籀之学则王文敏、罗恭敏、吴愙斋中丞、江建霞京卿，扬扢风雅、考正碑版之学则朱文直、沈文诚、况夔笙太守诸公，以及其他高名善士，穈不接纳。是用雅达广揽，含英咀华，发为文章，其书满家。

既援例叙候补知府，分发江苏，将以所学施之政事。而仕优则学，校刊典籍日益宏富。雅才博物，兼综古今，通达治体，自翁文恭师一见激赏，而江督刘忠诚、端忠敏、直督陈公夔龙、外务部侍郎徐公寿朋，相踵以吏治、学务、盐务、关道、使才奏保。

时天下需才孔亟，名公卿皆以国士相期。官江南十余年，誉望日隆，勋绩懋著。光绪二十七年夏，署理淮安府知府。未尽三月，丁母忧去官。历办江宁积谷局、通州金陵厘捐、淮徐海赈捐、督查通海垦务，洁己奉公，剔蠹防弊，实事求是，恤商惠民。办理洋务，能知四国之为。考察日本学务，提调江南高中小学堂事务，总办江南高等学堂，监督三江师范学堂。当是时，举世侈言新学，遗本逐末，气习猖狂，骎骎有非圣无法，裂冠毁冕之忧。公学有本原，觉民以道，教士以诚，勤恳笃实。莘莘学子，翕然敬服，士风丕变。累加盐运使衔、二品

① 引文注：一作参议。

衔，遇缺尽先补用道，督办淮海盐总栈，兼沙漫洲缉私，会办淮南盐务公所。

宣统二年，盐政大臣泽公电调，咨询盐务事件。枢府察公器识优长，奏请特旨授江南盐巡道。公绍业箕裘，深悉利病，心细才长，理烦治剧，分肌擘理，处置裕如。又以历来榷政得失，权衡时宜，剔除积弊，引税激增，大举缉私，奸宄匿迹。于十二圩兴学，立保甲，设义冢、义渡，至今闾阎颂德不衰。又借南场盐济北场，在淮北添盐池，广产额，维引岸，规定出场卤耗，分别河海运费。荩筹硕画，惠德允孚。使由此宏敷远谟，博学为政之效，殆未可量。如何不吊，中原陆沉。而公遂洁身去乱，待清海滨。终其身，与古为徒矣！

呜呼！自光绪中叶以来，异言蜂起，新旧诡激。腐儒以迂疏误国事，憸人以谲觚荡众心。俗吏不学无术，苟取一切。华士谬托风雅，无裨实用。甚且学非而博，言伪而辩，矫诬经义，文饰袤辞，为世大患。而河决海枯之后，又或以博闻强识、夙有令闻之人，垂涎腐鼠之朴，熏心烂羊之侯。以视公之懿德大雅，克堪王臣，峻节高风，卓乎渊轨，度量相越不其远哉？

公少善倚声，与盛伯熙祭酒、朱文直、冯梦华中丞、郑叔问舍人等相酬唱，辑为《同声集》。厥后肆力朴学，考详名物，证释吉金文字，搜罗碑碣，校刊宋元旧椠图集，拾遗补蓺，既博既精。当世通儒，若孙仲容比部、叶菊裳侍讲诸公，皆推敬之。遭乱后，益以校勘丹黄消遣岁月，写《匪风》《下泉》无穷之悲，在彼空谷，绝迹世事。惟助梦华中丞赈恤饥荒，不惮奔走，以拯民命。又留意乡邦文献，《安徽通志》多出其稿。公所校刊旧集，有《积学斋丛书》《鄦斋丛书》《随盦丛书》《南陵先哲遗书》等若干种，皆足考正经史，表先哲启后学，于儒风有裨。其自撰书已刊者，有《续方言又补》《续汉书儒林传补遗》《金石古物考》《南陵县志》《南陵建置沿革表》等。未刊者，有《积学斋藏书记》《随盦所藏书画金石目》《吉金图》《安徽金石目》等。昔钱晓征宫詹邃精经术，博通文史，而风致绝高，著作等身，既遍布海内，而没后续刊之书尚多。公其流亚欤?

公生于同治七年十二月十一日酉时，卒于今癸未年正月二十八日申时，年七十有六。曾祖志幹、祖兴羔与厥考，并封资政大夫。曾祖妣沈氏，祖妣盛氏、刘氏，妣秦氏，并封夫人。聘室许氏，配刘氏、马氏，并封夫人。侧室赵氏、吴氏，例赠孺人。子三，崇、永、靖。女十，孙四，孙女二。

甲申秋，其孤以日月有时，将营幽宅，介刘翰怡京卿，属余为铭。余读其行状，肃然曰:“此名教完人，足为千古经籍图史增光!”爰掇其大要，而系之辞曰:

汉有通儒孙叔然，雅才独得郑乡传。中岁遽遭当途变，清风园绮相后先。尔雅礼记注虽佚，千载高名白日悬。公乎博学善为政，当厄甫逾强仕年。独炳珠囊照群籍，无玷玉质同前贤。惠泽长淮流不竭，观澜学海浩无边。待清著书多岁月，挥毫落纸如云烟。专久而美是谓懿，思适士礼比精研。上述往事思来者，征文考献富宏编。诗书仁义气充积，美意延年世德绵。文光射斗神骑箕，默参消息转坤乾。薇蕨春风首阳麓，书带古香不其巅。矍相扬觯许列坐，我辞无虚昭九泉。

图书在版编目(CIP)数据

徐乃昌往来书札摭拾/裘陈江整理. —上海:上
海人民出版社,2023
(中国近现代书信丛刊)
ISBN 978-7-208-18544-9

Ⅰ.①徐… Ⅱ.①裘… Ⅲ.①徐乃昌(1869-1943)
-书信集 Ⅳ.①K825.4

中国国家版本馆 CIP 数据核字(2023)第 181575 号

责任编辑 邵 冲
封面设计 汪 昊

中国近现代书信丛刊
徐乃昌往来书札摭拾
裘陈江 整理

出 版	上海人民出版社 (201101 上海市闵行区号景路 159 弄 C 座)
发 行	上海人民出版社发行中心
印 刷	江阴市机关印刷服务有限公司
开 本	890×1240 1/32
印 张	14.5
插 页	9
字 数	288,000
版 次	2023 年 10 月第 1 版
印 次	2023 年 10 月第 1 次印刷

ISBN 978-7-208-18544-9/K·3319
定 价 78.00 元